Peter Lambley

Psyche und Krebs

Zur Psychosomatik von Krebserkrankungen
Vorbeugen, lindern, heilen

Aus dem Englischen von Bärbel Buchholz
Mit einem Vorwort von Dr. med. Almuth Sellschopp

Rowohlt

Die Originalausgabe erschien 1987
unter dem Titel «The Psychology of Cancer»
im Verlag Macdonald & Co (Publishers) Ltd., London
Umschlaggestaltung Peter Wippermann
(Aquarell «L'oiseau noir et L'oiseau blanc»
von Georges Braques, 1960,
© VG Bild-Kunst, Bonn 1989)
Redaktion Heike Wilhelmi

1. Auflage Oktober 1989

Gesetzt aus der Sabon (Linotron 202)
Gesamtherstellung Clausen & Bosse, Leck
Printed in Germany
ISBN 3 498 03859 1

Inhaltsverzeichnis

Vorwort

Das vorliegende Buch versucht zu verdeutlichen, daß Krankwerden und Kranksein im allgemeinen und der Ausbruch einer Krebserkrankung im speziellen weniger schicksalhaft unvermeidliche Ereignisse sind, sondern vielmehr durch unsere Lebensführung entscheidend beeinflußt werden können. Abgesehen von einigen wenigen eindeutig riskanten Verhaltensweisen wie z. B. dem Rauchen, gibt es allerdings keine für alle Menschen in gleicher Weise verbindlichen Richtlinien. Die wichtigste Aufgabe jeder und jedes einzelnen besteht vielmehr darin, auf die Signale des eigenen Körpers achten zu lernen, sie richtig zu deuten und – dies ist die schwierigste Aufgabe – ihnen in angemessener Weise nachzugeben.

Peter Lambley hat als klinischer Psychologe viele Jahre lang Erfahrungen auch in außereuropäischen Kulturkreisen gesammelt und bietet im vorliegenden Buch überzeugende, in seiner eigenen Praxis und durch theoretisches Studium gewonnene Empfehlungen zur Verbesserung der Lebensführung an. Seine Ratschläge sprechen eine klare, verständliche Sprache.

Der Autor bewegt sich in den Randbereichen der sonst durch sehr widersprüchliche Befunde uneinheitlichen Disziplin der psychosomatischen Onkologie. Wer auf diese Weise den verläßlichen Boden der wissenschaftlichen Belegbarkeit seiner Anschauungen verläßt, macht sich angreifbar und wird Protest bei all denen hervorrufen, denen wissenschaftliche Objektivität die Lebensberechtigung begründet. Ich selbst habe während meiner langjährigen Arbeit mit Krebskranken im Klinikbereich und in der ambulanten Nachsorge erlebt, wie Menschen Lebenswege nach einer Krebserkrankung beschreiten, die wissenschaftlich Anerkanntem vollkommen widersprechen. Vor dem Hintergrund dieser Erfahrungen möchte ich Peter Lambleys Buch empfehlen.

Es leitet zu dem spannenden Abenteuer an, die eigenen Körperbedürfnisse wiederzuentdecken. Neben Ernährung und Entspannung werden Bedingungen des zwischenmenschlich offenen Gesprächs und Wege der Körpersensibilisierung besprochen. Die Ermutigung zu intensiver Gesundheitsvorsorge auch – und gerade – im Falle einer eingetretenen und aussichtslos erscheinenden Krebserkrankung und auf dieses Schicksal Einfluß nehmen zu wollen, erscheint vielen Lesern vielleicht vermessen, insbesondere dann, wenn ein tödlicher Krankheitsausgang bei einem nahestehenden Menschen erlebt werden mußte. Viele Krebskranke leiden aber sicher weniger unter der Aussichtslosigkeit des Überlebens als unter dem Gefühl, medizinischen und persönlichen Lebensbedingungen ohnmächtig ausgeliefert zu sein, was für viele zu einer Metapher für das bis dahin geführte Leben wird. Es gilt vor allem den persönlichen Spielraum, die Möglichkeiten, mit der Erkrankung umzugehen, zu erweitern, gerade wenn das Gefühl, durch die Krankheit verwaltet und unfrei geworden zu sein, besonders stark ist.

Der unaufdringliche Appell dieses Buches, initiativ zu werden und dem Gefühl der Ohnmacht entgegenzuwirken, könnte dazu beitragen, den individuellen und ureigenen Bedürfnissen jedes Menschen nach naturgemäßer Lebensführung Ausdruck zu verschaffen.

Dr. Almuth Sellschopp,
München, im Juli 1989

Einleitung

Psychologisches Denken hat im Rahmen der Medizingeschichte eine lange Tradition. Jahrhunderte hindurch wurden viele Leiden als überwiegend psychisch bedingt angesehen, und schon früh glaubte man, daß Menschen, die zu gewissen Stimmungen neigten – z. B. leicht niedergeschlagen waren – für ein breites Spektrum von Krankheiten besonders anfällig wären. Auch Krebs gehörte zu diesen Krankheiten, und zwar so unbestritten, daß bis zum 19. Jahrhundert kaum Fachliteratur erschien, in der nicht nachdrücklich auf die Bedeutung psychologischer und emotionaler Faktoren bei der Entstehung von Krebs hingewiesen wurde. Aber wie überzeugt Ärzte auch immer daran glauben mochten, daß die Wurzeln einer Krebserkrankung in der Persönlichkeit des Erkrankten liegen – leider waren sie und die betroffenen Familien nur selten in der Lage, mehr als liebevolle Zuwendung und freundliche Worte anzubieten. Erst die Chirurgie ermöglichte direktere und praktischere Hilfe, und mit der Zunahme chirurgischer Eingriffe im 19. Jahrhundert geriet die traditionelle psychologische Sicht von Krebserkrankungen in Vergessenheit. Es waren Chirurgen, die – noch vor anderen Fachärzten, Psychologen, Psychiatern oder praktischen Ärzten – zu Schlüsselfiguren bei der Diagnose und Behandlung von Krebs wurden. Man betrachtete Krebs nun als ein eindeutig medizinisches Problem; für die Psychologie oder die Bedeutung seelischer Faktoren bei seiner Entstehung blieb nur wenig oder gar kein Raum. Seitdem ist der chirurgische Eingriff die bevorzugte Behandlungsart, und bei vielen fortgeschrittenen Krebserkrankungen bleibt er sicherlich auch weiterhin das einzige Mittel, den sicheren Tod zu verhindern.

Durch die allgemeine Vorliebe, alles organisch zu begründen, und durch die deutliche Vormachtstellung chirurgischer Behandlungsmethoden hätte die Rolle, die seelische und emotionale Faktoren bei Krebserkrankungen spielen, leicht zu einer bloßen Fußnote der Medizingeschichte verkümmern können. Aber die Tradition, Krebs auch psychologisch zu sehen, verschwand nicht ganz. Sie ruhte nur eine Zeitlang, bewahrt vor allem von Außenseitern der Medizin. Gesundbeter, Kräuterheilkundige und ähnlich Denkende vertrauten gemeinsam mit einigen Alternativen weiterhin auf die Macht der Seele über den Körper. Sie kümmerten sich besonders um die Menschen, die von den Chirurgen als hoffnungslose Fälle aufgegeben worden waren oder denen man durch die Methoden der Schulmedizin nicht hatte helfen können.

Als sich neue Disziplinen wie Psychologie und Psychiatrie stärker entwickelten, machten gelegentlich auch prominente Psychologen oder Psychiater den Versuch, interessante Theorien über die Zusammenhänge zwischen Psyche und Krebs zur Diskussion zu stellen. Freud war einer von ihnen, Wilhelm Reich ein anderer. Keiner von beiden erregte jedoch über die Reihen der eigenen Anhänger und die jeweilige wissenschaftliche Schule hinaus viel Interesse. Freud selber starb an Krebs, und Reich beschloß seine Tage in einem Pflegeheim, nachdem viele seiner Ideen und Vorstellungen in Mißkredit geraten waren.

Im Laufe der Zeit aber erkannte man den Wert der wissenschaftlichen Psychiatrie und Psychologie auch in weiteren Kreisen. Nach dem Zweiten Weltkrieg begannen Wissenschaftler, sich gründlicher mit den Ursachen von Krebserkrankungen zu beschäftigen, und zwar durch Untersuchungen – teilweise Langzeitstudien über einen Zeitraum von dreißig Jahren –, die darauf angelegt waren, Besonderheiten in Psyche und Verhaltensweisen vermutlich krebsgefährdeter Menschen festzustellen. Bald lieferten andere Forscher den ersten schlüssigen Beweis, daß Stress, Lebensstil und Persönlichkeit bedeutende Rollen bei der Entwicklung von Krebs spielen. Weitere Untersuchungen zeigten, daß psychologische Faktoren auch bei der Behandlung von Krebs von Bedeutung sind; Krebskranke können durchaus dazu ermutigt werden, besser auf sich zu achten und ihre Überlebenschancen dadurch zu verbessern, daß sie ihr emotionales Verhalten ändern. Man weiß heute, daß Menschen, die eine Krebserkrankung überleben, ein anderes psychologisches Profil aufweisen als solche, die der Krankheit zum Opfer fallen.

Ebenfalls in den Nachkriegsjahren entdeckten Wissenschaftler, die im Rahmen neuer medizinischer Disziplinen wie der Psychoneurologie (Lehre von den Zusammenhängen zwischen Seele und Nervensystem) und der Immunologie (Lehre von den Selbstschutzmechanismen des Körpers gegenüber Krankheiten) arbeiteten, wie eng offensichtlich Seele und Körper zusammenhängen. Nach und nach haben diese Disziplinen ein ganz neues Bewußtsein dafür geschaffen, daß die Art, wie jemand denkt, fühlt oder sich verhält, in einer komplizierten Verbindung zu seiner körperlichen Verfassung und zu seiner Anfälligkeit für Krankheiten wie Krebs steht.

Jetzt, am Ende der achtziger Jahre, sind Psychologen und Verhaltensforschung auf dem besten Wege, ein Comeback im Rahmen der Krebsforschung zu feiern. Kaum hundert Jahre nachdem Begriffe wie Seele und Persönlichkeit nahezu vollständig aus der Krebsliteratur verschwunden sind, wird heute ein wiedererwachtes Interesse an mentalen Phänomenen in der Medizin sichtbar. Der Zeitpunkt ist günstig. Denn obwohl enorm viel Geld und Energie in die Forschung investiert wurde und trotz deutlicher Fortschritte in der Therapie, ist das Rätsel Krebs immer noch ungelöst. Chirurgie, Radiologie und medikamentöse Therapie haben sich bemerkenswert weiterentwickelt, haben die Überlebenschancen deutlich verbessert, vor allem bei frühzeitiger Diagnose. Aber es gibt keine Garantie für eine vollständige Heilung; bestenfalls kann man hoffen, die verbleibende Lebenszeit zu verlängern.

Röntgentechniken haben genauso wie Routineuntersuchungen von Brust und Muttermund bzw. Gebärmutterhals (Zervix) eine frühzeitige Diagnose erleichtert und die Sterberate bei diesen Krebsformen gesenkt. Aber sie haben wenig dazu beigetragen, daß sich die Zahl der Krankheitsfälle insgesamt verringerte; die Erkrankungsrate bei Zervikalkrebs ist unverändert hoch, und andere Krebsformen befinden sich auf dem Vormarsch – Lungenkrebs z. B. kommt heute bei Frauen ebenso häufig vor wie bei Männern. Die Medizin ist noch weit davon entfernt, Krebs vollständig zu verstehen, und offensichtlich ist sie dem Ziel, ihn zu verhüten, auch nicht viel näher gekommen. Vielleicht ist es nicht überraschend, daß viele Patienten sich heute alternativen Therapien zuwenden und damit Lücken auszufüllen versuchen, die die schulmedizinische Behandlung nicht abdeckt.

Die Frage ist, ob eine Psychologie des Krebses dazu dient, die Basis des rein medizinischen Vorgehens bei der Krebsbehandlung zu verbreitern. Ob eine gut funktionierende Psychologie des Krebses uns vielleicht helfen könnte, den Kampf weiterzuführen und wirksame Strategien zur Krebsverhütung zu entwickeln. Ich glaube, daß die Antwort in beiden Fällen ja lautet; in unserer Vorstellung von der Bedeutung menschlichen Verhaltens im Hinblick auf Krebs befinden wir uns am Beginn einer Revolution.

Dieses Buch will einen Überblick geben über die faszinierenden neuen Gedanken zum Thema Krebs, die in der medizinischen Psychologie und ihren Nachbarwissenschaften mehr und mehr an Bedeutung gewinnen. Dies ist kein wissenschaftliches Buch. Es wurde geschrieben, um Laien zu verdeutlichen, was Krebs ist, wie er behandelt wird und vor allem wie die neue psychologische Sicht Erkrankten helfen kann, ihre Überlebenschance zu verbessern. Außerdem beschäftigt es sich ausführlich und gründlich damit, wie wir als einzelne Krebs verhüten können, und zwar schon ehe sich Vorstadien einer Krebserkrankung im Körper entwickeln. Es geht dabei nicht einfach um Ratschläge, wie z. B. das Rauchen aufzugeben. Vielmehr werden seelische Grundstimmungen und Verhaltensweisen beschrieben, die in besonderem Maße zu einem erhöhten Krebsrisiko führen können, und es wird aufgezeigt, welche unmittelbaren Schritte zur Verhütung von Krebs Sie unternehmen können.

Vor allem aber handelt dieses Buch davon, wie Menschen Krebserkrankungen überlebt haben; Forschungsergebnisse werden dabei durch Fallstudien veranschaulicht und so für das tägliche Leben verfügbar gemacht. Das Buch versucht auch, die oft verwirrende Meinungsvielfalt über Krebs in ein allgemein zugängliches, leicht verständliches System zu bringen, das Sie als Leser zu Ihrem eigenen Vorteil nutzen können. Dieses Buch richtet sich in erster Linie an Menschen, die an Krebs erkrankt sind. Aber auch alle diejenigen, die sich Gedanken über Krebs und ihre eigene Zukunft machen, werden vieles finden, was sie interessiert. Falls Sie in Ihrem Bekanntenkreis vielleicht einer oder einem Krebskranken helfen möchten, bietet das Buch zahlreiche Einsichten, die Ihnen bei Ihrem Vorhaben von Nutzen sein können.

Krebs ist ein sehr ernst zu nehmendes Leiden, aber wir beginnen inzwischen zu begreifen, daß wir weitaus größere Chancen haben, uns selbst zu helfen, als bisher angenommen wurde. Eine effektive Verhütung von Krebs liegt heute durchaus im Bereich des Möglichen. Dieses Buch versucht zu erklären, warum das so ist.

Kapitel 1

Was ist Krebs?

Anders als bei den meisten übrigen Krankheiten löst der Gedanke an Krebs in uns eine beängstigende Flut von Empfindungen aus. Wir denken zwar nicht gerade mit freudigen Gefühlen an Schlaganfälle und Herzattacken, aber wir wissen, daß sie nicht notwendigerweise tödlich enden und daß Patienten bei richtiger Behandlung oft überleben oder sogar ohne Einschränkungen weiterleben können. Eine drohende Krebserkrankung ist etwas anderes; sie bedeutet für viele Menschen tödliche Angst und nur geringe Hoffnung zu überleben. Diese Einstellung findet sich auch bei Ärzten und Pflegepersonal, vor allem wenn sie wenig mit Krebspatienten zu tun haben. Tatsächlich war man bis in die sechziger Jahre hinein in Medizinerkreisen allgemein der Meinung, daß es das beste sei, Krebspatienten die Wahrheit über ihre Krankheit zu verschweigen. Obwohl viele Verhaltensweisen sich inzwischen verändert haben, deuten neuere Gutachten darauf hin, daß in dieser Frage emotionale Faktoren bei Ärzten eine größere Rolle spielen als fundierte Kenntnisse über den Stand der Forschung.

Wenn uns eine Sache derart beunruhigt, wenden wir uns gerne ab und verdrängen sie aus unserem Bewußtsein. Wir hoffen, daß sie gegenstandslos wird, daß sie uns nicht betrifft oder daß wir eines Tages die Zeitung aufschlagen und lesen, ein Heilmittel sei entdeckt worden. Auf jeden Fall vermeiden wir es, uns genauer zu informieren. Dadurch, daß wir den Gedanken an Krebs in den hintersten Winkel unseres Bewußtseins verbannen, entwickelt er sich jedoch zu einem dunklen, alles verschlingenden Monster. Jede noch so kleine beängstigende Neuigkeit wird automatisch registriert und gibt dem Geheimnis neue Nahrung. Die meisten Menschen haben ein intensives und höchst emotionales Verhältnis zu Krebs, wissen aber selten auch nur die einfachsten Tatsachen über diese Krankheit. Wie sieht Krebs aus? Riecht er? Verursacht er Schmerzen? Wir wollen es lieber gar nicht wissen.

In diesem Kapitel sollen zunächst noch einmal die grundlegenden Fakten über Krebs betrachtet werden. Den Feind zu kennen bedeutet schon den halben Sieg; dem Krebs offen und ehrlich ins Auge zu blicken bedeutet einzusehen, daß Geschwülste, seien sie nun gutartig oder bösartig, Teil unseres täglichen Lebens sind. Krebs kann zwanzig Jahre brauchen, um sich zur Größe einer kleinen Erbse zu entwickeln. Ausgerüstet mit gründlichen Kenntnissen über Krebs können wir etwas tun, bevor es zu spät ist.

Geschwülste

Das lateinische Wort für Krebs ist *cancer*, und im Griechischen lautet die Bezeichnung für das Sternzeichen des Krebses *karkino* (oder *carcinoma*). Beide Begriffe wurden jahrhundertelang als Bezeichnung für den deutlich erkennbaren Hautkrebs verwendet, und zwar für dessen unheilbare, geschwürig sich ausbreitende Form. Das langsame, unaufhaltsame Fortschreiten dieser Hauterkrankung erinnert an die Bewegung eines Krebses. Krebserkrankungen gibt es schon seit langem; Tumoren hat man sowohl in den Überresten des neolithischen Menschen als auch in ägyptischen Mumien gefunden. In den meisten alten Kulturen war Krebs als ein ernstzunehmendes medizinisches Problem bekannt.

Ausgangspunkt für eine Krebserkrankung ist ein *Tumor* oder eine *Geschwulst.* Was genau ist das? Der Körper setzt sich aus Millionen von Zellen verschiedener Art zusammen. Allen gemeinsam ist, daß sie sich – je nachdem, um welche Art von Zelle es sich handelt – nur bis zu einer bestimmten Größe und bis zu einem bestimmten Grad von Aktivität entwickeln. Die Lebensspanne all dieser Zellen ist begrenzt; wenn sie altern oder geschädigt werden, sterben sie ab und werden durch genaue Kopien (Klone) ersetzt, die ihre Aufgaben übernehmen. Manchmal gerät der Prozeß der Zellerneuerung außer Kontrolle, und es entstehen zu viele neue Zellen, die jedoch minderwertige, nicht voll ausgereifte Varianten der ursprünglichen Zellen sind. In dem jeweils betroffenen Bereich entwickeln diese unausgereiften Zellmassen (Neoplasma) eine Geschwulst oder einen Tumor. Sie können dabei entweder die gesunden Zellen verdrängen und ihre eigene Substanz bilden oder in Koexistenz mit gesunden Zellen leben.

Eine solche Geschwulst ist noch kein Krebs. Es ist eben nur eine Geschwulst, und der Körper kann mit einer ganzen Menge kleiner Geschwülste fertig werden, solange sie begrenzt sind und *gutartig* bleiben. Warzen und Muttermale sind in der Regel gutartige Geschwülste, die große Ähnlichkeit mit gesundem Gewebe haben: Ihre Zellen passen einigermaßen zusammen, und sie dringen nicht in das umliegende Gewebe ein. Auch solche gutartigen Geschwülste können natürlich Schaden anrichten, wenn sie wichtige Körperfunktionen beeinträchtigen. Ein gutartiger Tumor z. B. kann auf lebenswichtige Organe drücken oder Blutgefäße zusammenquetschen. Aber im großen und ganzen sind solche Komplikationen selten, und dadurch, daß gutartige Geschwülste nicht in andere Organe eindringen, richten sie auch weiter keinen Schaden an. Krebsige oder *bösartige* Geschwülste dagegen sind durch genau die entgegengesetzten Aktivitäten gekennzeichnet; sie begnügen sich nicht damit, in einem begrenzten Bereich zu wachsen, sondern dringen in das umliegende Gewebe und seine Zellen ein und zerstören es. Krebs richtet dadurch Schaden an, daß er sich *ausbreitet*, und zwar zunächst örtlich rund um die primär befallene Stelle und anschließend durch sein Eindringen in Blut, Lymphe, Drüsen und andere Körperteile.

Man unterscheidet insgesamt drei Grundtypen von Geschwülsten: gutartige, bösartige (krebsige) und solche, die weder der einen noch der anderen Gruppe zuzuordnen sind, sondern sich gewissermaßen in einem Zwischenstadium befinden. Die letzteren könnte man am besten als Geschwülste definieren, die zwar krebsartig erscheinen und auch in das unmittelbar anschließende Gewebe eindringen, die aber keine Metastasen bilden, d. h. sich nicht weiter im Körper ausbreiten. Diese Gruppe schließt sowohl krebsartige Geschwülste ein, die u. U. jahrelang ruhen, ehe sie beginnen, Schaden anzurichten, als auch Geschwülste, die plötzlich aufhören, sich auszubreiten. Die Zuordnung einer Geschwulst zu einer bestimmten Gruppe ist keine einfache und ein für allemal festzulegende Entscheidung; sie ist deshalb so schwierig, weil das Verhalten von Zellen durch zahlreiche miteinander verknüpfte körperliche Prozesse bestimmt wird.

Jede der Millionen von Zellen im Körper hat eine bestimmte Aufgabe zu erfüllen, und zwar abhängig davon, wo sie sich befindet. Die Haut setzt sich genauso aus Zellen zusammen wie die Leber, das Knochenmark und natürlich das Blut. Vereinfacht gesehen gibt es im Körper drei Arten von Zellgewebe: Epithelgewebe, Bindegewebe und Lymphgewebe. Epithelgewebe bildet die Haut, die inneren Auskleidungen des Körpers, die Membranen, Drüsen usw.; Bindegewebe findet man im Stützapparat des Körpers – in den Knochen, Muskelfasern usw.; Lymphzellen sind Hauptbestandteil des Blutes, des Knochenmarks usw.

Jeder dieser verschiedenen Zelltypen hat seine eigene Funktion und Bedeutung im Rahmen der körpereigenen Steuerungssysteme; so werden z. B. Leberzellen anders ernährt und gesteuert und entwickeln auch andere Aktivitäten als z. B. Hautzellen, etwa der Arme. Sogar Zellen vom gleichen Typ können unterschiedliche Funktionen haben, je nachdem, wo sie sich befinden; Hautzellen auf den Armen z. B. sind für irgendwelche Substanzen nicht so leicht zu durchdringen (Haut ist tatsächlich wasserdicht), aber die gleiche Zellart kleidet auch die Lungenbläschen aus, und deren wichtigste Aufgabe ist es, Substanzen (wie z. B. Sauerstoff) möglichst schnell passieren zu lassen.

Das zeigt, daß das Verhalten von Zellen davon abhängt, wo sie sich befinden, von welchem System sie versorgt und erhalten werden und welchen von außen wirkenden Umwelteinflüssen sie ausgesetzt sind. Genau dasselbe gilt für Geschwülste. Wie rasch ein Tumor wächst, ob er im Zwischenstadium verharrt oder nicht, ob er sich ausbreitet oder nicht (und wie stark), das hängt zum großen Teil von einer Mischung all dieser Faktoren ab. Bildet eine Krebsgeschwulst sich im Hautgewebe, so bezeichnet man sie als *Karzinom*, im Bindegewebe wird sie *Sarkom* genannt, und sind Lymphzellen betroffen, spricht man von einem *Lymphom* oder von *Leukämie*. Bei allen Formen handelt es sich um Krebs, und alle entwickeln im *zellularen* Bereich ähnliche Aktivitäten; Erscheinungsbild und Auswirkungen aber differieren entsprechend den oben beschriebenen Faktoren.

Bei Krebs handelt es sich also nicht um eine einheitliche Krankheit, es sei denn in dem einfachen Sinn, daß Krebszellen sich alle ähnlich verhalten. Die Form, in der Krebs auftritt, hängt von der Beschaffenheit des Zellgewebes ab, in dem er sich entwickelt, und von der Art der Körperfunktionen, die er stört. So entwickeln Krebserkrankungen der Brust, der Leber, der Haut oder des Knochenmarks ganz unterschiedliche Krankheitsbilder, weil das Gewebe, in dem sie entstehen, sich jeweils anders verhält.

In gewisser Weise hat diese Tatsache dazu beigetragen, daß Krebs heute als etwas ausgesprochen Unheimliches empfunden wird. Einige Krebsarten, wie z. B. die meisten Hautkrebse, sind leicht zu behandeln, weil sie oft früh entdeckt werden, medizinischer Behandlung gut zugänglich sind und ein eventuell mitschuldiger Umweltfaktor, wie übermäßiges Sonnenbaden, leicht ausgeschaltet werden kann. Andere

Krebsarten im gleichen Entwicklungsstadium und vom gleichen Zelltyp, etwa in der Leber oder im Magen, bleiben oft unentdeckt und unbeachtet, sind medizinischer Behandlung nur schwer zugänglich und, wenn sie schließlich entdeckt werden, oft schon so weit fortgeschritten, daß kaum noch Hilfe möglich ist. Diese Komplexität ist irritierend, wenn man Krankheiten mit bestimmten Erregern und Erscheinungsformen in Verbindung zu bringen gewohnt ist. Menschen können Krebs haben, ohne es überhaupt zu wissen, sie können bis ins hohe Alter rüstig bleiben, eines Tages aus einem völlig anderen Grund sterben, und erst nach dem Tod wird ihre Krebserkrankung entdeckt; andere entwickeln leicht zu heilenden, schmerzlosen Krebs, und wieder andere erkranken an einer rasch fortschreitenden, mit Schmerzen verbundenen Form, an der sie bald zugrunde gehen. Es hängt alles davon ab, wo er sich im Körper festsetzt. Krebs verursacht nicht notwendigerweise Schmerzen, und sein bloßes Vorhandensein bedeutet auch noch nicht den Tod. Krebs tötet dadurch, daß er in lebenswichtige Organe eindringt; solange eine Geschwulst sich nicht in der Nähe eines lebenswichtigen Organs befindet, ist das Leben auch nicht bedroht. Krebs verursacht nur Schmerzen, wenn er sich im Bereich von Schmerzrezeptoren entwickelt. Falls Krebs sich ausbreitet und Metastasen in anderen Körperteilen bildet, sind diese Geschwülste oft besonders gefährlich, weil sie sich in lebenswichtigen und schwer zu erreichenden Organen wie dem Gehirn oder der Leber angesiedelt haben.

Was verursacht Krebs?

Wenn wir wüßten, was Krebs verursacht, wäre nichts Unheimliches mehr an dieser Krankheit, und wir könnten sie sicher in absehbarer Zeit heilen. Unser Problem besteht darin, daß wir weder genau wissen, wie eine Krebserkrankung beginnt, noch bestimmen können, an welcher Stelle der langen Kette von Ereignissen, die das Leben des Zellgewebes beeinflussen, das geschieht. Gerät irgend etwas innerhalb der Zelle selbst aus dem Gleichgewicht? Oder vielleicht in den Systemen, die die Zelle versorgen und entsorgen? Handelt es sich um einen vererbten Defekt? Oder ist es irgend etwas in der Umwelt – etwas, mit dem wir in Berührung kommen und das uns «infiziert» – etwas, das wir essen, trinken; oder ist es vielleicht ein Bazillus, ein Virus, von dem wir befallen werden?

Einige dieser Fragen können wir mit einer gewissen Sicherheit beantworten. Nehmen wir z. B. die Vererbbarkeit. Viele Menschen fürchten, daß sie eine Veranlagung für Krebserkrankungen *geerbt* haben, wenn ein Elternteil oder beide Krebs hatten. Aber die meisten Experten glauben, daß im allgemeinen eine Veranlagung für Krebserkrankungen nicht direkt vererbt wird, ausgenommen in einigen seltenen Fällen. So können manche Menschen eine extreme Empfindlichkeit gegenüber Sonnenlicht erben (xeroderma pigmentosum); anderen wird manchmal ein Leiden vererbt, bei dem Polypen (kleine gestielte Wucherungen) in den Dickdarm und Mastdarm hineinwachsen, die dann durch ständige Reizung von Krebs befallen werden können (polyposis coli). Weder im einen noch im anderen Fall *verursacht* dieses Erbe Krebs. Es bedeutet lediglich, daß bei den Betroffenen jeweils in diesem speziellen Bereich eine gewisse Disposition für eine Krebserkrankung vorliegt.

Bei den wichtigsten Krebsarten – Brust-, Lungen- und

Darmkrebs – spielt irgendein möglicher Erbfaktor im Vergleich zu der Bedeutung von Umwelteinflüssen nur eine sehr geringe Rolle. Ist beispielsweise die Mutter an Brustkrebs erkrankt, so kann unter Umständen das Brustkrebsrisiko der Tochter höher sein als in anderen Familien. Aber die Forschung hat bisher nicht eindeutig feststellen können, ob das auf direkte genetische Vererbung zurückzuführen ist oder ob sich familiäre Gewohnheiten im Bereich von zwischenmenschlichen Beziehungen, Verhaltensweisen und Ernährungsmustern auswirken (von denen man eher annimmt, daß sie Krebs verursachen können). In ähnlicher Weise spielt das Rauchen bei der Entstehung von Krebs eine ganz wesentliche Rolle. Selbst bei einer erblich bedingten Anfälligkeit wird ein Nichtraucher höchstwahrscheinlich nicht an Krebs erkranken. Eine vererbte Veranlagung ist wirklich nur eine Veranlagung; es muß noch mehr hinzukommen – etwa ein krebsauslösender Einfluß aus der Umwelt –, um tatsächlich eine Geschwulst entstehen zu lassen.

Die bei weitem am besten nachgewiesenen «Ursachen» von Krebserkrankungen sind Wirkstoffe in der Natur. Man nennt sie Karzinogene und unterscheidet grundsätzlich zwei Arten: natürlich vorkommende und künstliche.

Natürlich vorkommende Karzinogene gibt es überraschend häufig. Ein Beispiel ist die Sonne. Bestimmte Arten von Lichtstrahlen hat man in Verbindung gebracht mit Haut- und Lippenkrebs, und in Gebieten mit heißem, sonnigem Klima wird eine stärkere Verbreitung dieser Krebsarten beobachtet. Auch von bestimmten geographischen Regionen weiß man, daß in ihnen gewisse Krebsarten verstärkt auftreten. In der Schweiz zum Beispiel kam früher häufig Schilddrüsenkrebs vor, und zwar durch den Mangel an natürlichem Jod in einigen Kantonen. In Ägypten hat man eine verbreitete Form von Blasenkrebs in Verbindung gebracht mit dem lokalen Vorkommen eines Parasiten in Flüssen, in denen gebadet wurde. Menschen, die in den Tropen leben, tendieren zu anderen Krebsarten als solche in kühleren Klimazonen, was teilweise auch auf Unterschiede in der Ernährung, in der Lagerung und Zubereitung von Nahrungsmitteln und in der persönlichen Hygiene zurückzuführen ist. Sogar Unterschiede in der Bodenbeschaffenheit sind mit Krebs in Verbindung gebracht worden. So weisen bestimmte Regionen im Osten Englands und in Nord-Wales eine überdurchschnittlich hohe Erkrankungsrate bei Magenkrebs auf, was man in Zusammenhang mit größeren Torfvorkommen im Boden brachte.

Das heißt nun nicht, daß die Schweiz, Ägypten, die Tropen, Nord-Wales oder Moorregionen gefährliche Lebensräume sind, in denen krebsauslösende Stoffe nur so herumliegen und hinter jeder Ecke auf ihr Opfer warten. Weit gefehlt! Wo auch immer bisher Krebserkrankungen mit derartigen Faktoren in Zusammenhang gebracht wurden, kann das nur so gedeutet werden, daß einzelne Menschen unter Umständen bestimmten Karzinogenen besonders intensiv ausgesetzt sind und daß dadurch eine Art von chronischer Reizung hervorgerufen wird, die dann möglicherweise die Basis für eine Krebserkrankung bildet. Ständiges übermäßiges Sonnenbaden wirkt in dieser Weise. Und auch durch den obenerwähnten ägyptischen Parasiten «bekommt» niemand Krebs. Dieser Parasit löst vielmehr eine chronische Entzündung der Blaseninnenwand aus, die schließlich im Laufe der Zeit zu einer Krebserkrankung führen kann.

Künstliche Karzinogene sind zwar in der Regel ebenfalls natürlich vorkommende Stoffe, und zwar in dem Sinn, daß sie in der Natur vorhanden sind. Aber durch die Entwicklung von Industrie, Bergbau, Gewerbe usw. sind die Kontakte, die Menschen mit ihnen haben, intensiviert worden. Wir alle kennen die Zusammenhänge, die zwischen Krebs und der Arbeit mit Asbest oder radioaktiver Strahlenbelastung bestehen, aber es gibt darüber hinaus noch zahlreiche andere. Man hat herausgefunden, daß Arbeiter, die mit Nickel, Chrom oder Kohle zu tun haben, einem erhöhten Krebsrisiko ausgesetzt sind, genauso wie Holzarbeiter oder Menschen, die in der Landwirtschaft, in Reinigungen und Wäschereien beschäftigt sind, und viele andere. Wer am Arbeitsplatz mit Alkohol zu tun hat, sogar Barmixer, leidet statistisch nachweisbar häufiger unter bestimmten Krebsarten als andere. Aber auch hier gilt: Dadurch, daß man diesen künstlichen Karzinogenen ausgesetzt ist, wird nicht automatisch eine Krebserkrankung ausgelöst; lediglich das Risiko vergrößert sich.

Auf diesen wichtigen Punkt kommen wir später noch einmal zurück. Wenn wir einen Stoff als krebserregend einstufen, dann bedeutet das, daß diese Substanz eine Reizung auslösen kann, die möglicherweise zu krebsigen Entartungen führt. Es heißt nicht, daß diese Substanz der tatsächliche «Verursacher» ist. Es gibt andere Faktoren, die die Wirkung eines Karzinogens modifizieren. Manche Menschen, die krebserregenden Stoffen ausgesetzt sind, erkranken niemals an Krebs. Einige Karzinogene rufen nur bei bestimmten Arten von Lebewesen Krebs hervor, bei anderen aber nicht. So wirkt zum Beispiel Steinkohlenteer bei Kaninchen krebserregend, zeigt aber keinerlei Auswirkungen auf Hunde oder Ratten. Eines jedoch sollte nicht vergessen werden: Statistiken spiegeln nur allgemeine Tendenzen wider. Sie schließen zwar die Möglichkeit ein, daß Zusammenhänge zwischen Karzinogenen und Krebs bestehen, zeigen aber nicht direkt Ursache und Wirkung auf. Statistiken müssen sehr sorgfältig interpretiert werden. Um nur ein Beispiel zu nennen: Menschen, die ihr Trinkwasser Flüssen in Industrieregionen entnehmen, wie z. B. der Themse oder dem Mississippi, weisen statistisch gesehen eine besonders hohe Krebsrate auf. Aber nicht jeder, der in London Themsewasser trinkt, wird zwangsläufig an Krebs erkranken.

Entscheidend ist, daß das Vorhandensein krebserregender Stoffe in der Umwelt nur das erste Glied einer Kette ist, die möglicherweise zu einer Krebserkrankung führt. Die Industrialisierung trägt sicherlich dazu bei, daß das Risiko wächst. Aber sie spielt zusammen mit den oben angesprochenen geographischen Faktoren nur eine relativ untergeordnete Rolle bei der Entstehung der am häufigsten vorkommenden Krebsarten. Sozialen und kulturellen Einflüssen kommt bei weitem die größte Bedeutung zu bei der Frage, wie stark ein Individuum krebserregenden Stoffen ausgesetzt ist, und sie bestimmen auch, welche Krebsarten in einer Gesellschaft oder Gemeinschaft vorherrschen. Deshalb soll nun untersucht werden, wie soziale und kulturelle Einflüsse zu bestimmten Verbreitungsmustern von Krebserkrankungen geführt haben.

Im Hinblick auf die Belastung eines Individuums durch krebserregende Stoffe spielen *soziale und kulturelle Faktoren* weitaus früher als alles andere eine Rolle. Das Rauchen ist eine allgemein akzeptierte Sitte und hat wenig zu tun mit der Arbeit in einem Industriebetrieb oder dem Leben in einer besonderen geographischen Region. Es ist sehr viel wahrscheinlicher, daß ein heranwachsendes Kind Tabaksqualm ausgesetzt wird als irgendeinem industriellen oder geographischen Karzinogen, und dazu aller Voraussicht nach von Geburt an. Tatsächlich sind soziale und kulturelle Faktoren in erster Linie dafür verantwortlich, daß Lungenkrebs, der um 1900 noch eine seltene Erkrankung war, sich heute in der westlichen Welt bei Männern und Frauen zum zweitgrößten Killer entwickelt hat.

Werfen wir einen Blick auf die Geschichte des Tabakrauchens. In primitiven Gesellschaften werden Blätter getrocknet, gerollt und geraucht. Unter diesen Umständen ist starkes Rauchen kaum möglich, weil der Tabak zu streng ist; daher ist der Verbrauch niedrig und Lungenkrebs selten. Ganz ähnlich sah es aus, als der Tabak im 16. Jahrhundert von Amerika nach Europa gebracht wurde. Erst Mitte des 19. Jahrhunderts bürgerten sich allmählich Zigaretten und Zigarren ein, die zunächst sehr einfach waren und die man maßvoll rauchte; in dieser Zeit war Lungenkrebs selten. Ende des letzten Jahrhunderts aber züchteten und verarbeiteten die Hersteller, die unbedingt den Verbrauch ihrer Produkte steigern wollten, sehr viel leichtere Tabaksorten, die angenehmer zu rauchen waren. Der Verbrauch entwickelte sich und mit ihm der Lungenkrebs. Den entscheidenden «push» erhielt der Zigarettenkonsum im Ersten und Zweiten Weltkrieg, als vor allem die US-Armee ihre Soldaten aktiv zum Rauchen ermunterte und Gratiszigaretten wie Süßigkeiten verteilte. Im zivilen Leben verstärkten Werbung und Medien noch die gesellschaftlich akzeptierte Vorstellung, daß das Zigarettenrauchen eine durchaus übliche und ungefährliche Angelegenheit sei. Wenn schließlich Regierungen, Autoritäten des Gesundheitswesens und die Armee es billigten, wie konnte da der einfache Mann von der Straße anderer Meinung sein? Nach dem Zweiten Weltkrieg stieg der Zigarettenkonsum in westlichen Gesellschaften enorm an und mit ihm die Fälle von Lungenkrebs, zuerst bei Männern, etwas später auch bei Frauen.

Ähnliche soziokulturelle Muster lassen sich bei den wichtigsten anderen Krebsarten beobachten, bei Magen-, Brust- und Genitalkrebs. Magenkrebs kommt besonders häufig in Japan und anderen Ländern des Fernen Ostens vor, wo viel Gesalzenes und Gepökeltes gegessen wird. Außerdem nimmt man die Nahrung oft sehr heiß zu sich, und die Mahlzeiten sind – vor allem in traditionellen Haushalten – nach strengen Regeln ablaufende, formelle Angelegenheiten. Alle diese Faktoren sind mit Krebs in Verbindung gebracht worden; man sagt zum Beispiel, daß eine derartige Kost, in einer wenig entspannten Umgebung gegessen, wahrscheinlich in aller Regel zu Reizungen und Beschwerden führt und daß das – zusammen mit möglichen krebserregenden Stoffen in den geräucherten, gewürzten, stark gesalzenen oder gepökelten Nahrungsmitteln – den Schaden verursacht.

Obwohl Magenkrebs immer noch eine wesentliche Todesursache in der westlichen Welt ist, sinkt die Zahl der Erkrankungen stetig, und zwar, wie man annimmt, dank unserer veränderten Eßgewohnheiten; die Menschen achten mehr auf ihre Ernährung: Sie bevorzugen frische, naturbelassene Nahrungsmittel und verzehren weniger Konserven. Ein faszinierendes Beispiel für die Auswirkungen kultureller Sitten in diesem Bereich liefern Untersuchungen über Japaner, die nach Hawaii oder Kalifornien ausgewandert sind: Das Vorkommen von Magenkrebs geht zurück, und die Erkrankungsmuster japanischer Einwanderer nähern sich jeweils denen ihrer neuen Heimatländer an; Lungenkrebserkrankungen nehmen zu, und, was besonders auffällt, die Häufigkeit von Brustkrebs, der bei japanischen Frauen nur ganz selten vorkommt, steigt deutlich an.

Kulturelle Werte bestimmen aber nicht nur Rauch-, Eß- und Trinkgewohnheiten. Sie haben auch Einfluß darauf, wie wir miteinander umgehen, wie wir lieben und wie wir unsere Familien planen. Es gibt Gründe für die Annahme, daß die steigende Häufigkeit von Brustkrebs in westlichen Gesellschaften teilweise darauf zurückzuführen ist, daß Frauen weniger Kinder gebären. Kulturen, die Familien zu mehr Schwangerschaften ermutigen, haben niedrigere Brustkrebsraten als andere. Man glaubt, daß eine Schwangerschaft mit ihren hormonellen Veränderungen bei Frauen einen gewissen Schutz gegen Krebserkrankungen bildet. Aber auch ein zu hoher Fett- und Zuckeranteil in der Nahrung wird mit dem Risiko, an Brustkrebs zu erkranken, in Zusammenhang gebracht. Unsere Ernährung wird aber wiederum durch kulturelle Faktoren beeinflußt, und wir alle wissen, wie sich beispielsweise Werbung auf unsere Eßgewohnheiten auswirkt.

Zervikalkrebs kann als Beispiel dafür dienen, wie gesellschaftliche Einflüsse gemeinsam mit medizinischer Forschung und Technik das Erscheinungsbild einer Krankheit verändert haben. Der Pap-Abstrich, eine schmerzlose, sichere und allgemein anerkannte Früherkennungsmaßnahme, ist heute bei Patientinnen und Gynäkologen in so starkem Maße akzeptiert, daß die meisten Krankheitsfälle schon bei den

Vorsorgeuntersuchungen entdeckt werden können, denen sich viele Frauen freiwillig unterziehen. Außerdem gibt es inzwischen effektive Therapien, die bei frühzeitiger Entdekkung der Krankheit eine vollständige Heilung ermöglichen.

Frühzeitige Diagnose und wirkungsvolle Behandlung führen dazu, daß Zervikalkrebs heute nicht mehr so häufig wie früher tödlich für Frauen verläuft. Trotzdem bleibt er ein ernstzunehmendes Problem, weil das frühzeitige Erkennen der Krankheit keinen Einfluß auf ihre Häufigkeit gehabt hat; in der westlichen Welt erkranken mehr Frauen als je zuvor an dieser Krebsform. Analysen sozialer Entwicklungen in den letzten fünfzig Jahren haben eine deutliche Verbindung aufgezeigt zu Veränderungen kultureller Gewohnheiten und Werte, vor allem zu Veränderungen in der Sexualmoral. Eine freiere Einstellung zur körperlichen Liebe, Krisenzeiten, wie die zwei Weltkriege, in denen freiere, kurzfristigere Verbindungen gesellschaftlich toleriert wurden, und vor allem die sexuelle Freizügigkeit der sechziger und siebziger Jahre – das alles führte zu häufigerem und früher einsetzendem sexuellem Verkehr mit einer großen Anzahl verschiedener Partner, wodurch für die oder den Einzelnen die Gefahr wuchs, sich sexuell übertragbare Krankheiten zuzuziehen. Die zunehmende Verbreitung von Zervikalkrebs, Herpes, Aids, die Zunahme von gewöhnlichen Geschlechtskrankheiten (wie Syphilis und Gonorrhoe), all das ist Teil dieses Syndroms. Weniger Aufmerksamkeit hat die Öffentlichkeit der männlichen Variante dieser Entwicklung geschenkt, aber auch hier zeigen sich Parallelen zum Zervikalkrebs: Hodenkrebs ist heute die häufigste Krebserkrankung bei Männern unter fünfunddreißig Jahren.

Einen wichtigen Punkt sollten Sie sich vor Augen halten: Die Existenz krebserregender Stoffe an sich sowie ein Verhalten, mit dem Sie sich als Individuum diesen Karzinogenen aussetzen, bilden die ersten beiden Glieder in der Kausalkette einer Krebserkrankung. Krebs ist ein natürliches Phänomen, und krebserregende Stoffe richten nur Schaden an, wenn Sie wiederholt und häufig in Kontakt mit ihnen kommen. Dieser Kontakt ist unvermeidbar, wenn eine bestimmte Art und Weise, sich solchen Stoffen auszusetzen, in einer Gesellschaft allgemein üblich ist. Aber haben wir das Problem damit gelöst? Können wir unsere Untersuchung an diesem Punkt beenden, alle Schuld für das Entstehen von Krebskrankheiten der Industrialisierung, den Tabakherstellern, den lockeren Sitten, der ungesunden Ernährung oder der Vorliebe für Sonnenbäder zuschieben und es dabei belassen? Offensichtlich nicht. Wir alle sind kulturellem Druck ausgesetzt. Wir alle haben ständig Kontakt mit krebserregenden Stoffen, aber nicht alle Raucher erkranken an Lungenkrebs, nicht alle, die sich auf die gleiche Art ernähren, bekommen Magenkrebs, nicht alle, die sexuell freizügig leben, erkranken an Krebs der Geschlechtsorgane.

Um die Kette zu vervollständigen und das entscheidende noch fehlende Glied zu finden, das alle bisher diskutierten Aspekte in einen Zusammenhang bringt, müssen wir uns dem dritten und letzten Bereich der Krebsentwicklung zuwenden, nämlich den Vorgängen, die sich innerhalb des Körpers abspielen.

Das wichtigste Glied der ganzen Krebskette befindet sich offensichtlich im Körper selbst. Krebserregende Stoffe in der Umwelt transportieren zwar das krebsverursachende Potential, aber was löst schließlich im Körper die Entwicklung einer Krebsgeschwulst aus?

In welcher Form auch immer der krebserregende Stoff mit dem Körper in Berührung kommt, sei es als Chemikalie, als Nikotin im Tabakrauch, als Virus oder als schädliche Strahlung, seine erste Handlung besteht offensichtlich darin, die Zellen in der unmittelbaren Umgebung dieser Kontaktstelle zu schädigen. Man muß sich das als einen sehr direkten Vorgang vorstellen, wie etwa bei einem Sonnenbrand. Übermäßige Belastungen über einen langen Zeitraum hinweg zerstören Zellen nicht nur einfach und machen es nötig, diese zu ersetzen, vielmehr wird auch die Fähigkeit verändert, durch Teilung identische, voll funktionsfähige neue Zellen zu bilden. Statt dessen entstehen fehlerhafte Zellen, die ihrer jeweiligen Aufgabe nicht so gut gewachsen sind wie normale Zellen.

Vereinfacht betrachtet wirken alle krebserregenden Stoffe, mit denen der Körper in Berührung kommt, auf diese Art und Weise. Wahrscheinlich handelt es sich dabei um ein ganz normales Geschehen, das praktisch bei allen Menschen abläuft, die krebserregenden Stoffen für eine gewisse Zeit in besonders starkem Maße ausgesetzt sind. Die fehlerhaften Zellen sterben ab, sobald sie keinen Kontakt mehr mit Karzinogenen haben. Sie werden von normalen Zellen überwältigt, und der betroffene Bereich stellt aus eigener Kraft den vorherigen gesunden Zustand wieder her. Dieser Vorgang ist gemeint, wenn von Krebs als von einem Bestandteil des Lebens gesprochen wird, und hier liegt auch die Erklärung für die gutartigen Geschwülste oder Zellveränderungen, die viele von uns hin und wieder entwickeln.

Um diese erste Schädigung bösartig werden zu lassen, muß aber noch etwas mehr geschehen. Alles, was bisher gesagt wurde, bezieht sich auf ein Vorstadium zu einer Krebserkrankung, betrifft lediglich eine Voraussetzung für die eventuell mögliche Entwicklung eines Krebsleidens. Damit ein geschädigter Zellbereich krebsig entartet, müssen den inneren Steuerungssystemen des Körpers Fehler beim Umgang mit dieser Vorstufe unterlaufen. Wie ist das möglich? Um diese Frage zu beantworten, wollen wir uns etwas näher damit beschäftigen, wie der Körper sich generell vor einer Erkrankung schützt.

Die körpereigenen Steuerungssysteme

Viele Menschen neigen dazu, Krankheiten in einer etwas althergebrachten Weise zu sehen. Danach werden Krankheiten durch Erreger verursacht, die in den Körper eindringen und – wenn sie genug Kraft haben – erhebliche Schäden verursachen. In gewisser Weise ist das sicherlich richtig; einige Infektionskrankheiten wie Pocken, Malaria, Kinderlähmung und Grippe laufen genau auf diese Art und Weise ab, und wir bekämpfen sie, indem wir versuchen, das Eindringen von Krankheitserregern in den Körper zu verhindern. Bei Erkrankungen wie Krebs müssen wir diese Sicht aber modifizieren. Wir müssen sogar einsehen, daß unser Überleben weitgehend nur durch eine komplizierte wechselseitige Abhängigkeit von Körper und «Krankheitserregern» gewährleistet ist. In Wirklichkeit benutzt der Körper «Krankheitserreger» auf unterschiedliche Art, um am Leben zu bleiben. Bakterien im Darm helfen z. B. bei der Verdauung. Der menschliche Körper ist also kein absolut stabiles, steriles Milieu, und seine eigenen Funktionen, Schwankungen, Widersprüchlichkeiten und Schwächen können teilweise selbst den Nährboden bilden, auf dem Krankheiten gedeihen. Vor allem das körpereigene Abwehrsystem kann zeitweise ganz erhebliche und überraschende Schwankungen aufweisen.

Das Netzwerk der körpereigenen Abwehr, das Immunsystem, ist eines von drei entscheidenden Hilfs- und Wartungssystemen im Körper, die gemeinsam mehr oder weniger die Kontrolle darüber ausüben, wie der Körper sich in jedem einzelnen Augenblick verhält. Die Körperzellen, die lebenswichtigen Organe, die Knochen- und Muskelsysteme bilden die Basis, die dem Körper Halt und Form gibt; die körpereigenen Steuerungssysteme aber bestimmen, was tatsächlich innerlich abläuft.

Das *zentrale Nervensystem* ist das grundlegende Übertragungsnetz, das das Zentrum unserer Psyche (das Gehirn) mit allen Winkeln unseres Körpers, bis hin zu den Zehenspitzen, verbindet. Es verzweigt sich mit Tausenden von Nerven, die fortlaufend Informationen und Kommandos hin und her übertragen. Unsere Muskeln werden durch Nervenimpulse kontrolliert, alle unsere Sinne geben ihre Eindrücke durch das Nervensystem an das Gehirn, und nahezu alles, was wir tun – bis hin zur Frequenz unseres Herzschlags – wird mit Hilfe des zentralen Nervensystems (ZNS) gesteuert. Das ZNS liefert in schneller Folge Momentaufnahmen von dem, was sich innerhalb unseres Körpers und in der Außenwelt ereignet. Wie wir denken, fühlen, sehen, wie wir agieren und reagieren, alles wird bestimmt durch Informationen, die von den höher entwickelten Nervenzentren dieses Systems empfangen werden. Vor allem hat auch unser Bewußtsein seinen Sitz im ZNS.

Das Nervensystem könnte man als das zentrale «Lebens»- oder «Überlebenssystem» des Körpers bezeichnen. Wenn jemand Ihnen auf den Fuß tritt, dann ist es das ZNS, das Sie darüber informiert und das Ihre Hände hebt, um den Angreifer wegzustoßen. Wenn Sie einen Weg aus einem schwer zu lösenden moralischen Dilemma suchen, dann ist es ebendieses ZNS, das Sie die ganze Nacht über keinen Schlaf finden läßt. Kurz, es ist das ZNS, das höchst empfindlich auf Stress reagiert und das bis zu einem gewissen Grad die Aktivitäten der anderen Systeme außer Kraft setzen kann. So werden über das ZNS bei Menschen, die nicht entspannen können, die Herztätigkeit überaktiviert und der Blutdruck erhöht; Geschäftsleute in verantwortungsvoller Stellung haben häufig einen erhöhten Adrenalinspiegel, obwohl rein physisch gar kein Grund dafür vorliegt. Das ZNS kann auch Teile des Körpers unter Dauerstress setzen, indem es chronische Anspannung, chronische Depression oder auch chronische Überaktivität verursacht. Kopfschmerzen, Schlaflosigkeit, Verstopfung, Rückenschmerzen und viele andere alltägliche Beschwerden haben ihren Ursprung häufig in Funktionsstörungen des ZNS. Das ZNS steuert also unsere psychologischen Befindlichkeiten und aktiviert jeweils den passenden oder entsprechenden physiologischen Bereich. Wenn Sie entspannt irgendwo sitzen und sich plötzlich daran erinnern, daß Sie etwas Wichtiges zu erledigen vergessen haben, dann ist es das ZNS, das Ihnen Angstschauer über den Rücken jagt und alle anderen Systeme alarmiert.

Das *endokrine* oder *hormonale System* arbeitet sehr eng mit dem Nervensystem zusammen, es beginnt ganz oben im Gehirn in der Hirnanhangdrüse (Hypophyse) und im Hypothalamus. Das Hormonsystem wirkt mit Hilfe von chemischen Botenstoffen im Blut und weist Zellen an, sich zu erneuern oder es nicht zu tun, und diktiert das Tempo, in dem alles abläuft. Das Hormonsystem sorgt für Gleichgewicht im Körper, indem es regulierend und stabilisierend auf die inneren Abläufe einwirkt. Außerdem ist es verantwortlich für die mentale und physische Leistungsfähigkeit, für die Aufrechterhaltung eines ordnungsgemäßen Schlaf-Wach-Rhythmus, für störungsfreies Wachstum und für das Energieniveau eines Menschen. So bestimmt z. B. das Hormonsystem, wie schnell ein Mensch Nahrung verdaut und Energie verbrennt und – auf die Aktivität von Krebszellen übertragen – wie gut die Proteinversorgung dieser Zellen ist und wie schnell oder langsam geschädigte Zellen sich erneuern.

Das *Immunsystem* ist in besonderem Maße verantwortlich für den Schutz von Zellen, dem möglichen Entstehungsort von Krebserkrankungen. Es wirkt weitgehend durch sein eigenes Lymphnetz, das jeden Zellbereich drainiert und irgendwelche unerwünschten Bakterien zerstört; aber auch in den Blutbahnen zirkulieren Abwehrstoffe, die die Organe und das Blut, das zu den Zellbereichen fließt, schützen.

Wichtig bei diesen drei Steuerungssystemen ist, daß sie eng zusammenarbeiten. Sie werden zwar als unterschiedliche Komponenten eines Verbundsystems tätig, beeinflussen sich aber gegenseitig an ihrem Service an Zellen und Körperorganen. Das Immunsystem operiert beinahe wie eine Flotte verschiedenartiger Kriegsschiffe, die als Verband zusammenarbeiten. Trifft eine kleine Immuneinheit auf einen unbekannten Eindringling, so kann sie unter Umständen selber damit fertig werden; schafft sie das nicht, dann sendet sie Boten aus und größere oder stärkere Einheiten kommen ihr zu Hilfe und fallen über den Eindringling her. Dieses System ist so eng verzahnt, daß einige Gruppen von Killer-Einheiten nur in einer ganz bestimmten Formation angreifen, wenn sie fremde Zellen zerstören wollen; jede Einheit für sich hat nur geringe Einflußmöglichkeiten, aber durch Zusammenarbeit erreichen sie die notwendige Wirkung. Jeder Angriff in falscher Formation bleibt dagegen wirkungslos. Teamwork und Koordination sind das Entscheidende.

Das hormonale System arbeitet in ähnlicher Weise: Kontrolle und Gleichgewicht im Körper werden erreicht durch eine Reihe von gegensätzlichen hormonellen Substanzen, die jeweils aufeinander einwirken. Das richtige Gleichgewicht zu bewahren, bedeutet zu wissen, wieviel von einem Wirkstoff jeweils produziert werden muß, um den anderen auszubalancieren. Auch das ist ein vorbildlicher Fall von Teamwork! Allgemein bekannt ist auch, daß das zentrale Nervensystem in doppelter Hinsicht Verantwortung trägt: Es warnt und mobilisiert den Körper durch das sympathische Nervensystem und entspannt ihn durch das parasympathische System. Gleichgewicht und harmonisches Zusammenspiel zwischen diesen beiden Systemen sind entscheidend für die Leistungsfähigkeit und Gesundheit des Körpers.

Erstaunlicherweise reagieren diese drei Körpersysteme sehr empfindlich auf ganz alltägliche Einflüsse. Zum Beispiel kann Angst – vor allem, wenn sie sehr speziell ist und lange andauert – Funktionsgrad und Effizienz des Nervensystems verändern. Intensive oder lang andauernde Gefühle können die normale Regulationstätigkeit des endokrinen Systems dadurch beeinträchtigen, daß sie die Produktion vieler Hormone verringern und schwanken lassen. Das Folgenschwerste aber ist, daß alltägliche Ereignisse auch die Effizienz des Immunsystems beeinträchtigen können.

Die Forschung hat gezeigt, daß das Immunsystem schon gegenüber ganz gewöhnlichen Einflüssen anfällig ist. Fehlender oder unregelmäßiger Schlaf kann z. B. den Funktionsgrad bestimmter Teile des Immunsystems herabsetzen. Auch im Verlauf des Tages verändert sich das Immunsystem ziemlich stark; frühmorgens z. B. ist es in Bestform, verliert aber dann gegen Tagesende an Wirksamkeit. Ob wir eine Mahlzeit zu uns nehmen, eilig einen Zug zu erreichen suchen, uns durch den Verkehr kämpfen, Alkohol trinken, eine Auseinandersetzung haben – alles wirkt sich auf das Immunsystem aus.

Auch Übergewicht beeinflußt das Immunsystem. Stark übergewichtige Menschen neigen eher dazu, an Infektionskrankheiten zu sterben, als Normalgewichtige – ganz abgesehen von den übrigen bekannten Risiken wie Herzkrankheiten, Diabetes und Gallensteine, die dicke Menschen bedrohen. Einige Untersuchungen haben gezeigt, daß Veränderungen im Eiweißhaushalt auch Veränderungen in der Effizienz des Immunsystems verursachen.

Schließlich hat man überzeugend nachgewiesen, daß *Stress* eine ganze Reihe von Auswirkungen auf das Funktionieren unserer Abwehrmechanismen hat. Frühe Untersuchungen an Tuberkulosekranken zeigten z. B., daß Ärger und Sorgen, verursacht durch Krisensituationen wie Arbeitsplatzwechsel, Scheidung oder finanzielle Probleme, eindeutig in Zusammenhang standen mit dem Auftreten von Tuberkulose. Andere Forschungen aus neuerer Zeit haben Zusammenhänge festgestellt zwischen psychologischem Stress und Infektionen der oberen Luftwege (Erkältung, Grippe, Husten), der Genesung von Mononukleose (Drüsenfieber), Herpes simplex, eitriger Gingivitis (Zahnfleischentzündung) und Krebs, um nur einige zu nennen.

Die drei Stufen einer Krebserkrankung

Was hat das alles mit der Entwicklung von Krebs zu tun? Eine ganze Menge, denn es ergänzt das, was bisher über die Krebskette gesagt wurde. Nun wird deutlich, daß man die Entstehung von Krebs nicht nur auf krebserregende Stoffe zurückführen kann, sondern daß dabei noch ein sehr viel komplexeres Zusammenspiel von Umständen beteiligt ist.

Zunächst müssen ein oder mehrere verschiedene krebserregende Stoffe vorhanden sein. Es muß eine Reizung, Verletzung oder Entzündung vorliegen – etwas, das Zellen in einem begrenzten Bereich reizt oder schädigt. Diese Reizung kann durch irgendeine von vielen möglichen Quellen verursacht werden. Eine solche Quelle kann in unserer Nahrung liegen, im Rauch oder in der Luft, die wir einatmen, in der Belastung durch radioaktive Strahlung oder Sonnenlicht oder wo auch immer. Auf jeden Fall ist es notwendig, daß diese Reizung den Körper dazu anregt, geschädigte Zellen oder Gewebe auszubessern. Krebs entwickelt sich selten spontan ohne wirkliche Störung oder Reizung. Seine Besonderheit beruht darauf, daß ein ganz normaler Reparatur- und Erneuerungsmechanismus außer Kontrolle gerät. Wir wollen das als *Stufe 1* bezeichnen.

Im weiteren Verlauf ist es notwendig, daß innerhalb des Körpers die normale Neigung des Menschen, einer Störungsquelle auszuweichen, nicht mehr wirksam ist. Signale, die Schmerz und Unbehagen anzeigen, werden durch bewußte Entscheidungen (zentrales Nervensystem) oder durch Übergehen emotionaler (endokriner) Reaktionen ignoriert bzw. durch schlechte Zusammenarbeit des Nerven- und Hormonsystems verdrängt oder abgeschwächt. Das Ergebnis ist, daß die geschädigten Zellen so gut es geht gegen die krebserregenden Stoffe ankämpfen müssen – und daß sie unter diesen Bedingungen fehlerhafte und unausgereifte neue Zellen produzieren. Das ist *Stufe 2*. Es handelt sich noch nicht um Krebs, aber die Zellen sind bereit und warten nur darauf, bösartig weiterzuwuchern.

Damit die neu gebildete Gewebsmasse krebsig entartet, ist es schließlich notwendig, daß das Immunsystem des Körpers nicht mehr angemessen auf ihr Vorhandensein reagiert. Um es noch einmal zu wiederholen: Es sieht ganz so aus, als ob die Aktivitäten des Nerven- und Hormonsystems die örtliche Abwehrreaktion durcheinanderbringen und die Immunzellen, die normalerweise die neue Substanz als unausgereifte Zellen identifizieren und zerstören würden, statt dessen die entstandene Geschwulst wie einen gesunden Bestandteil dieses lokalen Bereiches behandeln. Ob das geschieht, weil das Immunsystem tatsächlich die neue Gewebsmasse akzeptiert oder weil es zu schwach und zuwenig vital ist, um die Zellen zu zerstören, ist unklar. Wenn das Immunsystem aber wirklich einige gutartige Geschwülste duldet, ohne sie anzugreifen, und andere für eine gewisse Zeit akzeptiert, um sie später zu zerstören, dann sind offensichtlich beide Mechanismen am Werk. Wie dem auch sei, dies ist *Stufe 3*.

Die drei Stufen haben alle eines gemeinsam – ob sie ablaufen oder nicht, hängt weitgehend davon ab, wie sich ein Individuum verhält und wie es auf umweltbedingte und soziale Zwänge reagiert. Erinnern wir uns: In den meisten Fällen handelt es sich um eine ganz individuelle Entscheidung, wenn ein Mensch seinen Körper krebserregenden Stoffen aussetzt. Freiwillig rauchen wir zuviel, essen ungesunde Dinge, trinken übermäßig, liegen in der Sonne, bis wir verbrannt sind und so fort. Freiwillig vernachlässigen wir unsere Körper, wodurch Funktionen und Effizienz des Immunsystems ganz wesentlich geschwächt werden.

Schließlich muß noch einmal wiederholt werden, daß eine bewußte Entscheidung (die das ganze zentrale Nervensystem betrifft) bei weitem die stärkste Kraft ist, die im Körper wirksam wird. Sie allein ist fähig, die sorgfältig ausbalancierte Aktivität des Immunsystems umzustoßen, durcheinanderzubringen und außer Kontrolle zu setzen.

Um auf der Suche nach einer Gesetzmäßigkeit bei krebsverursachenden psychosomatischen Zusammenhängen noch etwas weiter vorzustoßen, sollten wir beobachten, wie ein Individuum, das sich freiwillig krebserregenden Stoffen aussetzt und das freiwillig Schutzfunktionen des Körpers ignoriert, beschaffen ist. Wir wollen uns nun dem Verhältnis von Krebserkrankung und seelischen Faktoren zuwenden, um zu sehen, welche Erkenntnisse Studien über Krebskranke zu dieser Frage gebracht haben. In Kapitel 3 werden wir dann rückblickend die Einzelteile zusammenfügen und erklären, welche Zusammenhänge zwischen unserem Verhalten und der Entwicklung von Krebs bestehen.

Kapitel 2

Krebs und Persönlichkeit

Angenommen, die Art und Weise, in der sich ein Individuum im Leben verhält, kann eine gewisse Disposition für Krebserkrankungen zur Folge haben, dann ist es notwendig, etwas über solche Verhaltensmuster zu wissen. Lassen sich «Typen» von Menschen oder Persönlichkeiten identifizieren, die stärker als andere dazu neigen, an Krebs zu erkranken? Diese Frage hat die Ärzte seit der griechischen Antike beschäftigt, und es ist oft versucht worden, sie zu beantworten. In den meisten Fällen wurde ein gewisser Zusammenhang zwischen emotionaler Belastung und dem Ausbruch einer Krebserkrankung vermutet.

Früher glaubte man, daß Menschen, die von Natur aus zur Schwermut neigten oder denen großes Leid oder Unglück widerfahren war, anfällig für Krebserkrankungen wären. Zu Beginn dieses Jahrhunderts, als psychiatrische Forschung etwas wissenschaftlicher wurde, begann man, Bezeichnungen wie «depressiv», «introvertiert» und «übersensibel» auf Menschen anzuwenden, die an Krebs erkrankten. Ihnen wurden auch Begriffe zugeordnet wie «Selbstmitleid» und «Verdrängung», d. h. die Neigung, Gefühle wie Ärger oder Eifersucht unter strenger Kontrolle zu halten. Diese Vorstellung einer durch starke Verdrängungsmechanismen gekennzeichneten krebsgefährdeten Persönlichkeit fand vor allem unter den Anhängern der Freudschen Theorie Anklang. Sie beschrieben Krebskranke als Menschen, die ihre Emotionen so rücksichtslos unterdrückten, daß eine normale körperliche und seelische Entwicklung nicht stattfinden konnte.

Diese frühen Vorstellungen über eine zu Krebserkrankungen neigende Persönlichkeit waren zwar interessant, sie blieben aber zu allgemein, um Ärzten zu nützen, die die Zusammenhänge zwischen seelischen Faktoren und dem, was bis dahin über bösartige Geschwülste bekannt war, verstehen wollten. Forschungsarbeiten über andere Krankheiten brachten meist fast identische Ergebnisse. Tuberkulosekranke und Asthmatiker wurden zum Beispiel in ganz ähnlicher Art und Weise beschrieben. Dadurch konnte man kaum unterscheiden, ob das Bild sich aus der jeweiligen Krankheit ergab oder ob es auf einem ursprünglichen, anfällig machenden Faktor in der Persönlichkeit beruhte. Es ist nur natürlich, daß die meisten Menschen verzweifelt, niedergedrückt und repressiv sind, wenn sie erfahren, daß sie an Krebs erkrankt sind. Außerdem zeigen viele Menschen, die sich eine Zeitlang ins Krankenhaus begeben müssen, ähnliche Persönlichkeitsmerkmale.

Nach 1950 führten bessere Forschungsmethoden zu genauer definierten Untersuchungen. Fünf Arten von Forschungsarbeiten sind bis jetzt über Krebspatienten durchgeführt worden. In *rückblickenden Untersuchungen* (retrospective studies) werden Krebskranke und ihr vergangenes Leben nach Bekanntwerden der Diagnose auf irgendwelche Anhaltspunkte hin untersucht und befragt. Solche Untersuchungen stellen die Frage: «Was für Menschen waren diese Patienten, ehe sie an Krebs erkrankten?» *Vorausschauende Untersuchungen* (prospective studies) stellen eine ähnliche Frage, gehen aber den umgekehrten Weg; Gruppen von Menschen werden in einem frühen Lebensstadium untersucht, und anschließend wird ihre weitere Entwicklung verfolgt, um zu sehen, welche früh erkennbaren Faktoren in Zusammenhang mit der Entwicklung von Krebserkrankungen stehen könnten. *Begleitende Untersuchungen* (contiguous studies) richten ihr Augenmerk darauf, wie Menschen ihre Situation meistern, wenn sie an Krebs erkrankt sind. Diese Untersuchungen stellen die Frage: «Überleben Menschen mit bestimmten Persönlichkeitsmerkmalen länger oder besser als andere?» In *Tierversuchen* wird Krebs an Labortieren studiert. Dabei untersucht man alle oben angeschnittenen Fragen, aber unter sorgfältig kontrollierten Versuchsbedingungen. Und schließlich haben auch einige Forschungsarbeiten über Heilmethoden der *alternativen Medizin* unsere Kenntnisse über die Bedeutung seelischer Faktoren für die Überlebenschancen bei Krebs erweitert.

Rückblickende Untersuchungen

Solche Untersuchungen haben in den meisten Fällen die früheren Vorstellungen über einen Zusammenhang zwischen depressiver oder repressiver Persönlichkeitsstruktur und Krebs gestützt, sind allerdings sehr viel objektiver und detaillierter vorgegangen.

In Schottland untersuchte ein Forscherteam Lungenkrebspatienten und setzte dabei Fragebögen ein, um jeweils die Persönlichkeit und das Verhalten der Erkrankten in ihrer Kindheit zu erfassen (Kissen, 1963). Diese Arbeit gehörte zu den fundierteren Untersuchungen, seit man Krebskranke und andere Krankenhauspatienten – d. h. Menschen in ähnlichen Situationen – miteinander verglichen hatte. In dieser Studie konnte Kissen nachweisen, daß das frühere Leben Krebskranker anders aussah als das von Menschen, die an sonstigen Krankheiten litten. Er stellte fest, daß Krebskranke häufig nur begrenzt fähig sind, ihre Gefühle auszudrücken, und zwar sowohl in der Kindheit als auch im späteren Leben. Weitere Untersuchungen desselben Teams bestätigten diese Ergebnisse, und auch Arbeiten über andere Krebsarten brachten weitgehend identische Resultate.

Im Rahmen einer anderen, in den USA erstellten Studie führte eine Gruppe von Forschern einen Persönlichkeitstest mit Frauen durch, nachdem bei diesen ein negativer Befund in einem Pap-Test (Muttermund bzw. Gebärmutterhals-Abstrich) festgestellt worden war, aber noch bevor eine endgültige Krebsdiagnose vorlag. Später, als die Diagnosen feststanden, verglich man die Persönlichkeitstests der Frauen, die keinen Krebs hatten, mit denen der tatsächlich an Krebs Erkrankten. Als die Resultate dann mitgeteilt wurden, verglich man die Persönlichkeitstests der an Krebs erkrankten Frauen mit denen der Gesunden. Man fand heraus, daß die an Krebs Erkrankten eher Gefühle der Hoffnungslosigkeit äußerten als die anderen, aber auch, daß sie erst kürzlich einen emotionalen Verlust erlitten hatten – eine lange währende Beziehung war zu Ende gegangen oder hatte sich zum Schlechten entwickelt.

Eine weitere Studie war besonders interessant: Le Shan und seine amerikanischen Mitarbeiter untersuchten Krebspatienten, indem sie eine Vielzahl von Methoden anwandten, einschließlich Fragebögen, Psychotherapie und Projektionstests zur Erfassung der Gesamtpersönlichkeit; sie fanden heraus, daß die Kindheitserfahrungen der meisten Krebspatienten dadurch gekennzeichnet waren, daß emotionale Reaktionen fehlten (oder unterdrückt wurden) und alltägliche Höhen und Tiefen in einer stoischen und gleichgültigen Art hingenommen wurden. Le Shan stellte auch fest, daß seine Patienten sich als Erwachsene oft isoliert und machtlos dem Leben gegenüber fühlten. Auffallenderweise war wiederum bei vielen Krebspatienten unmittelbar vor Ausbruch der Krankheit eine für sie sehr wichtige Beziehung zerbrochen. Typische Fälle beschrieb Le Shan folgendermaßen: «[Diesen Menschen]... erscheinen intensive zwischenmenschliche Beziehungen schwierig und gefahrvoll. Falls eine tiefe und bedeutungsvolle Beziehung aufgebaut wurde,... entwickelte sie sich für die jeweils Betroffenen zum Lebenszentrum... In anderen Lebensbereichen erfüllten sie ihre Aufgaben angemessen, aber ohne innere Beteiligung. [Wenn diese Beziehung zerbrach], schlugen alle Versuche, Ersatzbeziehungen aufzubauen, fehl und der Patient durchlief eine Periode tiefster Verzweiflung, die später verdrängt wurde. Innerhalb einer Zeitspanne von sechs Monaten bis zu acht Jahren nach dem Verlust... traten die ersten Anzeichen der bösartigen Krankheit auf» (Le Shan, 1959, S. 12).

Auch andere Gruppen haben Krebskranke mit Hilfe dieser

rückblickenden Methode untersucht, aber mit anderem Arbeitsmaterial und in einigen Fällen auch mit abweichenden Ergebnissen. Eine Serie von Studien in London untersuchte Frauen, die an Brustkrebs erkrankt waren, und man fand heraus, daß weder der Verlust einer «geliebten Person» noch Depressionen oder besonders extrovertiertes oder introvertiertes Verhalten einen Zusammenhang mit dem Auftreten von Brustkrebs zeigte. Anders sah es allerdings aus, wenn es um die Frage ging, ob Ärger unterdrückt oder Angst gezeigt wurde: An Brustkrebs Erkrankte neigten dazu, ihren Ärger häufiger als andere Frauen zu unterdrücken und weniger Angst zu zeigen.

Rückblickende Studien haben die Annahme verstärkt, daß Krebskranke ihre Gefühle zu sehr in ihrem Inneren verschließen, und es zeigte sich, daß ein solches Verhalten, verbunden mit einem Gefühl der Hilflosigkeit und Hoffnungslosigkeit, Keimzelle für eine allgemeine Neigung zu Krebskrankheiten zu sein scheint. Wie dem auch sei, eine Interpretation dieser Studien muß sehr sorgfältig erfolgen, da sowohl die menschliche Persönlichkeit als auch die unterschiedlichen Auswirkungen der verschiedenen Krebsarten äußerst komplex sind. In einer Untersuchung wurde festgestellt, daß das Unterdrükken von Ärger und Angst zwar ein wichtiger Faktor bei unter fünfzigjährigen Frauen war, aber nicht bei denjenigen, die über fünfzig Jahre alt waren. Obwohl dadurch das ursprüngliche Ergebnis nicht hinfällig wird, zeigt sich doch, wie notwendig eine äußerst sorgfältige Analyse von Feststellungen wie «Unterdrückung von Ärger» ist. Bevor wir versuchen, die bisherigen Ergebnisse in einen Zusammenhang zu bringen, wollen wir aber zunächst noch einen Blick auf andere Forschungsbereiche werfen. Erinnern wir uns an dieser Stelle: Wichtig ist vor allem, ein zutreffendes Gesamtbild der Rolle zu erhalten, die die Persönlichkeit eines Menschen bei der Entstehung von Krebs spielt, und sich nicht einfach auf isolierte Begriffe wie «Ärger» oder «Angst» zu beschränken.

Begleitende Untersuchungen

Was geschieht mit Menschen, wenn sie an Krebs erkrankt sind? Dieses Problem ist in mancher Hinsicht einfacher zu erforschen als andere, und es gibt inzwischen beachtliches Beweismaterial dafür, daß psychologische Faktoren ganz offensichtlich mit der Überlebensspanne nach der Diagnose einer Krebserkrankung in Zusammenhang stehen.

Das Grundmuster der Forschung ist relativ einfach: Krebskranke, die dieselbe Krebsart im gleichen Stadium haben, werden untersucht und getestet, nachdem die Diagnose gestellt worden ist; einige Zeit später werden dann die Ergebnisse überprüft, um zu sehen, ob irgendein persönlicher oder psychologischer Faktor in einen Zusammenhang mit der Überlebenszeit der Patienten, der Wachstumsgeschwindigkeit von Tumoren oder anderem gebracht werden kann. Dabei ergeben sich viele Vergleichsmöglichkeiten; man kann zum Beispiel Krebskranke untereinander vergleichen oder auch Patienten, die lange Zeit überleben mit solchen, die schnell sterben.

Bei dieser Art des Vorgehens wurden übereinstimmende Ergebnisse von einer Vielzahl von Arbeitsgruppen aus den verschiedensten Ländern gemeldet. Ein Team in den Vereinigten Staaten fand heraus, daß langfristig Überlebende häufig engere persönliche Beziehungen hatten als kurzfristig Überlebende; sie schienen auch weniger emotional zu leiden und nahmen aktiver und mit mehr Interesse Anteil an ihrer Behandlung. Sie waren bemüht, das Krankenhaus bei seinen Hilfsversuchen zu unterstützen, wohl wissend, von welch entscheidender Bedeutung ihre eigene Mitarbeit für ihr Überleben war. Kurzfristig Überlebende fanden sich oft mit dem Unvermeidlichen ab, neigten dazu aufzugeben und verloren sehr bald jegliche Hoffnung.

Forscher am King's College-Krankenhaus in London haben unser Wissen in diesem Bereich wesentlich erweitert.

Durch sorgfältig überprüfte Untersuchungen an Frauen mit Brustkrebs fand man heraus, daß diejenigen, die länger überlebten, einen gewissen «Kampfgeist» an den Tag legten; dieser war oft gekoppelt mit einer unbewußten Verleugnung der Realität, was den Schock, diese Krankheit zu haben, irgendwie in Schach hielt und verhinderte, daß die Patientin von ihm überwältigt wurde und ein Gefühl der Hoffnungslosigkeit entwickelte.

Diejenigen, die nur kurze Zeit überlebten, reagierten dagegen stoisch und fatalistisch oder waren zutiefst hoffnungs- und hilflos. Dasselbe Team berichtete, daß Patientinnen, die die Mastektomie (Brustamputation) nur schwer akzeptieren konnten, neurotischer und depressiver waren als diejenigen, die sich gut damit abfanden.

Das alles zeigt, daß psychologische Faktoren tatsächlich eine entscheidende Rolle zu spielen scheinen, wenn es um das Überleben einer Krebserkrankung geht. Je größer die Bereitschaft, um sein Leben zu kämpfen, je stärker der Lebenswille, desto höher ist die Wahrscheinlichkeit zu überleben. Die Fähigkeit, diese Kraft wirkungsvoll in emotionale und praktische Kanäle zu leiten, garantiert darüber hinaus eine gewisse Sicherheit. Mehr darüber in späteren Kapiteln.

Vorausschauende Untersuchungen

Solche Untersuchungen sind bei weitem die zeitraubendsten und kostspieligsten, zweifellos sind sie aber auch die ergiebigsten. Die Forschungen beginnen ganz einfach an einer Anzahl von normalen, gesunden Menschen, in der Regel, wenn sie junge Erwachsene sind. Die Probanden werden einer Anzahl psychologischer Tests unterzogen, medizinisch untersucht, ihre Gewohnheiten und Lebensumstände werden aufgezeichnet usw. Wenn diese Menschen dann älter werden, vergleicht man Testresultate derjenigen, die an Krebs erkrankt sind, mit Resultaten anderer, die gesund geblieben sind oder an anderen Krankheiten leiden. Darüber hinaus kann man Testmaterial von Patienten, die länger oder besser überlebt haben, untersuchen und sich langfristig eine Vorstellung davon machen, wie bestimmte Menschen psychologisch reagieren. Natürlich nimmt all dies eine lange Zeit in Anspruch. Der Weg zum Ziel ist kürzer, wenn man – wie es einige Forscherteams getan haben – zurückgreift, d. h. Gruppen von Menschen untersucht, die sich alle aus irgendeinem Grund einmal psychologischen Tests unterzogen haben. Die Testresultate derjenigen, die an Krebs erkrankt sind, werden dann genauer betrachtet. Eine dieser Untersuchungen, die 1977 begonnen wurde, wertet die Daten von über 50000 Studenten der Universitäten Harvard und Pennsylvania in den Vereinigten Staaten aus. Ein anderes Team verfolgte über Jahre hinweg die MMPI-Daten (ein Persönlichkeitstest) von Patienten, die in ein Veteranenheim in Kansas aufgenommen wurden, und verglich Testresultate von Krebspatienten mit solchen von nicht an Krebs Erkrankten.

Bis heute sind zahlreiche vorausschauende Untersuchungen in verschiedenen Teilen der Welt durchgeführt worden, von Berkeley in Kalifornien bis Schweden und sogar Jugoslawien. Nicht alle basierten auf so umfangreichem Zahlenmaterial wie die Harvard-Studie, aber alle gemeinsam haben zu der wachsenden Überzeugung beigetragen, daß psychologische Faktoren eine wesentliche Rolle bei der Entstehung von Krebs spielen.

Im Rahmen der jugoslawischen Studie, die 1965 begonnen wurde, untersuchte man 1353 ältere Menschen in der kleinen Stadt Crvenka sehr detailliert, und zwar medizinisch, psychologisch und soziologisch. Später wurden diese Menschen in regelmäßigen Abständen erneut untersucht. 1976 stellte man sämtliche Todesursachen der inzwischen Verstorbenen zusammen und versuchte anhand der früher erhobenen Daten festzustellen, welche Faktoren in einen Zusammenhang mit dem Krebstod gebracht werden konnten. Interessanterweise wurden in diese Studie auch Aussagen über die Rauchgewohnheiten und die Immunlage der Untersuchten mitaufgenommen. Sie ermöglichten teilweise Feststellungen darüber, welche Bedeutung das Zusammenspiel von psychologischen, immunologischen und verhaltensbedingten Faktoren hat. Außerdem fanden die Autoren heraus, daß psychologische Faktoren, wie die Neigung, Gefühle zu unterdrücken (definiert als die Veranlagung, «anti-emotional» zu sein), und vor allem eine allgemeine Tendenz zu Hoffnungslosigkeit am zuverlässigsten auf eine tödlich verlaufende Krebserkrankung hinwiesen, mehr noch als physikalische Messungen, wie die Bestimmung des Cholesterinspiegels und der Anzahl der Lymphozyten.

Menschen, die fähig sind, ihren Ärger auszudrücken, verringern offensichtlich deutlich die Wahrscheinlichkeit, an Krebs zu erkranken. Und wenn man bei Menschen, die an Krebs oder an Kreislauferkrankungen starben, zwischen Gefühlen von Ärger und Empfindungen von Hoffnungslosigkeit unterschied, stellte sich heraus, daß diejenigen, die an Krebs erkrankt waren, mehr zu Hoffnungslosigkeit neigten, während andere, die an Kreislauferkrankungen litten, mehr zu Gefühlen des Ärgers tendierten.

Interessante Resultate ergaben auch die durchgeführten physiologischen Messungen. Unter Stress, d. h. wenn sie aus irgendeinem Grunde aus dem Gleichgewicht geraten waren, zeigten Krebspatienten deutliche Veränderungen des Cholesterinspiegels, verbunden mit Anzeichen innerer physiologischer Kämpfe, die sich verstärkten, sobald die Betroffenen sich bemühten, die Aufregung zu unterdrücken. (Ein hoher Cholesterinspiegel wird mit Stress in Zusammenhang gebracht.) Im Vergleich mit nicht an Krebs erkrankten Menschen und mit Menschen, die an Herzkrankheiten litten, wurde ein charakteristisches Krebsmuster sichtbar: Während Patienten, die an Herzleiden erkrankt waren oder einen

Schlaganfall erlitten hatten, einen höheren Cholesterinspiegel aufwiesen als Krebskranke, tendierten letztere unter Stress regelmäßig zu stärkeren Schwankungen ihrer Werte. Kurz, Krebskranke standen, während sie äußerlich gefühlsmäßig völlig unbeteiligt wirkten, innerlich unter erheblichem und ständig wechselndem Stress. Interessanterweise war auch die Anzahl der Lymphozyten (ein Gradmesser für den Zustand des Immunsystems) bei Krebskranken geringer als bei anderen, was den Wissenschaftlern eine chronische Schwächung der Immunfunktionen anzeigte. Schließlich wurden auch die Rauchgewohnheiten dieser Menschen untersucht, und man stellte fest, daß sie wichtige Hinweise auf eine Lungenkrebserkrankung enthielten, allerdings von weniger großer Bedeutung waren als psychologische Variablen.

Durch all diese Ergebnisse wird die Bedeutung psychologischer Faktoren aus einem (kulturell und geographisch) den USA so fernen Land wie Jugoslawien bestätigt. Aber auch in unserer Nähe gibt es ähnliches Beweismaterial. In der Kansas-Studie zum Beispiel stellte sich heraus, daß Krebskranke schon früh ausgeprägte Persönlichkeitsmerkmale gezeigt hatten, die gekennzeichnet waren durch eine Neigung zu Hoffnungslosigkeit, Verdrängungsmechanismen und dem Bestreben, Unlustgefühle nicht zu zeigen (definiert als Ablehnung von Hysterie). Wieder zeigte sich das Bild eines Menschen, der darum kämpft, nicht zu zeigen, was in ihm vorgeht. Wieder zeigte sich auch dieses Mal, daß jeweils ein ganz persönlicher Wesenszug dominierte, noch bevor sich eine Krebserkrankung entwickelte. Ein Autor der obenerwähnten Harvard-Pennsylvania-Studie stellte fest, daß die Unfähigkeit, Gefühle unmittelbar auszudrücken, dazu verleitet, auf andere Möglichkeiten der Stressbewältigung auszuweichen, wie z. B. das Rauchen oder das Trinken. In einer Untersuchung fand man heraus, daß für die Prognose der Hodgkin-Krankheit (eine Krebsart) irgendwelche psychologischen Variablen keine Bedeutung hatten, daß aber Menschen, die stark rauchten, übermäßig viel Kaffee tranken oder schon in frühen Jahren übergewichtig waren, mit größerer Wahrscheinlichkeit erkrankten als andere, auf die das alles nicht zutraf.

Die bis heute mit Abstand wichtigste vorausschauende Untersuchung ist an der John Hopkins-Universität von Baltimore in den USA durchgeführt worden. Dr. C. B. Thomas und ihr Team von Wissenschaftlern begannen nach dem Zweiten Weltkrieg an der Universität Medizinstudenten zu untersuchen. Sobald diese die Universität bezogen hatten, nahmen sie an zahlreichen Tests, Fragebogenaktionen zu ihren Lebensumständen usw. teil, anschließend wurde ihr Lebensweg in jährlichen Intervallen bis heute weiterverfolgt.

Thomas und ihre Kollegen haben aus den Daten der jungen Studenten später charakteristische Merkmale derjenigen Ärzte zusammengestellt, die an Krebs erkrankten oder starben, Merkmale, die diese Krebspatienten von Ärzten unterschieden, die an anderen Krankheiten litten. Dabei ergaben sich folgende Besonderheiten:

Das frühe Familienleben krebskranker Menschen Als vielleicht signifikantestes Ergebnis der Studie zeigte sich, daß Krebskranke sich ihren Eltern nicht so eng verbunden fühlten wie andere Menschen und wie jene Probanden, bei denen später Herzleiden auftraten. Krebspatienten berichteten durchweg von fehlendem Kontakt und fehlender Wärme zwischen ihnen und ihren Eltern. Offensichtlich war dieses Gefühl stärker bei denen ausgeprägt, die später eine schwere Form von Krebs entwickelten, als bei denen, die leichtere Formen (wie Hautkrebs) oder gutartige Geschwülste hatten. Zur Erinnerung: Es handelte sich dabei um Empfindungen, von denen die Betroffenen berichtet hatten, nachdem sie als junge Menschen gerade erst das Elternhaus verlassen hatten. Mit ziemlicher Sicherheit reflektierten sie sehr genau, was sie ihren Eltern gegenüber empfanden. Sehr oft konnten sie nicht exakt angeben, bei welchen Anlässen sie sich verletzt oder verärgert gefühlt hatten, sie empfanden nur ein allgemeines Gefühl von Distanz. Wichtig war auch die Feststellung, daß die Antworten der Krebs-Gruppe meist mit denen von Menschen übereinstimmten, bei denen sich später mentale Probleme zeigten oder die Selbstmord begingen. Diese Menschen, die später nur schwer mit dem Leben zurechtkamen, hatten ebenfalls berichtet, daß ihre Gefühle den Eltern gegenüber in ihrer Jugend sehr kühl gewesen seien. Im Gegensatz zu den an Krebs Erkrankten berichteten indessen Menschen, die später Probleme mit dem Herzen hatten, daß sie sich ihren Eltern enger verbunden fühlten.

Anzeichen von nervösen Spannungen Als Bestätigung dieser Aussagen fand Thomas heraus, daß Krebskranke als junge Erwachsene ein nervöses Verhalten an den Tag legten, das eine gewisse persönliche Unsicherheit signalisierte. Krebspatienten berichteten, daß sie sich, wenn Sie Ärger hatten oder unter Druck standen, geradezu in fixe Ideen verrannten und sich wieder und wieder Fehler und Versäumnisse vorwarfen. Allgemein neigte die Krebsgruppe dazu, Ärger zwar auszudrücken, aber nicht durch Worte oder durch ein Gefühl der Trauer, sondern vielmehr dadurch, daß sie müde wurden; sie klagten oft darüber, daß sie sich zu müde fühlten, um irgend etwas zu tun, waren leicht erschöpft und häufig deprimiert. Außerdem berichteten sie, daß sie, um ihre nervöse Anspannung abzubauen, gerne aßen, tranken oder rauchten.

Allgemeine Interessen und Grundeinstellungen Schon an der Universität zeigten diejenigen Probanden, die später an Krebs erkrankten, eine Einstellung zum Leben, die ihr Mißtrauen gegenüber engen persönlichen Bindungen und Gefühlen widerspiegelte. Sie neigten z. B. dazu, Aktivitäten zu meiden, die Gefühle ansprechen, wie die Beschäftigung mit bildender Kunst, Literatur oder Konzertbesuche. Thomas erklärt das damit, daß ihre Grundeinstellung offensichtlich negativ war, es ihnen an Spontaneität fehlte und sie zuwenig Kraft für ein erfülltes, vitales Leben besaßen. Rorschach und andere Tiefenpsychologen wiesen nach, daß – verglichen mit anderen Krankengruppen – in den Aufzeichnungen Krebskranker diese Art auszuweichen als besonders typischer Zug erschien. Auch in diesen Tests zeigte sich eine gewisse Ambivalenz in persönlichen Verhaltensweisen, vor allem im Bereich der zwischenmenschlichen Beziehungen; Krebskranke waren sich ihrer Gefühle nicht sicher und schienen zwischen extrem positiven und extrem negativen Empfindungen hin- und herzupendeln, ohne die für eine gute Beziehung notwendige Balance zu finden. Das deutet darauf hin, daß Krebskranke schon von früh an nicht wußten, wie sie sich anderen Menschen gegenüber gefühlsmäßig verhalten sollten. Bedingt durch ihre Unsicherheit und ihr distanziertes Verhältnis zu den Eltern, fehlte ihnen offensichtlich die Möglichkeit, im Schutz einer sicheren Beziehung intensive Gefühle zu entwickeln und zum Ausdruck zu bringen. Diese Tatsache kann durchaus unmittelbar im Zusammenhang mit den obenerwähnten Ergebnissen von Le Shan gesehen werden, wonach viele Krebskranke im ganzen Leben nur eine einzige sehr intensive engere Beziehung eingehen und, wenn diese Beziehung zerbricht oder endet, niemals wieder eine andere aufbauen. Mehr darüber an späterer Stelle. Bemerkenswert ist nebenbei noch, daß diese tiefenpsychologischen Tests, was den inneren Zustand Krebskranker betrifft, zu den gleichen Ergebnissen führten wie die jugoslawische Studie.

Tierversuche

Natürlich unterscheiden sich die Probleme bei Tierversuchen ganz wesentlich von Problemen, denen man bei Forschungen an Menschen begegnet. Vor allem lassen sich diese Versuche viel leichter nach Bedarf arrangieren, können genauer kontrolliert und sehr viel sorgfältiger beobachtet werden. Dadurch haben die Ergebnisse von Tierversuchen im Laufe der Jahre in der Krebsforschung große Bedeutung erlangt, vor allem in den Bereichen, die sich mit den Auswirkungen von Stress auf Krebserkrankungen beschäftigen.

Obwohl es vielerlei verschiedene Untersuchungsmöglichkeiten gibt, besteht eine grundlegende Methode der Stressforschung bis heute darin, eine bestimmte, sorgfältig gezüchtete Rasse, z. B. von Mäusen, auszuwählen, bei der weder Inzucht vorliegt, noch allzu große Unterschiede im Hinblick auf Lebenserfahrung, Gefährdung durch Infektionen u. ä. bestehen. Dann werden zwei Gruppen von Tieren aus ein und derselben Zucht (die also weitgehend identisch sind) mit Krebs infiziert (normalerweise dadurch, daß gleichartiges Tumorgewebe in gleiche Körperteile transplantiert wird). Anschließend werden die beiden Gruppen getrennt in zwei Lebensgemeinschaften gehalten, deren Bedingungen sich wiederum in jeder Hinsicht gleichen, bis auf einen entscheidenden Unterschied – eine Gruppe wird Stress ausgesetzt und die andere nicht. Sorgfältig macht man dann Aufzeichnungen über das Wachstum von Geschwülsten und über die Zeitspanne, die die Tiere noch leben.

Derartige Untersuchungen haben eine ganze Reihe übereinstimmender Resultate ergeben. So haben solche Tierversuche nicht nur aufgezeigt, welche Bedeutung dem Zusammenhang zwischen Stress und Krebs zukommt, sondern sie haben auch die generelle Richtung vieler der in diesem Kapitel erwähnten Forschungsarbeiten bestätigt. In Zukunft können Tierversuche vielleicht sogar noch eine ganze Menge mehr leisten. Schon jetzt ist erwiesen, daß Stressfaktoren bei Tieren auch Auswirkungen auf die Metastasenbildung haben; und vielleicht wird es möglich sein, bei Tieren, denen künstlich Krebs übertragen wurde, den Ausbruch der Krankheit zu verhindern, indem man ihre Umwelt so verändert, daß sie besser mit dem Krebsherd fertig werden.

Alternative Heilmethoden

Alternative Medizin umfaßt ein sehr breites Spektrum von Theorien, die von der ganzheitlichen Betrachtungsweise des stressverursachenden Lebensstils über Diät, Naturheilmethoden und ähnliches bis hin zu Gesundbetern und Geistheilern reichen. Die meisten ihrer Anhänger sind der festen Überzeugung, daß es für Patienten vor allem wichtig ist, entschlossen und mit echter Motivation etwas gegen ihre Probleme zu unternehmen; dann werde die Wirkung von Glauben, Vertrauen oder natürlichem Heilmittel mit Sicherheit dazu führen, daß der Körper besser für den Kampf gegen die Krankheit gewappnet sei. Diese Argumentation wird durch ernstzunehmende Hinweise in der medizinischen Fachliteratur gestützt, wo über spontane Rückbildungen von Krebserkrankungen berichtet wird, d. h. über Fälle, in denen eine Genesung ohne medizinische Erklärung oder ärztliches Eingreifen erfolgte.

Ohne im Detail auf diese alternativen Ansätze einzugehen, besteht meines Erachtens das Problem darin, daß allzuoft nur die Aussagen von Praktikern oder Patienten vorliegen. Wie in den frühen Freudschen Fallbeschreibungen kann das sehr interessant sein und zu brauchbaren Hypothesen führen, aber um solche Behauptungen zu beweisen, bedarf es gründlicher Forschung und klarer Formulierungen. Nur wenige alternative Praktiker haben je ordnungsgemäße Forschung betrieben oder gar ihre Theorien in einer klaren und überprüfbaren Weise dargestellt. Und verhältnismäßig viele alternative Theoretiker arbeiten mit Ideen und Auslegungen, die beim besten Willen nur schwer mit der allgemein anerkannten Psychologie in Einklang zu bringen sind, ganz zu schweigen von dem Problem Körper–Seele, das in diesem Buch im Mittelpunkt steht. Zweifellos haben einige Praktiker einen sehr engen Kontakt zu ihren Patienten und bieten ihnen echte Hilfe. Dennoch würde ich nicht in jedem Fall ihre Interpretationen dessen, was sie tun, unterschreiben. Ich neige wie viele meiner Kollegen dazu, all das, was ich nicht verstehen oder sehen kann, mit Vorsicht zu behandeln, und für mich sind Interpretationen, die außerirdische oder übernatürliche Erscheinungen einschließen, grundsätzlich nicht mehr akzeptabel.

Doch es gibt eine Reihe von Praktikern, die zwar außerhalb des schulmedizinischen Rahmens arbeiten, aber dennoch brauchbare Informationen, Forschungsberichte oder Hypothesen veröffentlicht haben: Auf sie habe ich meine Recherchen begrenzt.

Die vielleicht wichtigsten Veröffentlichungen sind aus der Klinik von O. Carl und Stephanie Simonton in Forth Worth, Texas, hervorgegangen. Seit Ende der sechziger Jahre hat dieses Team eine Reihe von psychologischen Verfahren mit dem Ziel untersucht, Techniken zu finden, die den Patienten helfen könnten, ihre psychologischen Abwehrkräfte gegenüber Krebs zu stärken. Unter anderem beschäftigte man sich mit Trainingsgruppen, Meditation, positivem Denken, Gruppentherapie, Biofeedback und Bewußtseinsdynamik und entwickelte schließlich ein Programm, das offensichtlich Menschen half, gegen eine Krebserkrankung anzukämpfen. Veröffentlichungen der Autoren deuteten tatsächlich darauf hin, daß es möglich war, Entspannungstechniken, Vorstellungstechniken und andere Verhaltensweisen zu vermitteln, die es den Menschen ermöglichten, Ärger oder Spannungen abzubauen und so das Wachstum eines Tumors zu verlangsamen.

Andere Kliniker haben von ähnlichen Wirkungen berichtet. Ein australischer Arzt, Christopher Magarey, hat über «Ganzheitliche Krebstherapie» geschrieben und darauf hingewiesen, daß die Erfolge, die aus alternativen Krebskliniken gemeldet werden, oft nicht «außergewöhnlichen Heilmitteln» wie etwa Kaffee-Einläufen, Lebersaft, allgemeiner Immunisierung, Ausschaltung von Giftstoffen oder der Verwendung von Mistelpräparaten zuzuschreiben sind, sondern eher «einem besonderen Merkmal, das in allen diesen Kliniken auffällt: das persönliche Charisma und die tiefe geistige (nicht unbedingt religiöse) Haltung des medizinischen Direktors» (Magarey, 1983, S. 182). Er führt als Beweis eine Untersuchung an zu der Frage, was tatsächlich vorgeht, wenn charismatische Heiler mit ihren Klienten arbeiten. Diese Studie ergab, daß es im wesentlichen darauf ankommt, inwieweit der Praktiker in der Lage ist, dem Patienten ein Gefühl der Sicherheit und des Eins-Seins mit ihm zu vermitteln. Dasselbe Muster ist in Arbeiten über die Wirkung von tiefer Meditation beschrieben worden und kann durchaus auch in anderen Kliniken vorkommen, wo die intensive Bindung, die oft zwischen Arzt und Patient beobachtet wird, dem Kranken hilft, ruhig zu werden. Es ist offensichtlich, daß dieser beruhigende Einfluß bei Patienten auch die physiologischen Vorgänge positiv beeinflußt; der Herzschlag wird langsamer, die Hirnströme und das autonome Nervensystem beruhigen sich.

Ähnliches gilt auch für die Beziehung zwischen Hypnotiseur und Klient. Obwohl Hypnose lange Zeit als Randerscheinung der Medizin betrachtet wurde, hat man in den letzten Jahren erkannt, daß sie für manchen eine brauchbare Methode zur Lösung seiner Probleme darstellt. Wiederum scheint ihr größter Wert darin zu liegen, daß der Therapeut die Fähigkeit besitzt, beim Klienten das Gefühl der Isolation zu durchbrechen; je offener jemand gegenüber hypnotischer Beeinflussung ist, desto stärker scheint die Wirkung zu sein. Hypnotiseure, die mit Krebskranken gearbeitet haben, konnten beobachten, daß diese sich suggestiven Methoden gegenüber bedeutend aufgeschlossener zeigten als andere Menschen.

Was ergibt sich aus alledem? Unabhängig von der «Ideologie», die die verschiedenen Praktiker zugrunde legen, scheint das Geschehen im wesentlichen darin zu bestehen, daß sie die geheimsten psychologischen Bedürfnisse ihrer Krebspatienten befriedigen. Bezeichnenderweise wenden sich Krebskranke in der Regel dann der alternativen Medizin zu, wenn sie das Vertrauen in die Schulmedizin verloren haben oder von dieser aufgegeben worden sind. Sie sind zutiefst verängstigt und brauchen enge persönliche Betreuung. Vielleicht sogar unbeabsichtigt, werden von der alternativen Medizin psychologische Bedürfnisse von Krebskranken befriedigt, die sehr viele Schulmediziner in der Vergangenheit nicht beachtet oder zumindest bagatellisiert haben. Alternative Medizin realisiert in der Praxis vieles von dem, was in diesem Kapitel angesprochen wurde.

Zusammenfassung

Durch eine Zusammenschau aller bisherigen Ergebnisse will ich versuchen, ein Bild der Persönlichkeit und des charakteristischen Umfeldes zu entwerfen, die einen Menschen wahrscheinlich empfänglich für Krebs machen.

Kindheit
Alles scheint darauf hinzudeuten, daß krebsgefährdete Menschen als Heranwachsende einer ganzen Flut von Vorstellungen und Vorschriften über richtiges Verhalten, Denken und Fühlen ausgesetzt ist, eingeschlossen ein hohes Maß an Kontrolle; zwanglose Sitten, kindliches Verhalten, überschweng-

liche Reaktionen, schmerzliche Gefühle und alltägliches schlechtes Benehmen scheinen von früh an im Leben des Kindes unterdrückt zu werden. Gefühlsäußerungen sind offensichtlich nur dann erlaubt oder erwünscht, wenn sie in zurückhaltender, beherrschter Form erfolgen; ruhig und «erwachsen» zu sein ist wichtiger als alles andere. Es sieht so aus, als ob dieses Muster durch ein ganz spezielles Eltern-Kind-Verhältnis entwickelt und gefestigt wird; in diesem Verhältnis hat das Kind eine sehr enge Bindung an die Eltern, und es wird ihm kein großer Freiraum zugestanden, in dem es zu einem unabhängigen Menschen heranwachsen könnte. Der Verlust dieser Beziehung oder ernsthafte Veränderungen der Familienkonstellation scheinen das Kind völlig hilflos zurückzulassen, unfähig, eine gleichwertige Ersatzbeziehung aufzubauen. Ergeben sich diese Veränderungen in einem besonders empfindlichen Stadium der kindlichen Entwicklung, so besteht ein erhöhtes Risiko für Krebsformen, die häufig in der Kindheit oder Jugend auftreten, wie Leukämie, Lymphdrüsengeschwülste oder die Hodgkin-Krankheit.

Jugend

Untersuchungen haben ergeben, daß zwischen krebsgefährdeten Menschen und ihren Eltern häufig ein Mangel an emotionaler Nähe und Wärme besteht und daß Krebs verstärkt nach dem Verlust einer engen, intimen Beziehung auftritt. Beides zusammen deutet darauf hin, daß das Muster der intimen Eltern-Kind-Beziehung in irgendeiner Weise gestört ist. Eine enge, symbiotische Bindung in der Kindheit scheint in der Jugend durch ein sich abkühlendes, distanzierendes Verhältnis abgelöst zu werden, wobei der Teenager zunehmend das Gefühl hat, in bestimmten wichtigen Bereichen nicht genügend beachtet oder sogar zurückgewiesen zu werden. Das muß nicht in Zusammenhang stehen mit einem tatsächlichen «Verlust» im physischen Sinn, wie z. B. dem Tod eines Elternteils (es ist in diesem Zusammenhang unerheblich, ob ein Verlust oder ein besonderer seelischer Schock nachweisbar ist). Vielmehr scheint es sich eher um ein durchstrukturiertes, langfristig sich entwickelndes Beziehungsmuster zu handeln, in dem die emotionalen Bedürfnisse des Heranwachsenden regelmäßig vernachlässigt oder übersehen werden. Durch diese Schulung lernt das Kind im Laufe der Zeit, entsprechende Bereiche seiner Persönlichkeit auszuklammern und zu ignorieren sowie wichtigen körperlichen und emotionalen Bedürfnissen gegenüber eine ablehnende Haltung einzunehmen.

Die Ergebnisse der Forschung deuten auch darauf hin, daß die Eltern-Kind-Beziehung bei Krebskranken einseitig war; dem Kind wurde beigebracht, die Ansichten und Verhaltensweisen der Eltern in den Mittelpunkt des Interesses zu stellen und die eigene Meinung, das eigene Heranwachsen und die eigene Ich-Bezogenheit in den Hintergrund zu rücken. Von früh an lernt das krebsgefährdete Kind, sich selbst als ziemlich unbedeutend und machtlos zu empfinden; es sieht wenig Sinn darin, in der Familie als Individuum eine wichtige Rolle zu spielen (im Gegensatz zu einem «Helfer»-Typ). Das Kind ist dazu erzogen, von den Eltern festgesetzte Pflichten zu erfüllen, sie ohne Fragen zu akzeptieren, die eigene Sicht der Dinge zurückzustellen und sich Widerspruch zu versagen oder ihn zu unterdrücken. Man kann davon ausgehen, daß sich schon früh eine erlernte Hilflosigkeit entwickelt und eine starke Abhängigkeit von einer Autoritätsperson besteht. Das Kind kann nur in festgelegten Bahnen denken oder sich verhalten; wenn diese entfallen oder in Unordnung geraten, hat es keine Möglichkeit, mit einer Situation fertigzuwerden, außer sich hilflos, müde und deprimiert zu fühlen.

Erwachsenenleben

Wenn das Kind heranwächst und den unmittelbaren Schutz der Familie verläßt, hat es offensichtlich Probleme, sich anderen Menschen anzuschließen. Unter der Voraussetzung, daß ein junger Mensch jemanden findet, der oder die Ähnlichkeit mit den dominierenden Eltern hat, mag scheinbar alles in Ordnung sein, der Status quo wird einfach beibehalten. Der krebsgefährdete Mensch ist nicht fähig, mit tieferen Gefühlen und stärkeren körperlichen Bedürfnissen umzugehen. Er vermeidet es, sich derartigen Empfindungen auszusetzen und/oder sie zum Ausdruck zu bringen, sowohl bei sich selbst als auch gegenüber anderen. Ein solcher Mensch hat auch Schwierigkeiten, den normalen Stress und die Spannungen des täglichen Lebens zu bewältigen. Jede Beziehung, die *keine* Aufmerksamkeit oder Aktivität in dieser Hinsicht erfordert, verstärkt das Familienmuster. Beziehungen, die mehr fordern, erschrecken ihn und bringen ihn – je nach Bedeutung und Heftigkeit der Probleme und nach dem Halt der ursprünglichen Beziehung – mehr oder weniger durcheinander.

Vor allem aber sind Krebsgefährdete als Erwachsene empfindlich gegenüber *Stress*, der ihr grundlegendes psychologisches Verhaltensmuster bedroht. So können Scheidungen, der Tod eines Ehepartners oder ein anderes seelisches Schockerlebnis die verborgene Verletzlichkeit bloßlegen, ebenso wie das Heranwachsen der eigenen Kinder. Ein gesunder Teenager, Sohn oder Tochter, der das psychische und emotionale Gefüge der Mutter oder des Vaters aus dem Gleichgewicht bringt, kann in einem solchen Fall beispielsweise eine ganz außergewöhnliche Bedrohung darstellen.

Krebsgefährdete Menschen neigen dazu, ihre Gefühle nicht auszudrücken, und dadurch ergeben sich Probleme bei der Entwicklung von Bewältigungstechniken. Der tägliche Stress und Ärger wird zu groß; krebsgefährdete Menschen – gelähmt durch ihre Unfähigkeit, Ärger zu artikulieren, und niedergedrückt durch ein Gefühl von Hilf- und Machtlosigkeit – müssen mit einem ständig wechselnden Potential innerer Bedrängnis leben. Das alles schafft sowohl zwischenmenschliche Probleme als auch innerpsychische Schwierigkeiten, denen nicht beizukommen ist mit charakteristischen und bekannten Bewältigungsmustern wie Selbsttäuschung

(«Alles ist in Ordnung»), neurotisch-zwanghafte Verhaltensweisen und einer durch Hilflosigkeit hervorgerufenen Müdigkeit, Lethargie und Antriebslosigkeit.

Der wesentliche Faktor bei der ganzen Sache ist, daß krebsgefährdete Menschen durch ihre emotional sehr sterile Erziehung ihren Körper oft weniger sorgfältig behandeln als andere Menschen. Insbesondere neigen sie eher dazu, frühe Anzeichen von körperlichem Stress oder Unwohlsein zu ignorieren, Dinge in ihrem Inneren zu verschließen und zum Abreagieren von Ärger zu «passiven» Mitteln (wie essen oder rauchen) zu greifen. Schließlich sind sie auch dadurch gefährdet, daß sie die Abwehrkräfte ihres Körpers nicht genügend trainieren. All dies entwickelt sich zu festgefügten Lebensgewohnheiten, die letzten Endes auch die Aktivitäten der körpereigenen steuernden Systeme (zentrales Nervensystem, Hormonsystem und Immunsystem) verändern. In Kapitel 3 soll erklärt werden, welchen Einfluß solche negativen Lebensgewohnheiten auf das Wachstum von Tumoren haben.

Kapitel 3

Eine neue Psychologie der Krebserkrankungen

Die Ergebnisse, über die im letzten Kapitel berichtet wurde, möchte ich im folgenden in ein übersichtliches System bringen, in das sich auch die früher entwickelten Vorstellungen über körperlich-seelische Wechselwirkungen im Organismus integrieren lassen.

Worum geht es?

Die in Kapitel 1 beschriebenen Untersuchungen machten deutlich, daß drei Stufen erforderlich waren, bis sich tatsächlich eine Krebserkrankung entwickelte. Stufe 1 beinhaltete, daß – in welcher Form auch immer – irgendein krebserregender Stoff vorhanden sein mußte. Stufe 2 wurde erreicht, wenn das zentrale Nervensystem und das endokrine System des Körpers nicht in der Lage waren, den Schaden, den das Karzinogen von Stufe 1 angerichtet hatte, zu erkennen und etwas dagegen zu unternehmen. Auf Stufe 3 schließlich versäumte das körpereigene Immunsystem – wahrscheinlich durch schlecht koordinierte Zusammenarbeit –, das Neoplasma anzugreifen und zu zerstören und akzeptierte es statt dessen als ein Teil des eigenen Systems.

Ergänzen wir diese drei Stufen noch durch Einzelheiten, so kristallisieren sich einige interessante Tatsachen heraus, beispielsweise in bezug auf Stufe 1: Diese in der Krebsforschung westlicher Gesellschaften am häufigsten genannten Karzinogene sind: *Nikotin* im Tabakrauch, das mit Lungenkrebs, Blasenkrebs und Leberkrebs in Verbindung gebracht wird; bestimmte *Nahrungsmittel*, die mit Brustkrebs (Zucker) und Dickdarmkrebs (übermäßig verfeinerte Nahrungsmittel) in

Verbindung gebracht werden; *Alkohol*, der Leberkrebs und Kehlkopfkrebs begünstigen soll, *Sexualgewohnheiten*, die mit Zervikalkrebs und Peniskrebs in Zusammenhang gebracht werden, sowie *Strahlung*, die mit Hautkrebs (exzessive Sonnenbäder) zusammenzuhängen scheint. Machen Sie sich klar, daß die Wahrscheinlichkeit, diesen alltäglichen Karzinogenen in außergewöhnlichem Maße ausgesetzt zu sein, weit größer ist als die Gefahr, die z. B. von der Strahlung einer Atomanlage oder eines Granitfelsens irgendwo bei Glasgow ausgeht. Mehr noch, wir setzen uns diesen alltäglichen Karzinogenen mehr oder weniger freiwillig aus. Niemand zwingt uns zu rauchen, zu trinken, exzessiv zu essen, mit ständig wechselnden Partnern sexuell zu verkehren, das Sonnenbaden zu übertreiben usw. Genaugenommen erreichen wir Stufe 2 der krebsverursachenden Entwicklung durch unser eigenes Verhalten. Erinnern wir uns aber auch, daß zwar viele von uns rauchen, trinken, sonnenbaden und sich flüchtige sexuelle Abenteuer leisten, wir aber trotzdem nicht alle an Krebs erkranken. Demnach muß es sich bei der gesuchten typischen Persönlichkeit, die mit Stufe 1 in Verbindung gebracht werden kann, um einen Menschen handeln, dessen gesundheitsschädliches Verhalten bereits zur Gewohnheit geworden ist.

Um Stufe 2 zu erreichen, ist es nötig, daß die körpereigenen Systeme nicht angemessen auf eine Schädigung reagieren oder, falls sie doch reagieren, daß die Auswirkungen einfach übergangen werden. Kurz, irgendwelche Anzeichen von Beschwerden, die das einwirkende Karzinogen verursacht hat, werden entweder nicht bemerkt oder ignoriert. Übertragen auf praktische, alltägliche Situationen, wie z. B. das Rauchen, bedeutet das, daß Sie, um Stufe 2 zu erreichen, systematisch alle Reaktionen des Körpers auf Tabakrauch unbeachtet lassen müssen. An den schlechten Geschmack und die Reizung, die die meisten Menschen spüren, wenn sie zum erstenmal rauchen, gewöhnen Sie sich mit der Zeit. Durch diese Gewöhnung bleibt aber um eines flüchtigen Genusses willen das unbeachtet, was ursprünglich die Körpersysteme veranlaßte, abweisend auf den Fremdkörper zu reagieren. Die niederen Körpersysteme sprechen auch weiterhin und genauso wie beim erstenmal auf den Rauch an und registrieren die fremden Substanzen ebenso wie die Reizung. Die höheren Systeme aber (vor allem das zentrale Nervensystem) werden veranlaßt, den niederen Alarmsignalen keine Bedeutung mehr beizumessen. Sie ignorieren diese Signale nicht nur, sondern lernen, das Vorhandensein dieser Substanz geradezu herbeizuwünschen und zu erwarten. Und mit der Zeit verbindet sich eine ganze Kette von Gefühlen mit dem Rauchen. Anstatt in Alarmbereitschaft zu geraten, lernen bestimmte Bereiche des ZNS, sich trotz der Reizung beim Rauchen zu entspannen. Gleichzeitig verändern sich endokrine Abläufe: Durch das Rauchen fühlt man sich weniger gestresst, wodurch auch die Hormone Botschaften übertragen, die dieser Situationsanalyse des Nervensystems entsprechen. Das Ausmaß, in dem diese Abläufe fest verwurzelte Lebensgewohnheiten werden, bestimmt die Anfälligkeit für Stufe 2.

Stufe 3 setzt Stufe 2 weiter fort. Damit das Immunsystem den immer wieder eindringenden Fremdkörper – hier den Rauch in den Lungen – bekämpfen kann, fordert es Unterstützung von den übrigen körpereigenen Steuerungssystemen. Nehmen wir die Abwehrreaktionen in der Lunge: Während das Immunsystem auf bösartige Gewebeveränderungen reagiert und sie abzuwehren versucht, darf dieser Vorgang durch die anderen Systeme nicht gehemmt werden, zum Beispiel durch eine unzureichende Eiweißversorgung. Bei einem normal funktionierenden Zusammenspiel der Systeme sorgt a) das ZNS sofort für eine Unterbrechung der Rauchzufuhr in die Lungen und handelt b) das endokrine System, indem es dem Immunsystem in richtiger Menge und Ausgewogenheit genau das zuführt, was es benötigt. Wenn diese Teamarbeit in einem bestimmten Körperbereich zusammenbricht, führt das an dieser Stelle zu einer Schwächung des Immunsystems.

Allerdings müssen diese psychosomatischen Muster über einen langen Zeitraum immer wieder ablaufen, bis die Situation kritisch wird. Die Entwicklung von bösartigen Geschwülsten verläuft im allgemeinen sehr langsam, was darauf schließen läßt, daß ihre Entstehung das Ergebnis einer langfristig gestörten Zusammenarbeit körpereigener Reaktionen auf schwache Reize ist. Ein weiterer wichtiger Punkt bei dieser Entwicklung ist die Stärke der Reize: Handelt es sich um starke Reize, sind die meisten Menschen so klug, sich ihnen nicht weiter auszusetzen; schwache, scheinbar unbedeutende tägliche Reize verursachen jedoch auf Dauer höchstwahrscheinlich die oben beschriebene Verwundbarkeit.

Im wesentlichen angelegt bzw. entwickelt ist diese dreiteilige Abfolge normalerweise im Alter von Anfang Zwanzig. Bis dahin haben sich nämlich diejenigen Verhaltensweisen und psychologischen Einstellungen dem Körper gegenüber ausgebildet, die für die fünfzehn oder zwanzig Jahre, die eine Krebserkrankung für ihre Entstehung benötigt, unverändert bleiben. Welcher Art sind diese Gewohnheiten, die ein fester Bestandteil des täglichen Lebens eines Menschen werden und die man nicht nur zeitweise oder gelegentlich einmal annimmt oder wieder ablegt? Dazu müssen wir uns kurz ein psychosomatisches Muster ansehen, das in besonderem Maße aus der Persönlichkeit eines Individuums erwächst und zu ihrem integrierten Bestandteil wird.

Die Drei-Stufen-Entwicklung

Wenn Sie dazu neigen, Ihren Körper als etwas wahrzunehmen, das völlig unabhängig von Stimmungen und Gefühlen existiert, werden Sie durch meine Sicht der Dinge unter Umständen leicht irritiert sein. Bis jetzt stellt sich alles ganz einfach und verständlich dar: Wir suchen die Ursache für Krebserkrankungen in ganz gewöhnlichen Einflüssen, von denen wir glauben, daß sie verantwortlich für die Schädigungen sind. Außerdem werden diese Einflüsse als simple, alltägliche Vorgänge erklärt. Es scheint, als ob Krebs sich aus schlechten Angewohnheiten entwickelt – Angewohnheiten, die man, allerdings ohne Erfolg, immer schon aufgeben wollte, und die schließlich den Körper schädigen. In gewisser Weise ist das richtig, obwohl zu stark vereinfacht. Tatsächlich läßt sich beobachten, wie Krebs in der ganz alltäglichen Umwelt, in der wir leben, seinen Anfang nimmt. Die Ursprünge einer Krebserkrankung liegen nämlich in der Art und Weise, in der wir unseren Körper behandeln.

Die meisten Menschen sehen ihren Körper als etwas ganz Selbstverständliches an. Solange er nur gelegentlich seinen Dienst versagt, neigen wir dazu, nicht allzu viele Gedanken auf ihn zu verschwenden. Oft sind wir richtig aufgebracht, wenn innere Vorgänge sich gelegentlich in unser Bewußtsein drängen. Streikt der Körper tatsächlich einmal, so erschrekken wir, wissen nicht, was falsch gelaufen ist, und betrachten den schlecht funktionierenden Körper sozusagen als ärgerlichen «Hemmschuh».

Obwohl das, was bisher über Gewohnheiten, das Übergehen von Körpersignalen und die Schwächung der Abwehrkraft gesagt wurde, sehr abwegig erscheinen mag, liegt die Erklärung näher, als man meint. Betrachten wir in diesem Zusammenhang einmal die unmittelbaren Erfahrungen, die jeder einzelne von uns schon mit seinem Immunsystem gemacht hat. Nehmen wir als Beispiel den Beginn einer Erkältung. Haben Sie niemals empfunden, daß Sie es irgendwie selbst in der Hand haben, ob eine Erkältung ausbricht oder nicht? Erinnern Sie sich daran, daß Sie manchmal glaubten, eine Erkältung sei im Anmarsch, und dann passierte doch nichts? In neun von zehn Fällen lag der Grund darin, daß plötzlich irgend etwas auftauchte, das Sie ablenkte, etwas, das Ihre Aufmerksamkeit beanspruchte und wodurch Sie Ihre Erkältung vergaßen. Ihr angeregter psychologischer Zustand half Ihrem Immunsystem, mit dem beginnenden Infekt fertig zu werden, ohne auf volle Abwehrleistung zu gehen (wie das der Fall ist, wenn Sie tatsächlich eine Erkältung bekommen). Das ist Teamwork! Ihr ZNS und Ihr endokrines System traten in Aktion und unterstützten das Immunsystem, bevor es zu spät war.

Das, was Ihre Aufmerksamkeit beanspruchte, sei es eine Arbeit, die unbedingt erledigt werden mußte, oder ein Tennis-Match, das unaufschiebbar war, entspricht psychologisch bestimmten körperlichen Vorgängen, die das ZNS in Alarmbereitschaft versetzen und auf das endokrine System einwirken. Ihnen selbst zeigen sich diese Vorgänge als psychologische «Anforderungen», denen Sie Folge leisten, aber der Körper erfährt sie als eigenständige Aktivität, als Vorbereitung auf sein Eingreifen (Aktivität des ZNS). Dazu werden Adrenalin oder Wachstumshormone ausgeschüttet, wird Protein produziert und Energie zur Verfügung gestellt (Aktivität des endokrinen Systems). Das subjektive Empfinden *entspricht* dem körperlichen. Durch puren Zufall – eine Arbeit, ein Tennis-Match oder eine Verabredung ließ sich nicht aufschieben – benötigte Ihr Immunsystem zu diesem Zeitpunkt ebenfalls die erhöhte Aktivität. Das Niederkämpfen der Erkältung war lediglich ein Nebenprodukt der Tatsache, daß Sie noch etwas anderes erledigen mußten.

Dieses Beispiel zeigt noch einen anderen Zusammenhang. Die Forschung hat festgestellt, daß Erkältungen vermeidbar sind: Wenn Sie Ihrem Körper Aufmerksamkeit schenken, d. h. wenn Sie – besonders bei Müdigkeit oder Unwohlsein – pfleglich mit ihm umgehen, dann unternehmen Sie auch rechtzeitig etwas, um sich zu schützen: Sie schlafen, essen ordentlich, ruhen sich aus, vermeiden Spannungen, verwöhnen sich selbst oder was auch immer, und helfen dadurch Ihrem Immunsystem bei seinem Kampf gegen die Krankheit. Das ist nichts *Physisches*, vielmehr handelt es sich um ein *psychologisches* Vorgehen mit physischen Folgen. Wird das Eingreifen versäumt, dann verschlechtert sich der Zustand des Immunsystems allmählich, bis es schließlich von einem Virus überwältigt wird, den es sonst hätte unter Kontrolle halten können. Dann endlich schlägt es Alarm, indem es *tatsächlich* all die unangenehmen Symptome hervorruft, die mit einer Erkältung verbunden sind. Zuletzt erreichen die Botschaften des Immunsystems das Gehirn, und wir begreifen, daß es notwendig ist, etwas zu unternehmen. Entscheidend ist, daß das Immunsystem die ganze Zeit über gewarnt hat, daß diese Warnungen aber, bedingt durch mangelnde Sensitivität gegenüber dem Körper, nicht beachtet wurden. Schließlich zwingt das Immunsystem das Bewußtsein (oder zentrale Nervensystem), die Schutzmaßnahmen zu ergreifen, die zur Bekämpfung der Erkältung notwendig sind. Sie werden schlapp, fühlen sich zerschlagen und abgespannt und legen sich für eine Woche krank ins Bett. Und zumindest während dieser Woche hat Ihr Bewußtsein einen sehr viel engeren Kontakt zum Immunsystem. In diesem Zustand bekommen Sie eine Vorstellung von dem Stress, unter dem Körper und Immunsystem arbeiten müssen. Menschen, die ständig unter Erkältungen leiden, sind oft nicht in der Lage, die Signale ihres Körpers wahrzunehmen.

Ich möchte noch einige weitere Situationen beschreiben, in denen Sie subjektiven Kontakt zu Ihren Körpersystemen haben. Nehmen Sie zum Beispiel das endokrine System. Falls Sie ein Mann sind, dann stellen Sie sich vor, daß Sie einer umwerfend attraktiven Frau begegnen oder mit ihr sprechen; sind Sie eine Frau, stellen Sie sich einen umwerfend attraktiven Mann vor. Denken Sie an all die Empfindungen, die den Körper überfluten: den trockenen Hals, das anregende Prickeln, das in den Kopf schießende Blut, das Gefühl, die Welt stünde für einen Augenblick still. Ihre Hormone arbeiten auf Hochtouren.

Ein anderes Beispiel: Stellen Sie sich vor, Sie möchten beim Geschlechtsverkehr einen Orgasmus haben, aber irgend etwas läuft schief: Sie werden unterbrochen, verlieren die Lust oder was auch immer. Erinnern Sie sich an dieses scheußlich schmerzhafte Gefühl, aufgehalten zu werden, diese äußerst frustrierende, abschlaffende Wirkung auf Ihren Körper? Es ist, als ob Ihr endokrines System plötzlich in den Rückwärtsgang geschaltet würde, was ja tatsächlich auch der Fall ist. Ihr subjektives Gefühl entspricht der Reaktion Ihres Körpers.

Ein anderes Beispiel: Stellen Sie sich vor, irgend jemand hat Sie wirklich geärgert; Sie sind wütend, verletzt und gedemütigt, aber während Sie all das empfinden, wissen Sie ganz genau, daß Sie absolut nichts dagegen tun können, entweder, weil Ihnen die Kraft fehlt, oder weil der oder die Betreffende nicht da ist. Dieses Gefühl intensiver körperlicher Erregung ohne Ventil entspricht dem Druck auf das endokrine und zentrale Nervensystem Ihres Körpers. Alles in Ihnen ist bereit, anzugreifen oder zu reagieren, wird aber auf irgendeine Weise daran gehindert, es auch zu tun.

Ein letztes Beispiel: Sie möchten sich entspannen. Sie möchten sich zurückziehen, um zu schlafen, oder ein beruhigendes Bad nehmen oder zur Toilette gehen, aber Sie sind nicht in der Lage dazu – es ist zu laut, Sie fürchten gestört oder gehört zu werden. In diesem Fall verweigert der parasympathische Teil Ihres zentralen Nervensystems seine Arbeit. Die Spannung, die Sie spüren, ist eine subjektive Erfahrung, die genau dem Zustand Ihres zentralen Nervensystems entspricht.

Wann immer Sie sich erregt, glücklich, angespannt oder verärgert fühlen, korrespondieren diese psychologischen Zustände mit entsprechenden Zuständen im Körper. Die Tatsache, daß Sie beispielsweise erregt sind, erfordert, daß die körpereigenen Systeme gut koordiniert parallel zu den subjektiven Gefühlen arbeiten; Sie können nicht glücklich oder traurig oder angespannt sein, ohne daß die körpereigenen Systeme beteiligt sind. Dasselbe gilt auch für andere seelische Zustände – verwirrt sein, sich schuldig fühlen, aus der Fassung geraten, gereizt sein, verdutzt sein, lethargisch sein usw. Diese Zustände stehen gewissermaßen stellvertretend für all die verwirrenden Empfindungen, die aufkommen, wenn man mit sich selbst nicht im reinen ist. Und auch sie haben ihre körperlichen Entsprechungen: Das ZNS befindet sich in einem halb aktiven und halb passiven Zustand, das endokrine System arbeitet unausgewogen, und das Immunsystem reagiert unberechenbar.

Es ist von größter Bedeutung, daß Sie sich wirklich bewußt machen, wie sehr Seele und Körper verzahnt sind. Vom Augenblick der Geburt an, die ganze Kindheit hindurch, erlernen Sie Verbindungsmuster, Zusammenhänge zwischen Körper und Seele; zu allem, was Sie tun, gehört ein subjektiver, psychologischer Bereich und ein korrespondierender Körperzustand. Wie Sie gehen, sprechen, atmen, essen, schlafen, welcher Art Ihre Beziehungen zu anderen Menschen sind, welchen Wert Sie auf persönliche Hygiene legen, wie Sie Probleme lösen, wie Sie ärgerlich oder wütend werden – alles betrifft Seele *und* Körper. So besteht zum Beispiel bei einem Menschen, der leise spricht oder besonders scheu ist, ein Zusammenhang zwischen dem Ton der Stimme, der Position des Kopfes, der Körperhaltung (eine scheue Haltung unterscheidet sich *physisch* von einer herausfordernden) und einer Kette von Verhaltensweisen, die möglicherweise mit dem Gedanken beginnt «Ich fühle mich unsicher, also spreche ich lieber leise, falls ich vielleicht doch unrecht habe». Diese Kette endet in einem komplexen Bündel mentaler und physischer Wechselwirkungen, die das ursprünglich vorgegebene Muster immer weiter verstärken. Unsere Individualität und Einmaligkeit als menschliche Wesen ist gegeben (oder entwickelt sich) durch die Speicherung ebensolcher Verhaltensmuster.

Das heißt aber nicht, daß man unterstellen kann, alles sei «psychologisch».

Es geht hier um Verhaltensweisen. Wir müssen lernen, Körper und Seele zu einer Einheit werden zu lassen, und wir erreichen das durch Handeln, durch Verhalten. Und indem wir handeln oder uns verhalten (zur Erinnerung: Sogar denken oder schlafen bedeutet handeln), schaffen oder bilden wir wechselseitig abhängige körperlich-seelische Verbindungen. Es gibt natürlich Zeiten, in denen der Körper drängende Empfindungen oder Bedürfnisse entwickelt, wie Hunger, Durst, Schlafbedürfnis usw., die dann das mentale Befinden völlig beherrschen. Aber es gibt auch Zeiten, in denen rein seelische Vorgänge das Agieren und Reagieren auslösen. Wenn einem plötzlich einfällt, daß etwas erledigt werden muß, was in Vergessenheit geraten war, oder wenn nach längerem Nachdenken der Entschluß gefaßt wird, endlich eine Sache in Angriff zu nehmen, dann rafft man sich auch physisch auf und handelt. Diese Verhaltensweisen aber resultieren aus der Tatsache, daß alle Menschen von klein auf gelernt haben, aus einer Einheit von Körper und Seele heraus zu agieren.

Uns interessiert hier in erster Linie, wie dieses körperlich-seelische System funktioniert, welche individuellen Unterschiede es gibt und vor allem, wie bestimmte Arten körperlich-seelischer Integration mit Krankheiten wie Krebs zusammenhängen. Viele der Theorien, die in diesem Jahrhundert über Krebserkrankungen entstanden sind, haben versäumt, das Individuum und seinen Körper in dieser Art zu beobachten. Sie haben sich – abgesehen von einigen Ausnahmen – entweder auf den Körper oder auf die Seele als jeweils separate Einheit konzentriert. So haben einige Theorien das Entstehen von Krebs einzig und allein aus irgendeinem Versagen innerhalb des *Körpers* erklärt. Andere Theorien haben *seelische* Störungen angenommen – unterdrückte Aggressionen oder eine verletzliche, gehemmte Persönlichkeit –, ohne jedoch wirklich zu verstehen, warum das zu einer Krebserkrankung führen sollte, da die gleichen «psychologischen» Faktoren ja auch für Drogenabhängigkeit und Schizophrenie verantwortlich gemacht werden. Diese Theorien sind einseitig und zu stark vereinfachend. Wir wollen im Gegensatz dazu unser Hauptaugenmerk auf diejenigen körperlich-seelischen Verhaltensmuster richten, die charakteristisch für Menschen sind, bei denen sich eine Krebskrankheit entwickelt.

Wir möchten herausfinden, wie die alltäglichen Verhaltensweisen eines Menschen in Beziehung gesetzt werden können zu den Kriterien, die wir für die Entstehung von Krebs aufgestellt haben. Dazu wollen wir noch einmal zu der Drei-Stufen-Entwicklung zurückkehren. Dieses Mal aber soll ausführlicher dargelegt werden, welche Bedeutung jede dieser Stufen im Hinblick auf körperlich-seelische Verhaltensweisen hat.

Stufe 1: Der krebserregende Faktor

Den meisten der besonders gefährlichen Karzinogene setzen wir uns selbst aus. Eine Anfälligkeit für Krebserkrankungen kann in erster Linie dann entstehen, wenn gewohnheitsmäßige Verhaltensweisen vorliegen, wie bei chronischen Rauchern, chronischen Sonnenanbetern, bei Menschen, die ständig große Mengen Nahrung mit vermutlich krebserregenden Bestandteilen zu sich nehmen, oder die Neigung zu Verstopfung haben. Hier bestehen offensichtlich Zusammenhänge, wie wir früher gesehen haben. Aber solche Verhaltensweisen können im Einzelfall nicht alleine für die Krebserkrankung verantwortlich gemacht werden. Wir wissen, daß die Erkrankungsrate bei Lungenkrebs entsprechend der Anzahl der Raucher gestiegen ist. Wir wissen, daß unter Verstopfung leidende Menschen der westlichen Welt eher Gefahr laufen, Dickdarmkrebs zu bekommen, als Afrikaner, die weit weniger zu Verstopfung neigen. Wir wissen, daß die Hautkrebshäufigkeit in sonnigen Regionen am höchsten ist. Bedeutet das nun, daß Rauchen, Ernährung und Sonne Krebs verursachen? Oder bedeutet es nicht vielmehr, daß die Art und Weise, in der bestimmte Menschen rauchen, sonnenbaden oder essen, Krebs verursacht?

Die Region, in der Sie leben, bildet mit ihren kulturellen und sozialen Bedingungen die Grundlage für bestimmte Prädispositionsmuster. Leben Sie in einem Kulturkreis, in dem bestimmte Verhaltensweisen gefördert werden – Rauchen, besondere Eßgewohnheiten, Sonnenbaden – und in dem ein solches Verhalten leicht und ohne Einschränkungen übernommen werden kann, dann geben diese Einflüsse in gewisser Weise die Richtung an, aus der die Krebsgefahr wahrscheinlich kommt. In der Arktis lebende Eskimos neigen nicht dazu, durch übermäßiges Sonnenbaden an Krebs zu erkranken; ähnlich verhält es sich, wenn jemand in einer Gemeinschaft von Nichtrauchern lebt; Zigaretten werden dann kaum als Auslöser für Lungenkrebs in Frage kommen.

Am besten wäre es, wenn in einem Kulturkreis gewisse Anweisungen für alle möglichen Krebsarten gegeben würden, und zwar unter Berücksichtigung ihrer jeweiligen Toleranzgrenzen gegenüber jedem bekannten Karzinogen. Es ist unwahrscheinlich, daß ein Karzinogen alleine Krebs verursacht; ebenso entscheidend ist die besondere Schwäche des einzelnen. Nehmen wir das Tabakrauchen als Beispiel: Rauchen wir wirklich alle in der gleichen Art und Weise? Selbstverständlich nicht; praktisch jeder, der raucht, tut das auf seine eigene Art. Es gibt leichte Raucher und starke Raucher, aber einige «leichte» Raucher inhalieren tief, und andere tun es nicht. Einige «starke» Raucher inhalieren nur wenig. Tatsächlich hat man kürzlich herausgefunden, daß leichtere Raucher unter Umständen Inhalierungsgewohnheiten haben, die sie einem höheren Risiko aussetzen als starke Raucher.

In ähnlicher Weise rauchen einige Gelegenheitsraucher nur

nach den Mahlzeiten, andere zwischen den Mahlzeiten. Jede Gewohnheit kann unterschiedliche Auswirkungen haben. Einem leeren Magen Tabak zuzumuten, kommt in verschiedener Hinsicht andere Bedeutung zu, als im Anschluß an eine Mahlzeit zu rauchen.

Gehen wir noch einen Schritt weiter. Die meisten Raucher beginnen wohl kaum mit dieser Angewohnheit, weil sie Verlangen nach dem Geschmack von Tabakrauch haben. Bei Teenagern spielt sicher der Wunsch eine Rolle, Regeln zu durchbrechen oder sich einer bestimmten Gruppe zugehörig zu fühlen. Viele Menschen beginnen mit dem Rauchen in Gesellschaft, sie brauchen es als Stütze, die ihnen hilft, so zu sein oder zu erscheinen wie die anderen. Manche Menschen rauchen aus gesellschaftlicher Unsicherheit, das Rauchen gibt ihnen die Möglichkeit, ihre Hände zu beschäftigen, sie «fühlen» sich dann besser. Linkisch auf einer Cocktailparty herumzustehen ohne Zigarette, das würde (so glauben sie) ihre Unsicherheit noch deutlicher sichtbar machen. Andere rauchen nicht um Unsicherheit zu überbrücken, sondern um einen Zustand starker Konzentration zu unterbrechen, aus ähnlichen Motiven also, aus denen jemand vielleicht eine Tasse Kaffee oder Tee trinkt.

Wir alle sind Individuen. Und auch wenn wir alle im großen und ganzen den gleichen kulturell bedingten krebserregenden Einflüssen ausgesetzt sind, so variiert doch von Person zu Person die Art, wie wir tatsächlich mit diesem Ausgesetztsein umgehen. Wir rauchen, essen, schlafen, trinken, lieben alle in sehr spezieller Weise. Essen beispielsweise bedeutet mehr, als einfach ein rein körperliches Hungergefühl zu befriedigen; es ist eng verbunden mit unserem Selbstwertgefühl, mit unserer Sicherheit, mit unserer Angst, unserem Empfinden, lebendig zu sein usw. Die meisten von uns wollen beim Essen sehr viel mehr als nur ein Hungergefühl beseitigen; wir essen zuviel oder zuwenig, wir essen kleine Leckereien, wir essen Brei oder was auch immer sonst uns über das

Gefühl der Sättigung hinaus Wohlbefinden verschafft. Manchmal essen wir, um Angst abzubauen, manchmal, um uns abzulenken. Wir nutzen Mahlzeiten zu wichtigen sozialen Zwecken, um Zeit mit anderen Menschen zu verbringen und Gedanken auszutauschen.

Alle diese individuellen Spielarten zeigen, daß eine Aussage wie «Zigarettenrauchen verursacht Krebs» zu wenig differenziert ist. Wir müssen *die Art und Weise*, in der ein Individuum z. B. raucht, näher betrachten, bevor wir den Zusammenhang zwischen Karzinogen und krebsgefährdetem Menschen besser verstehen können. Welche Verhaltensmuster all der Menschen, die rauchen, sich falsch ernähren oder sich auf andere Weise krebserregenden Substanzen aussetzen, bestimmen die erste der zu einer Krebserkrankung führenden Stufen?

Am besten ist es vielleicht, die Gewohnheiten, die ich meine, als besondere Schwächen zu bezeichnen. Krebs verursachende Gewohnheiten sind in keiner Weise ungewöhnlich. Meist handelt es sich um ganz normale, gesellschaftlich tolerierte Verhaltensweisen, die wir uns alle von Zeit zu Zeit gestatten. Der Unterschied zwischen den Gewohnheiten derjenigen, die sich einem Krebsrisiko aussetzen, und denen anderer, die das nicht tun, liegt in der Haltung, die der einzelne dem Reizmittel gegenüber einnimmt. Betrachten wir wieder das Rauchen. Man kann auf vielerlei Arten verhältnismäßig gefahrlos rauchen. Raucht jemand beispielsweise auf einer gesellschaftlichen Veranstaltung, um seine Nervosität zu überspielen, dann benutzt er das Rauchen sozusagen als Katalysator; es hilft ihm, die Situation zu meistern. Wie bei Katalysatoren üblich, ist das Rauchen zeitlich begrenzt oder sollte es zumindest sein. Sobald man sich entspannt fühlt, sollte es nicht mehr nötig sein zu rauchen. Wenn jemand, ohne sich zu entspannen, aus Gewohnheit weiterraucht oder wenn er sich zwar tatsächlich entspannt, aber es irgendwie nicht schafft aufzuhören, dann sprengt er die ursprüngliche Funktion des Rauchens. Er setzt sich selbst der *Stufe 1* aus.

Die Gesellschaft toleriert das Rauchen, und indem sie das tut, verschafft sie einzelnen Menschen Zugang zu bestimmten Krebsarten. Andererseits ist sie außerstande, Mäßigung oder den richtigen Umgang mit dem Rauchen zu lehren. Da aber jeder Mensch selber entscheiden kann, wie, wo und wann er rauchen möchte, bleibt ihm letztlich auch die Möglichkeit, es ganz zu lassen. Genauso ist es in sein Ermessen gestellt, auf Körperreaktionen zu achten oder sie zu ignorieren.

Nehmen wir ein zweites Beispiel. Heute gehen die meisten Menschen, vor allem Jugendliche und junge Erwachsene, sexuelle Beziehungen ein, weil sie darin eine Möglichkeit sehen, intime Kontakte zu einem anderen Menschen herzustellen. Derartige Beziehungen dienen in einem frühen Entdeckerstadium oft als plumpes, manchmal fast primitives Mittel, um sich selbst zu finden, zu lernen, Gefühle in den Griff zu bekommen und miteinander umzugehen. Oft sind damit auch schmerzliche Empfindungen verbunden. Die Jugendlichen oder jungen Erwachsenen fühlen sich unter Umständen schuldig, «beschmutzt» und angewidert, andererseits aber auch erregt. In dieser Zeit ist Sex ein Katalysator; er hilft, erwachsen zu werden und ist in dieser Form zeitlich begrenzt. Jugendliche sollten über ihn hinauswachsen, um echte emotionale und seelische Nähe zu einem anderen Menschen zu entdecken und sowohl die eigene Freude an einer umfassenden Sexualität zu vertiefen und zu erweitern als auch die des Partners. Sexualität sollte das Leben in seiner Gesamtheit betreffen.

Wenn der Geschlechtsakt allerdings seine jugendliche Ausprägung behält und ein Gefühl der Beschmutzung und des Unerfülltseins zurückläßt und wenn die Sexualität weiter mißbraucht wird, indem man mit vielen verschiedenen Partnern schläft, ohne echte Intimität zu entwickeln, dann wird ihr eigentlicher Sinn verfälscht. Die Forschung hat festgestellt, daß Menschen, die häufig den Sexualpartner wechseln, anfällig für Infektionen werden, die unter Umständen zu Krebs führen können. Die Freude an einer gesunden, den ganzen Menschen einbeziehenden Sexualität hat aber auch ein entspanntes Verhalten zur Folge, das in gewisser Weise weniger anfällig für Krebs macht. Wer Spaß an der Sexualität hat, ist beim Geschlechtsverkehr unverkrampfter, läuft weniger Gefahr, Verletzungen oder Reizungen durch Trockenheit zu erleiden und achtet mehr auf persönliche Sauberkeit – alles wichtige Faktoren, wenn es darum geht, die Anfälligkeit gegenüber Karzinogenen herabzusetzen.

In dem Augenblick, in dem Sie etwas nur noch um seiner selbst willen und rein routinemäßig tun, setzen Sie sich bereits erhöhten Risiken aus. Dabei kann es sich um etwas so Simples handeln, wie zuviel Schokolade zu essen. Es ist wunderbar, Schokolade zu essen, und außerdem schafft es neue Energie, aber manche Menschen vertilgen täglich Unmengen davon, weil sie die Befriedigung lieben, die damit verbunden ist. Wenn irgend etwas Maß und Ziel verliert, wenn um seiner Erfüllung willen andere, sinnvollere Tätigkeiten verdrängt werden, dann nähern Sie sich *Stufe 1*.

Viele persönliche Verhaltensweisen können derartige Dimensionen annehmen. Sehr wahrscheinlich verursachen zahllose Menschen auf dieser Stufe durch ganz alltägliche Angewohnheiten selbst partiell ihre Anfälligkeit für Krebserkrankungen – indem sie essen, trinken, rauchen, masturbieren, Geschlechtsverkehr haben, sich mit Schwierigkeiten herumschlagen, sonnenbaden – alles auf die falsche Art und Weise; falsch, weil das jeweilige Verhalten nur noch Selbstzweck ist oder weil sie an einer Verhaltensweise festhalten, obwohl sie damit keine wesentlichen Verbesserungen im psychologischen Bereich mehr erreichen können. Wie schon früher erwähnt, wird dadurch wahrscheinlich ein Zustand geschaffen, der als Vorstadium einer Krebserkrankung anzusehen ist, der aber durch die körpereigenen Systeme wieder beseitigt wird, bevor er sich bösartig verändern kann. Damit sich tatsächlich eine Krebserkrankung entwickelt, muß noch mehr geschehen.

Stufe 2: Einflüsse des zentralen Nervensystems und des endokrinen Systems

Viele von uns lassen sich im täglichen Leben auf Verhaltensweisen ein, die man bereits der *Stufe 2* zurechnen muß. Das heißt, wir reagieren nicht angemessen auf Unwohlsein oder körperlichen Stress, vor allem, wenn es sich um Stress auf relativ niedrigem Niveau handelt. Nehmen wir als Beispiel eine schmerzhafte Muskelverletzung während eines Fußball- oder Tennisspiels. Sie wissen genau, daß Sie aus gesundheitlichen Gründen eigentlich aufhören sollten zu spielen, um den Muskel zumindest eine Zeitlang zu pflegen. Aber genausogut – man ist ja schließlich mitten im Spiel, und der Muskel schmerzt nicht allzu stark – können Sie den Schmerz auch unterdrücken. Das tun Sie dann auch und spielen weiter bis zum Ende. Wir alle handeln so. Unsere aufrichtige Bewunderung gilt Menschen, die sich in dieser Weise verhalten, die weitermachen, auch wenn sie Schmerzen haben, verletzt sind oder sich nicht wohl fühlen. Als Kind hat man uns beigebracht, wie bewundernswert es ist, Schmerzen klaglos zu ertragen: Unsere Idole zwingen sich dazu, Grenzen zu überschreiten, denen sich auch nur zu nähern die meisten von uns nicht ertragen könnten. Wir lehren und lernen entsprechende Vorstellungen in allen gesellschaftlichen Bereichen und in überaus gründlicher Art und Weise.

Da gibt es Durchhaltetypen wie «Indianer-Jones», die «Superathletin», den «Rock-Gitarristen», der noch weiterspielt, wenn seine Finger bluten und ihm Austrocknung durch zu hohen Schweißverlust droht, den «Workaholic», der seinem Körper Unmäßiges abverlangt, um immer mehr Arbeit zu erledigen, den Autor, der Unmengen von beschriebenem Papier produziert ohne die geringste Aussicht auf Erfolg, die «selbstlose» Ärztin, die pro Nacht nur drei Stunden schläft, aber glaubt, ihre Arbeit sei so wichtig, daß das nichts ausmache.

An und für sich ist nichts gegen Durchhalten zu sagen.

Konstruktives Durchhalten ist ja in der Tat ein wichtiger Faktor, um Körper und Geist gesund zu erhalten. Jedesmal, wenn Sie ein wenig trainieren, jedesmal, wenn Sie angestrengter über etwas nachdenken, werden die körpereigenen Systeme in einen Spannungszustand versetzt, was wiederum ihre Leistungsfähigkeit erhöht. Auch Durchhalten ist ein Katalysator. Sie können mit Durchhalten viel erreichen; Sie können Ihren Körper physisch und psychisch auf eine Art trainieren, die – wenn Sie auf ein lohnendes Ziel ausgerichtet ist – unter Umständen von großem persönlichem Wert ist. Bewußtes Durchhalten wird mit Überlegung eingesetzt, niemals um seiner selbst willen, und wenn Sie die entsprechenden Vorkehrungen für einen Ausgleich treffen, kann eigentlich nichts passieren. Das Entscheidende ist auch hier wieder, daß Durchhalten in einem geeigneten Zusammenhang praktiziert und erlernt werden muß. Ohne einen solchen Zusammenhang ergeben sich Probleme. Die folgende Gegenüberstellung von normalen und anormalen Durchhaltemustern soll verdeutlichen, was ich meine.

Normales Durchhalten

Bei der Geburt sind wir ganz einfach strukturierte Wesen. Vieles im Verhalten von Babys ist physisch oder biologisch bestimmt; Bewußtsein, höher entwickeltes Denken oder Entscheiden spielen praktisch keine Rolle. Die Frage des Durchhaltens existiert zu Beginn gar nicht. Ein Baby schläft, näßt die Windeln ein, macht Bäuerchen, schreit, lächelt und verlangt – je nach seinen physiologischen Bedürfnissen – in regelmäßigen Abständen nach Nahrung. Die körpereigenen Systeme eines Babys müssen nur einfachste Grundbedürfnisse befriedigen. Das ist in diesem Stadium auch notwendig, denn sein endokrines System, sein zentrales Nervensystem und sein Immunsystem sind noch unreif und benötigen diese einfachen Funktionsweisen als Schutz, um reifen und sich entwickeln zu können. Wenn das Kind heranwächst, beginnt es seine Systeme auszuweiten. Das erwachte Bewußtsein und zunehmende Kenntnisse machen es aufgeschlossen für die Außenwelt. Dem Kind sind Grenzen gesetzt – feste Essenszeiten, die Gitter seines Bettchens, die Zeit, die die Eltern ihm widmen –, und es beginnt nun ganz natürlich, all das, genau wie seine eigenen körperlichen und bewegungsmäßigen Grenzen, zu erkunden. Dieses Erkunden ist ein lebenswichtiger Teil des Heranwachsens; das Kind lernt, eine Verbindung herzustellen zwischen bewußtem Fühlen und physischen und bewegungsbedingten Empfindungen, dabei sammelt es eine ganze Fülle von Erfahrungen. Und indem es das tut, entwikkelt es sich zu einem körperlich-seelischen Ganzen.

Schrittweise lernt das heranwachsende Kind aber auch, zwei verschiedene Arten von Anforderungen zu unterscheiden. Die erste umfaßt alltägliche Dinge wie essen, trinken, schlafen, ausruhen, etwas erkunden, urinieren, Stuhlgang haben, weinen, lächeln usw. Ihr übergeordnet ist die zweite Gruppe von Anforderungen, die Eltern und Umwelt stellen: zu einer bestimmten Zeit in einer bestimmten Art und Weise eine bestimmte Nahrung zu essen, zur festgesetzten Zeit zu schlafen, die Toilette aufzusuchen, zu weinen, zu lächeln, auf Entdeckungsreise zu gehen... alles zu vorgegebenen Zeiten und in vorgegebener Manier. Zwangsläufig entwickeln sich da gewisse Durchhaltemechanismen: Ein Kind muß lernen zu warten, weniger «impulsiv» zu sein, nicht immer zu tun, was es möchte. Es muß lernen, viele körperliche Signale und Bedürfnisse unter Kontrolle zu halten. Aber im Idealfall spielt sich das immer in Zusammenhängen ab, die dem Kind brauchbare Hilfen bieten. So lernt es z. B., seinen Drang zu urinieren unter Kontrolle zu bringen, und es schafft das im Vertrauen darauf, daß es diesen Drang mit Sicherheit bald befriedigen kann, daß dafür eine bestimmte Zeit und ein bestimmer Ort zur Verfügung stehen. Dieses zielgerichtete Verhalten legt den Grund für vieles, was später als normales Durchhalten bezeichnet wird. Wir lernen zunächst, die Körpersignale zwar zu registrieren, ihnen aber nicht in der spontanen Art des Babys nachzugeben. Als zweites lernen wir, unsere Bedürfnisse in einer gesellschaftlich annehmbaren Weise zu artikulieren, d. h., das Kind sagt zu Mutter oder Vater: «Wo gibt es hier eine Toilette?» Drittens lernen wir, mit den eigenen Bedürfnissen selber angemessen umzugehen, d. h., wir finden einen Ort, um uns Erleichterung zu verschaffen.

Dieses Erlernen angemessener Durchhaltemuster ist ein bedeutsamer und grundlegender Prozeß, ein lebenswichtiger Faktor, um einen gesunden Körper und einen gesunden Geist zu entwickeln; und normalerweise findet dieser Lernprozeß in jedem Bereich menschlichen Lebens statt. Als erstes und am gründlichsten lernen wir derartige Verhaltensmuster zu Hause von den Eltern und durch die Familie. Wachsen wir heran und wagen uns weiter in die Welt hinaus, so lernen wir viele verfeinerte Methoden des Durchhaltens: in der Schule, in der Freundesgruppe, im Geschäftsleben, im Beruf, im Zusammenleben mit dem Partner. In der Schule lernen wir z. B. Arbeitsmethoden, lernen, daß wir, um Examen zu bestehen, hart arbeiten und uns selbst anspornen müssen. Wir lernen, für lohnende Ziele auch einmal ohne Schlaf und Erholungspausen auszukommen, Müdigkeit oder überanstrengte Augen einfach zu ignorieren, oder beim Sport, wie schon beschrieben, Schmerzen zu unterdrücken.

Falsches Durchhalten

An welcher Stelle setzt nun aber unter Umständen eine Fehlentwicklung ein? Wir können drei grundlegende Entwicklungsschritte unterscheiden: erstens den Übergang von den Bedürfnissen des Babys zu den mehr familienorientierten Anforderungen, bei denen wir lernen, uns zu beherrschen und unsere grundlegenden physiologischen Bedürfnisse in eine Ordnung zu bringen, zweitens den Schritt von familienbedingten Verhaltensmustern zu solchen, die von der Außenwelt bestimmt werden, und schließlich drittens das Überwechseln aus diesem Stadium in das des Erwachsenseins, in dem wir wirklich selber entscheiden, ob und wieweit wir in einer bestimmten Situation durchhalten wollen. Probleme können sich in jedem Stadium ergeben.

Im ersten Stadium, im Elternhaus, lernen wir, Gewohnheiten zu überwinden, die zu stark in Widerspruch stehen zu einer ordnungsgemäßen und angemessenen Erfüllung der elementaren Bedürfnisse des Körpers (d. h. der kleinkindhaften Bedürfnisse). Es gibt bestimmte Voraussetzungen, um grundlegende Bedürfnisse ausreichend zu befriedigen. Wenn wir z. B. unter Druck essen oder mit Angstgefühlen, dann schlucken oder kauen wir nicht richtig, verdauen nicht ordentlich, essen die falschen Nahrungsmittel oder ordnen dem Essen nicht den richtigen Stellenwert zu. Appetitlosigkeit und Verdauungsstörungen sind nur einige der zahlreichen naheliegenden und verbreiteten Folgen, es gibt darüber hinaus noch viele andere. Essen in einer angsterfüllten Atmosphäre (mit einer drohenden oder feindseligen Mutter oder einem entsprechenden Vater, die dem Kind das Essen in den Mund stopfen) unterbrechen das normale gleichmäßige Arbeiten des zentralen Nervensystems und des endokrinen Systems. Angst und Stress führen dazu, daß Hormone, die die Verarbeitung von Nahrungseiweiß behindern, in die Blutbahn ausgeschüttet werden. Angst beeinträchtigt auch die unabhängig verlaufenden Entspannungsprozesse des zentralen Nervensystems; das hat zur Folge, daß die Nahrung schlecht verarbeitet wird, zu lange im Magen bleibt und dort Beschwerden verursacht, die zum Teil deutlich zu spüren sind. Wenn dieser Vorgang aber zu einem sich ständig wiederholenden, automatisch ablaufenden Bestandteil des Lebens wird, dann gewöhnt sich der Körper daran, diese Empfindungen zu ignorieren. Wir selber sind schließlich überzeugt, daß es sich dabei um etwas ganz Normales handelt. Wir sprechen hier von harmlosen Beschwerden, die im täglichen Trubel um Mahlzeiten und familiäre Angelegenheiten leicht untergehen.

Wir können sämtliche Körperfunktionen untersuchen und finden überall ähnliche lebensbestimmende Kausalitäten. Zur Toilette zu gehen sollte eigentlich eine angstfreie Handlung sein, bei der wir uns körperlich völlig entspannt fühlen und wozu wir viel Zeit haben. Wenn aber jemand an die Tür klopft, uns beobachtet, antreibt oder zeitlich unter Druck setzt, dann wirkt sich das negativ aus. Es kann unter Umständen zu einer Verstopfung kommen, oder wir haben Schwierigkeiten, Wasser zu lassen, oder die notwendige Sauberkeit wird vernachlässigt – alles in dem Wunsch, die Angst zu verringern. Diese scheinbar geringfügigen Reaktionen werden auf Dauer problematisch. In Kapitel 4 werden wir das für jedes einzelne Körpersystem noch genauer betrachten.

Es muß allerdings betont werden, daß es sich hierbei um immer wiederkehrende, alltägliche Abläufe handelt, denen wir uns anpassen und für die wir unangemessene Durchhaltemethoden entwickeln. Kurz, wir lernen, unsere Beschwerden zu ignorieren oder mit ihnen zu leben, um die Forderungen anderer zu erfüllen und ihnen zu entsprechen. Das Ganze ist zugegebenerweise harmlos, aber wir sind hier ausschließlich an harmlosen, zur Routine gewordenen Verhaltensweisen wie dieser interessiert. Es ist übrigens selten, daß ein Mensch in allen Lebensbereichen falsche Durchhaltegewohnheiten entwickelt; normalerweise sind nur ein oder zwei Bereiche betroffen. Aber das bedeutet immerhin, daß eine solche schlechte Gewohnheit die körperlich-seelischen Abläufe in einem bestimmten Bereich schwächt. Es entsteht eine Verletzlichkeit, die das Risiko, die zweite Stufe auf dem Wege zu einer Krebserkrankung zu erreichen, vergrößert.

Wenn ein Kind zur Schule kommt, steht es ganz neuen Notwendigkeiten gegenüber, in bestimmten Situationen durchzuhalten. Je nachdem, welche Verhaltensweisen zu Hause eingeübt worden sind, können die Anforderungen auf diesem höheren Niveau Veränderungen zum Schlechteren (oder zum Besseren) bewirken. Auch das Erwachsensein bringt viele neue Anforderungen mit sich und greift in gewisser Weise auf einige frühere zurück; besonders in bezug auf Intimität können alte Probleme oder Verhaltensweisen wieder auftreten, die während der Jugend- und Schulzeit in den Hintergrund gerückt waren.

Erwachsene sind vielfältigem Druck ausgesetzt. Eine eigenständige Persönlichkeit zu werden ist nicht leicht. Das Durchhalten fällt einem Menschen natürlich leichter, wenn grundlegende körperliche Bedürfnisse des Baby-Alters angemessen befriedigt wurden, d. h. wenn frühere Entwicklungsstadien nur wenige Schwachstellen hinterlassen haben und sowohl körperliches als auch seelisches Durchhalten sorgfältig erlernt wurde. Leider ergeben sich immer neue Anforderungen, wenn wir erwachsen sind, einen Beruf ausfüllen müssen und eine Familie haben, da bleibt nur wenig Zeit, um frühere Verhaltensmuster zu ändern. Wenn wir sie einmal entwickelt haben, behalten wir sie im großen und ganzen auch bei. Und oft vermischen sie sich auch miteinander. Alkohol und Zigaretten, Mittel der Entspannung in geselliger Runde, sind für junge Erwachsene oft eine neue und amüsante Art, lange bestehende Schwierigkeiten, wie Angstgefühle oder mangelndes Selbstvertrauen, in den Griff zu bekommen.

Damit der Körper mit all seinen Systemen ordnungsgemäß arbeitet, muß er benutzt, trainiert, gefordert, herausgefordert werden, um die Aufgaben erfüllen zu können, für die er geschaffen ist. Im Idealfall heißt das, daß alle Bereiche in einem der jeweiligen Situation entsprechenden, geschlossenen Zyklus routinemäßig zusammenarbeiten. Wenn wir unseren Körper hart trainieren, müssen wir uns auch körperlich entspannen; wenn wir uns sehr anstrengen, um ein Problem zu lösen, müssen wir unserem Geist auch Ruhe gönnen, sobald wir die Lösung gefunden haben. Solche zyklischen Wechsel zwischen Ruhe und Aktivität sind von grundlegender Bedeutung, sie bilden die Verhaltensmuster, die gesunde körperlich-seelische Funktionen sichern, und umfassen alle Bereiche. Es ist genauso wichtig, den Geist in derartigen Zyklen anzustrengen wie den Körper zu trainieren; es ist ebenso notwendig, in richtigen Abständen den Gefühlen freien Lauf zu lassen wie ausreichend zu schlafen usw. Erinnern wir uns, auch Erwachsene oder Heranwachsende tragen immer noch die Bedürfnisse eines Babys in sich. Solche Bedürfnisse zeigen sich beim Essen und Schlafen; aber auch bei Gefühlen wie Glück, Trauer und Ärger kommen sie zum Ausdruck. Die Äußerungen und körperlichen Aktivitäten eines Babys sind ausgesprochen effizient. Es weint zur richtigen Zeit (aus seiner Sicht), lacht, greift und drückt, alles mit einem nahezu perfekt koordinierten Nervensystem und endokrinen System. Es ist sehr wichtig zu weinen, wenn Sie sich unglücklich fühlen, und zu schreien oder mürrisch zu sein, wenn Sie sich ärgern, genauso wichtig ist es zu schlafen, wenn Sie müde sind, oder den Darm zu entleeren, wenn er voll ist. Durch alle diese Tätigkeiten wird sichergestellt, daß die körpereigenen Systeme gut koordiniert arbeiten. Sich aufregen ist ein Ventil für Ärger. Weinen beruhigt und ermöglicht dem Körper, sich nach einer Stress-Situation zu entspannen. Das sind natürliche Zyklen von Ruhe und Aktivität, bei denen auf eine Anstrengung eine den Umständen angemessene Ruhephase folgt. Den Umständen angemessen ist übrigens ein zentraler Begriff; es bedeutet, etwas zur richtigen Zeit und am richtigen Ort zu tun. Wir werden darauf später noch eingehen. Derartige zyklische Wechsel gewährleisten, daß das ZNS und das endokrine System sowohl in Gemeinschaft als auch einzeln effektiv arbeiten. Das ZNS braucht den Wechsel von Erregungs- und Ruhezuständen, anderenfalls entwickeln sich Spannungen im Nerven- und Muskelbereich, und das schränkt die Arbeitsweise des Körpers ein: Magen-, Atem- und Verdauungsfunktionen sinken unter ihre durchschnittlichen Leistungen ab. Das endokrine System benötigt ebenfalls einen angemessenen Wechsel, damit Hormone und Steroide ihre Aufgaben erfüllen können; es ist nicht gut, den

Körper voll Adrenalin zu pumpen und anschließend keine entsprechende Ruhe- oder Aktivitätsphase folgen zu lassen – der Körper bleibt dann zu lange mobilisiert und erregt; Lethargie, Energieverlust und Müdigkeit sind die Folge.

Krebsgefährdet würde demnach ein Mensch sein, dessen Durchhaltegewohnheiten zu einem oder mehreren der folgenden Verhaltensmuster führen:

○ Das Durchhalten wird in den falschen Bereichen praktiziert: Statt durchzuhalten, wenn es um gesunde Aktivität geht, erträgt ein solcher Mensch Beschwerden und Schmerzen in Bereichen, die ernst genommen werden sollten. Das gilt vor allem für Gewohnheiten wie das Rauchen, das Essen, die Verdauung, den Stuhlgang oder den Geschlechtsverkehr, da hier ein hohes Risiko besteht, mit Karzinogenen in Berührung zu kommen und sich Reizungen zuzuziehen. Noch schlimmer wird es, wenn es sich um ein gewohnheitsmäßiges Verhalten handelt, das zu einem festen Bestandteil des täglichen Lebens geworden ist.

○ Das Durchhalten wird in bestimmten Bereichen derart forciert, daß natürliche Verhaltensweisen nicht nur entarten, sondern ganz zu verschwinden beginnen: Manche Menschen stehen während ihrer Entwicklungsjahre unter starkem Druck. Sie sollen keine Gefühle zeigen, nicht weinen, nicht wütend sein, sich nicht zuviel mit sich selbst beschäftigen, keine Bedürfnisse zeigen, nicht abhängig sein usw. Wenn diese Forderungen zu rigoros geltend gemacht werden (oder das unerwünschte Verhalten zu streng bestraft wird), stellt der oder die Betreffende die jeweiligen Verhaltensweisen einfach ein – in diesem Fall der sicherste Weg, um zu überleben. Gefühle abzublocken, die lebenswichtige Abläufe des ZNS und des endokrinen Systems betreffen, wie z. B. weinen, wenn man sich unglücklich fühlt, kann jedoch die unterschiedlichsten Störungen verursachen.

○ Normales Durchhalten wird vermieden: Manche Menschen vermeiden es, sich selbst oder ihren Körper normalen Belastungen auszusetzen. Sie treiben keinen Sport, strengen ihren Geist nicht an, pflegen keine festen Beziehungen, zeigen keine Gefühle, lieben nicht. Einige vermeiden solche Verhaltensweisen völlig, andere lassen sich nur sehr vorsichtig auf sie ein. In beiden Fällen führt das dazu, daß sich die körperlich-seelischen Systeme nicht ausreichend entwickeln und daß eine gewisse Verletzlichkeit auftreten kann, wenn dieser Mensch plötzlich in eine Krisensituation gerät.

Keiner dieser Umstände allein verursacht Krebs. Sogar zusammengenommen, d. h. wenn sich alle drei Verhaltensweisen bei einem Menschen zeigen, führen sie noch nicht zwangsläufig dazu, daß der oder die Betreffende an Krebs erkrankt. Je stärker aber das Verhalten eines Menschen mit den oben beschriebenen drei Phasen übereinstimmt, desto höher ist sein Risiko, eine Anfälligkeit für Krebserkrankungen zu entwickeln, vor allem dann, wenn auch noch Voraussetzungen *der Stufe 1* vorliegen. Es ist z. B. möglich, daß Sie zu bestimmten Zeiten falsche Durchhaltemethoden praktizieren, sich auf der anderen Seite aber auch über lange Zeiträume hinweg normal verhalten. Das trifft auf Menschen zu, die gelegentlich Probleme mit dem Essen, der Verdauung, mit Verstopfung usw. haben. Ein Risiko ist zwar vorhanden, aber es bleibt gering, weil das gefährliche Verhaltensmuster kein Dauerzustand ist. Es wird durch gesunde Perioden unterbrochen, die dem Körper die Chance bieten, wieder normal zu arbeiten.

Entsprechend leben einige Menschen lange, obwohl sie jegliche Art von körperlich-geistiger Herausforderung vermeiden oder fürchten. Nach meiner Erfahrung sind solche Menschen offensichtlich geschützt, weil sie – entweder durch günstige Umstände oder durch Beziehungen, die ihnen besonderen Halt geben – ihren Bedürfnissen entsprechend leben. Wenn solche schützenden Voraussetzungen entfallen oder verlorengehen, können diese Menschen jedoch plötzlich enormen Risiken ausgesetzt sein.

Leider haben diese Gewohnheiten die Tendenz, gemeinsam aufzutreten: Man hält in den falschen Bereichen durch, unterdrückt wesentliche körperlich-seelische Verhaltensweisen und vermeidet normale Anstrengungen. Wenn das zu häufig geschieht, so daß sich im Verlauf vieler Jahre gewohnheitsmäßige Verhaltensmuster entwickeln, dann erreichen Sie *Stufe 2* und werden anfällig für Krebserkrankungen. Sie entwickeln eine gewisse Verletzlichkeit des ZNS und des endokrinen Systems, die oft einen bestimmten Bereich des Körpers betrifft. In Kombination mit *Stufe 1* kann der Körper Informationen nicht mehr registrieren und sich nicht optimal auf die Behebung entstandener Schäden einstellen. Dieses Fehlverhalten führt dazu, daß Sie leichter an Krebs erkranken. Sie entwickeln noch keinen Krebs, befinden sich aber auf dem besten Wege dahin; es fehlt nur noch ein einziger weiterer Schritt.

Stufe 3: Der Immunfaktor

Gibt es bestimmte Gewohnheiten oder Verhaltensweisen, die zu einer Schwächung des Immunsystems führen? Bei dieser Frage ist zu unterscheiden zwischen dem normalen Auf und Ab, den täglichen Veränderungen, denen der Körper in der Regel unterworfen ist, und der verhaltensbedingten Belastung durch eine generell herabgesetzte Immunabwehr, die besondere Bedeutung für das Entstehen von Geschwülsten hat. Gibt es spezielle Verhaltensweisen, die unsere Fähigkeit, mit Tumoren fertig zu werden, schwächen? Es ist nicht so, daß das Immunsystem Krebs *verursacht*, aber wenn *Stufe 1 und 2* auf Dauer erreicht worden sind, wenn erste Krebszellen entstanden sind und nur darauf warten weiterzuwuchern, dann versagt das Immunsystem bei seiner Aufgabe, der Entwicklung Einhalt zu gebieten.

Die Antwort auf die zuletzt gestellte Frage lautet also «ja». Erst vor kurzem hat die Forschung bestimmte Verhaltensweisen identifiziert, die in Zusammenhang stehen mit der Aufgabe des Immunsystems, das Wachstum von Tumoren zu überwachen. Eine Gruppe von Untersuchungen hat sich besonders intensiv mit den Zusammenhängen zwischen der Aktivität natürlicher Killerzellen (ANKZ) – dabei handelt es sich um eine neu entdeckte Immunzelle im Körper, die Krebszellen erkennt und zerstört – und verschiedenen Messungen zu psychologischen Abläufen und Stress beschäftigt. Man fand heraus, daß Menschen, die regelmäßig und täglich unter Angst und Stress stehen, dazu neigen, ständig niedrigere ANKZ-Werte zu haben als Menschen, die nicht soviel Angst empfinden. Die Begründung dafür ist, daß die mangelnde Fähigkeit, mit Stress fertig zu werden (wir alle sind Stress ausgesetzt, aber manche Menschen lassen sich davon nicht unterkriegen), die Immunkräfte schwächt und daß dadurch auf Dauer eine chronische Anfälligkeit für Geschwülste entstehen kann. Solch ein langfristiges Verhaltensmuster steht – mehr noch als Krebs an sich – in einem Zusammenhang mit der Verringerung der ANKZ.

Besonders interessant an den Testresultaten ist, daß ein bestimmter Faktor, *zwischenmenschliche Sensibilität* genannt, mit die höchste Korrelation zu einer verringerten ANKZ aufweist. Das läßt – in Verbindung mit Berichten über deutliche Zusammenhänge zwischen Angstgefühlen, Depressionen und einer Neigung zu neurotisch-zwanghaftem Verhalten – das Bild eines Menschen entstehen, dessen Verhaltensweisen sich im Kreis bewegen zwischen sich gefährdet fühlen, seiner selbst nicht sicher sein und der Neigung, eher aus Angstgefühlen heraus zu handeln als aus Erregung oder Neugierde. In einer Untersuchung, die in den USA durchgeführt wurde, fand man heraus, daß bei Menschen, die sich in dieser Weise dem Leben gegenüber verhielten, die Wahrscheinlichkeit, an Krebs zu sterben, zweimal so hoch war wie bei anderen. Untersuchungen an Witwern und Witwen nach dem Tod des Ehepartners haben durchweg gezeigt, daß die auf den Verlust allgemein folgende depressive Haltung die Effektivität des Immunsystems wesentlich verringerte. Auch eine gewisse Unfähigkeit, mit dem Schock und der Einsamkeit fertig zu werden, wird in diesem Zusammenhang oft erwähnt. Bezeichnenderweise ist durch andere Untersuchungen, vor allem durch die einer Forschergruppe in Columbia / Ohio, ebenfalls nachgewiesen worden, daß zwischen ständiger Einsamkeit, verbunden mit starkem Stress, und der ANKZ ein Zusammenhang besteht.

Beantworten muß die Forschung aber noch die Frage, auf welche Weise solche Verhaltensmuster die Abwehrkräfte schwächen. Ein Argument ist, daß Isolation, Einsamkeit und Depressionen gewisse andere Verhaltensweisen, wie Rauchen, Trinken, ungesunde Essensgewohnheiten usw., begünstigen. Und diese Gewohnheiten sind es dann, die tatsächlich die Widerstandskraft des Körpers schwächen. Aber ich glaube, daß es noch einen direkteren Zusammenhang zwischen den beiden Bereichen gibt.

In vielen Forschungsarbeiten über Zusammenhänge zwischen dem Gehirn oder dem ZNS und dem Immunsystem konnte nachgewiesen werden, daß die Immunreaktionen nicht nur je nach psychologischem Status variieren, sondern daß die Reaktionen des Immunsystems wahrscheinlich teilweise durch das ZNS ausgelöst werden. Von Geburt an führt das Verhalten zwischen Eltern und Kind dazu, daß bestimmte Muster ausgebildet werden, in deren Rahmen sich solche Zusammenhänge etablieren. Ein Kind, das die Möglichkeit hat, zu Mutter oder Vater zu laufen, um zu schmusen und sich beruhigen zu lassen, wenn es ihm nicht gutgeht, lernt ohne Schwierigkeiten, körperliche Veränderungen bei sich selbst zu bemerken und darüber zu sprechen. Durch einfache Anpassung werden die gleichen inneren Bezüge hergestellt, wie es sie von den Eltern gelernt hat; sein ZNS wird sensibel gegenüber den Bedürfnissen des Immunsystems sein, und das Kind wird später in der Lage sein, sich selbst Trost zuzusprechen oder Aufmerksamkeit zu schenken. Sich selbst zu umsorgen und zu pflegen, das sind Zwischenstadien auf dem Weg zu einer guten Zusammenarbeit zwischen ZNS und Immunsystem. Tatsächlich haben verschiedene Studien gezeigt, wie effektiv das Immunsystem psychologischen Gegebenheiten angepaßt werden kann.

Andere Untersuchungen haben schließlich nachgewiesen, daß konkrete organische Verbindungen zwischen dem ZNS und dem Immunsystem bestehen. Wir wissen, daß bei jeder Art von Handeln Kommunikation zwischen seelischen und körperlichen Bereichen stattfindet; man muß nun genau herausfinden, auf welche Weise diese Verbindungen im ZNS verankert sind und wie sie durch seelisch-körperliche Verhaltensweisen verändert oder kontrolliert werden. Ich will in vereinfachter Form darstellen, was wir bis heute wissen, um Ihnen das Verständnis dieser Mechanismen zu erleichtern.

Die meisten Menschen drücken Ärger oder Kummer aus, indem sie jammern, sich beklagen und sich aufregen. Gesunde Verhaltensweisen sind verbunden mit einem hohen Grad an seelisch-körperlicher Integration, ungesundes Verhalten hingegen geht mit einem entsprechend niedrigen Grad an seelisch-körperlicher Interaktion einher. Gesund reagierende Menschen regen sich zum Beispiel in einer Weise auf, die ihnen tatsächlich hilft. Meist haben sie einen Menschen, zu dem sie gehen können, um sich trösten zu lassen oder um Zuwendung zu erhalten. Weniger gesund reagierende Menschen zeigen ebenfalls ihren Ärger, aber sie tun es in unproduktiver Weise. Sie ärgern sich möglicherweise *zu* sehr, bekommen einen Nervenzusammenbruch, werden hysterisch, extrem abhängig und fordernd oder strafen sich gewissermaßen selber, indem sie vorgeben, alles sei in Ordnung. Noch weniger gesund reagierende Menschen vermeiden es, ihren Ärger irgendeinem anderen Menschen direkt zu zeigen, sondern äußern ihn indirekt: sie fahren zu schnell Auto, trinken zuviel, zerbrechen irgendwelche Sachen, verhalten sich selbstzerstörerisch usw., bis jemand Notiz von ihnen nimmt oder etwas passiert.

Vom oberen bis zum unteren Ende dieser Verhaltensskala bedeutet jeder Schritt zum Schlechteren hin, daß weniger Kontakt zu einer außenstehenden Person gesucht wird. Kummer wird direkt in eine Verringerung der Körperfunktionen umgesetzt, ohne erst einer anderen Person mitgeteilt worden zu sein. Jemand, auf den diese Kategorie paßt, fühlt sich vielleicht krank, unwohl, schwindelig oder hat Kopfschmerzen. Das sind oft die einzigen ihm zur Verfügung stehenden Möglichkeiten, um Ärger zu zeigen. Ein gesund reagierender Mensch erkennt Zeichen von körperlichem Unwohlsein sofort, weiß, was sie bedeuten, und findet einen Weg, ihnen Ausdruck zu verleihen sowie anschließend das Problem zu lösen. Die körpereigenen Systeme werden nur zur Erleichterung eingesetzt, beispielsweise wenn man in den Armen eines anderen Menschen weint. Weniger gesund reagierende Menschen erkennen nicht, daß ihr Körper Stress signalisiert (sie ignorieren die Signale), und sie handeln nicht eher, bis der Druck sich als Kopfschmerz, Übelkeit oder durch andere Beschwerden zeigt. Offensichtlich steht aber ein solches Verhaltensmuster – so unbefriedigend es auch sein mag – in keinem Zusammenhang mit einer Schwächung der Abwehrkräfte in dem Sinn, daß die ANKZ geringer wird.

Menschen, die sich weder anderer Personen noch psychosomatischer Symptome zur Abreaktion von Stress bedienen, zeigen dagegen ein Verhalten, das zu einer Schwächung der Abwehrkräfte führt. Unter Stress brechen sie einfach physiologisch völlig zusammen. Sie fahren fort, das zu tun, was ihre jeweilige Rolle von ihnen verlangt; sie zeigen keinem Menschen ihren Ärger, halten nicht ein, werden nicht krank und werden ganz sicher keine Hypochonder. Sie resignieren einfach, fühlen sich hilflos – «Was nützt das schon alles?» –, lassen den Kopf hängen und schwächen ihre Abwehrkräfte. Sie sind derart darauf festgelegt, *nicht* zu reagieren, wenn ihr Körper ihnen Warnsignale vermittelt, daß sie wichtige frühe Anzeichen übersehen und nichts unternehmen, auch wenn es sich nur um ein leicht zu lösendes Problem handelt. Sich so zu verhalten, ist für sie eine routinemäßig ablaufende, sich täglich wiederholende Selbstverständlichkeit. Sind Sie zum Beispiel sehr angespannt und bekommen Kopfschmerzen, so werden Sie normalerweise durch den Schmerz gezwungen, die körperliche Aktivität zu reduzieren, sich eine Ruhepause zu gönnen und so dem Körper zu helfen, mit der Situation fertig zu werden. Sind Sie angespannt, aber darauf programmiert, diesen Zustand zu ignorieren, so wird diese Anspannung mit der Zeit fester Bestandteil Ihres inneren Zustands. Kopfschmerzen zu bekommen garantiert zumindest, daß die Spannung schließlich abgebaut wird.

Das Krebs begünstigende Verhalten, das hier zur Debatte steht, sorgt also dafür, daß Körpersignale permanent übergangen werden und daß in der einen oder anderen Form ein fast chronischer Zustand von Anspannung besteht. Entspannung scheint selten oder nie stattzufinden. Und gerade dieses Verhaltensmuster bringt man in Verbindung mit einer Schwächung des Immunsystems und der *Stufe 3* des Krebsrisikos.

Verhaltensweisen, die die Entstehung von Krebs begünstigen

Das Leben wäre sehr viel einfacher, wenn eine krebsgefährdete Persönlichkeit eindeutig zu definieren wäre. Es gibt zwar in der Tat einige Persönlichkeitsmerkmale, die mit Krebskranken in Verbindung gebracht werden können und mit denen wir uns noch beschäftigen werden, aber Sie zu kennen bringt uns nicht viel weiter. Fest steht, daß es weder eine wirklich typische Krebs-Persönlichkeit gibt noch *das* Merkmal, das einen krebsgefährdeten Menschen kennzeichnet. Genausowenig kann *ein* psychologisches Muster, *eine* Zelle oder *ein* Krankheitserreger

Ursache für eine Krebserkrankung sein. Das Ganze ist viel komplizierter. Eine Krebserkrankung ist die Folge von Verhaltensweisen und betrifft damit die Art und Weise, in der ein Mensch als körperlich-seelische Einheit, als Ganzes agiert.

Die Vorstellung von einer dreistufigen Krebsentwicklung beinhaltet, daß alle drei Voraussetzungen gegeben sein müssen, damit sich eine Zelle zu einem bösartigen Tumor entwikkelt. Nur eine oder zwei Stufen reichen nicht aus – möglicherweise tragen Sie dann beinahe bösartige Zellen mit sich herum, aber Sie wären noch in Sicherheit.

Uns fehlt ein Modell, das die enorme Vielseitigkeit von Krebserkrankungen darstellt. Warum entwickelt sich die Erkrankung bei einigen Menschen ganz überraschend und mit großer Geschwindigkeit? Warum bekommen andere Krebs, der dann wieder verschwindet? Warum entwickeln sich viele Krebsarten nur sehr langsam? Wie ist es möglich, daß wir Krebs durch ganz alltägliche Dinge bekommen und ihn gleichzeitig durch ganz alltägliche Dinge ausmerzen können? Oder doch nicht? Warum erkranken manche Menschen irgendwann, andere aber nicht? Wenn wir diese Fragen entweder nur auf psychologischer oder nur auf organischer Basis zu beantworten suchen, erhalten wir lediglich partielle Antworten. Es gibt keine bestimmte Krebs-Persönlichkeit. Die Persönlichkeiten Krebskranker variieren enorm, und es lassen sich wirklich keine speziellen Charakterzüge benennen, die mit Sicherheit zu einer Krebserkrankung führen. Entsprechend gibt es keinen Krebserreger, kein tatsächlich vorhandenes Karzinogen, keine Chemikalie, die *immer* Krebs verursachen.

Wir können die Fragen trotzdem beantworten, wenn wir unser Augenmerk auf das *Verhalten* des ganzheitlichen Systems von Körper und Seele richten. Und wir können es tun, weil die Kette der oben beschriebenen krebsverursachenden Verhaltensweisen ein flexibles, komplexes Modell ist. Es handelt sich dabei um ein Modell, das nicht nur die biopsychologische Einheit des menschlichen Wesens im Auge hat, sondern das auch Wechselwirkungen zwischen den einzelnen Elementen der Kette zuläßt.

Stellen wir uns folgendes vor: Angenommen, jemand zeigt nach allen bisherigen Regeln eindeutig Gewohnheiten, die ihn den Risiken der *Stufe 3* aussetzen. Es handelt sich um einen depressiven, antriebslosen Menschen, dessen Widerstandskraft ausgesprochen geschwächt ist. Seine ANKZ ist niedrig. Wird er an Krebs erkranken? Nein. Nicht, bevor er nicht auch mit den Risiken von *Stufe 1 und 2* konfrontiert ist. Das heißt, er müßte sich außerdem noch regelmäßig krebserregenden Substanzen aussetzen *und* den Fehler begehen, die Signale seines Körpers zu ignorieren. Wenn die Immunlage schlecht wäre, er aber die richtige Nahrung und die richtigen Getränke zu sich nähme, ausreichend schliefe, seinen Körper gut in Form hielte, keinen Kummer und keine Unannehmlichkeiten hätte, nicht im Übermaß rauchte oder Alkohol tränke – vor allem nicht aus Ärger –, dann würde er wahrscheinlich überleben.

Ein zweites Beispiel: Jemand ist den Risiken der *Stufe 1* ausgesetzt. Er raucht stark, trinkt viel Alkohol, ißt ungesund, arbeitet in einer Asbestfabrik und sein Hobby ist, Klebstoff zu schnüffeln. Wird er Krebs bekommen? Nein, nicht, wenn er nicht zusätzlich den Risiken von *Stufe 2 und 3* ausgesetzt ist – das heißt, seine Durchhaltegewohnheiten falsch sind und sein Immunsystem chronisch geschwächt ist. Einige Menschen, z. B. starke Raucher, die Karzinogenen ausgesetzt sind, führen vielleicht sonst ein ganz gesundes Leben; sie verschaffen sich Bewegung, treiben Sport, lachen, weinen, freuen sich, gehen früh zu Bett, hören auf zu rauchen, sobald sie eine Erkältung bekommen usw., und dieses Verhalten schützt sie vor der Entwicklung eines Tumors. Es ist zwar möglich, daß ein Karzinogen Zellen schädigt und sich kleine bösartige Geschwülste entwickeln, aber das Teamwork der übrigen Körpersysteme sorgt dafür, daß die Entwicklung unter Kontrolle bleibt.

Alles ist eine Frage des Zeitpunkts und der Balance. Es ist beispielsweise auch möglich, daß jemand gleichzeitig allen drei Risikostufen ausgesetzt ist, ohne Krebs zu bekommen; Voraussetzung dafür ist allerdings, daß der Zustand nur von kurzer Dauer ist und nicht allzuoft eintritt. Es ist gelegentlich auch möglich, daß Menschen an Krebs erkranken, durch eine radikale Änderung ihrer Verhaltensmuster aber wieder genesen. Umgekehrt führen manche Menschen ein ausgesprochen gesundes Leben, werden aber plötzlich allen Risiken gleichzeitig ausgesetzt – oft, wenn sie sich in einem Alter befinden, in dem sie sehr verletzlich sind –, und eine Krebserkrankung bricht aus. Ich denke hier an Krebs bei Kindern, bei Menschen, die plötzlich ihre Arbeit oder ihren Ehepartner verlieren oder die in anderer Weise erhebliche belastende Veränderungen durchmachen.

Andere Menschen sind vielleicht ständig *Stufe 1 und* 2 ausgesetzt, aber dadurch, daß sie auf eine besondere Weise oder in einer besonderen Beziehung leben, wird *Stufe 3* vermieden. Schon leichte Veränderungen in ihren Lebensgewohnheiten können dazu führen, daß sie *Stufe 3* erreichen und eine Krebserkrankung ausbricht. Wenn das Leben eines Menschen auch nur geringfügig aus dem Gleichgewicht gerät, schließt sich der Kreis.

Das Modell berücksichtigt verschiedene Verhaltensvarianten und wird dadurch auch den unterschiedlichen Formen, in denen Krebs auftreten kann, gerecht. Es ermöglicht uns, die einzelnen Verhaltensweisen zu identifizieren, die die Risikokette bilden, und damit können wir schließlich das übergeordnete Verhaltensschema herausfinden, durch das sich jeder Mensch einem ernstlichen Risiko aussetzen würde. Wenn die Verhaltensweisen eines Menschen gleichzeitig allen drei Stufen zuzuordnen sind und wenn dieser Zustand gewohnheitsmäßig über viele Jahre andauert, dann wird ein solcher Mensch mit Sicherheit an Krebs erkranken. Wir wollen nun diese Gewohnheiten, zu bestimmten Komplexen zusammengefaßt, näher betrachten und die psychologischen Besonderheiten kennzeichnen, die mit ihnen zusammenhängen.

Die Psychologie besonders gefährdeter Menschen

Zunächst sollen im folgenden das *schlechtestmögliche* Verhaltensmuster betrachtet und die psychologischen Rahmenbedingungen identifiziert werden, die ihm zuzuordnen sind.

Es ist überraschend, wie genau Forschungsberichte über die besonderen psychologischen Verhaltensmuster krebsgefährdeter Menschen in das oben beschriebene Modell passen. Es waren ja vor allem vier psychologisch relevante Besonderheiten, die übereinstimmend bei krebsgefährdeten Menschen gefunden wurden: ein gestörtes familiäres Umfeld, ein gestörtes Eltern-Kind-Verhältnis, gestörte zwischenmenschliche Beziehungen und Schwierigkeiten, die richtigen Verhaltensweisen zu entwickeln. Es ist aber nicht ganz unproblematisch, diese Ergebnisse auf unser Modell der *schlechtestmöglichen* Voraussetzungen einfach zu übertragen. Wir wollen deshalb am Beispiel eines heranwachsenden Kindes, das als Erwachsener an Krebs erkrankt, das psychologische Umfeld untersuchen, in dem es zu leben lernt. Vieles von dem, was nun folgt, ist eine Mischung aus meinen eigenen Untersuchungen zum Familienleben Krebskranker und den Forschungsergebnissen, über die in Kapitel 2 berichtet wurde.

Die frühen Jahre

Wo werden die Verhaltensweisen des heranwachsenden Kindes geprägt? Diese Frage ist einfach zu beantworten, aber dennoch von lebenswichtiger Bedeutung, denn wir wissen zwar alle, daß wir den größten Teil unserer Gewohnheiten zu Hause in der Familie gelernt haben, aber nur wenige von uns machen sich klar, wie stark diese Familiengewohnheiten auch unser tägliches Leben als Erwachsene prägen. Es gibt viele

Verhaltensweisen, die wir einfach als gegeben hinnehmen, ohne uns darüber im klaren zu sein, wo wir sie gelernt haben – oder daß man sich vielleicht auch anders verhalten könnte. Wie wir unsere Zähne putzen, Nahrung kauen, zur Toilette gehen, uns waschen, wann wir unsere Kleidung wechseln usw. – alles haben wir zu Hause gelernt. Es ist tatsächlich so, daß das Erlernen grundlegender Dinge sich vom *ersten Tag* unseres Lebens an im Rahmen von Beziehungen abspielt. Das ist einer der Gründe, warum Beziehungen eine derart wichtige Rolle in der Krebsforschung spielen.

Es ist notwendig, während der Entwicklungsjahre alle Seiten der Persönlichkeit zu entwickeln. Das Baby ist ja eine fast vollkommene körperlich-seelische Einheit. Ein gesunder Erwachsener ist ein Mensch, dem erlaubt wurde, alle Bereiche seines Körpers und seiner Seele in einer koordinierten, systematischen Weise zu entwickeln. Das heranwachsende Kind braucht die Möglichkeit, sich auszudrücken, «kindisches» Verhalten zu zeigen, unfertig in seinen Handlungen, Gedanken und Gefühlen zu sein. Es muß ihm erlaubt sein, Fehler zu machen, an langer Leine zu leben (manchmal braucht es allerdings auch eine feste Hand), so daß es aus dem, was es vorfindet, etwas aufbauen kann, daß es lernen kann, Handlungen und ihre Folgen in einen Zusammenhang zu bringen mit körperlichen Empfindungen, Gedanken, Bewegungen usw. Es muß seinen Körper nutzen, seine Muskeln trainieren, seine Bedürfnisse in gesunder Weise befriedigen; es braucht diese Freiheit, um vitale Abhängigkeiten, die für das körperlich-seelische Zusammenspiel unerläßlich sind, voll in seine Verhaltensweisen zu integrieren. Das gilt vor allem für die beiden Bereiche Gefühle und innere Körperaktivität, d. h. für das *Körperbewußtsein*. Nehmen wir als Beispiel eine aufregende Situation. Das Kind fürchtet sich, ist irritiert. Es erfährt, seinen Gefühlen entsprechend, einen wahren Ansturm von innerlich ablaufenden Körperzuständen, die ein massives Bedürfnis nach Bewegung, nach Taten hervorrufen. Ein normales Kind zeigt automatisch seine Angst, es weicht zurück und läuft davon, um Schutz und Trost zu suchen. Normale Eltern fördern diese Reaktionen, erkennen die Angst, akzeptieren die Tränen und ermuntern das Kind sogar zu weinen; sie sorgen für den physischen Kontakt, den das Kind benötigt, um sich sicher und beschützt zu fühlen, nehmen sich Zeit für den ganzen Vorfall und beruhigen dadurch das Kind. Dieses einfache Vorgehen gewährleistet, daß eine ganze Kette von wichtigen körperlich-seelischen Wechselwirkungen erlernt wird. Das Kind lernt zu weinen, Hilfe zu holen, sich beruhigen zu lassen, es lernt, erneut Angst ausgesetzt zu sein, den ganzen Vorgang zu wiederholen und so fort. All das stellt sicher, daß der innere Druck gelöst wird und im Körper der Zyklus von Erregung/Ausdruck/Ruhe ablaufen kann. Vor allem aber lernt das Kind, daß es a) das Recht hat, mit seinen Sorgen und Ängsten zu den Eltern zu kommen, und b) beanspruchen kann, daß seine eigene Sicht der Dinge beachtet wird. Beides zusammen bietet die Gewähr dafür, daß das Kind aus einer *sicheren* Position heraus seine eigene Welt und seine eigenen körperlichen Aktionen betrachtet. Es braucht keine Angst zu haben und sich nicht alleingelassen zu fühlen. Aber was geschieht, wenn dieser Prozeß unterbrochen wird, wenn das Kind von den Eltern nicht beachtet wird, wenn es aufgefordert wird, Ruhe zu geben, sich anständig zu benehmen, solchen aufregenden Situationen aus dem Weg zu gehen, oder – schlimmer noch – wenn es bestraft wird, weil es den Eltern lästig ist? Genauso schädlich kann es allerdings sein, wenn ihm scheinbar «korrekte Hilfe» zuteil wird, es aber gleichzeitig die Verärgerung der Erwachsenen spürt. Wie verhält sich ein Kind, wenn das in bestimmten Bereichen tagaus, tagein geschieht?

Die meisten Kinder lernen in einem solchen Fall, die Hilfe der Eltern nicht mehr in Anspruch zu nehmen, sie finden einen anderen Menschen, der ihnen beisteht, oder sie versuchen alleine mit der Situation fertig zu werden. Aber trotzdem geht in krebsgefährdeten Menschen etwas Wichtiges vor: Die Reaktion der Eltern wiegt so schwer, daß sie in Wirklichkeit mehr Leid und Angst verursacht als der ursprüngliche Vorfall. Nachdem so etwas ein paarmal passiert ist, lernt das Kind zwei grundlegende Verhaltensweisen: allem aus dem Weg zu gehen, was der ursprünglichen Situation ähnelt, und das Verhalten zu vermeiden, das die Eltern so verärgert hat.

Als Ergebnis empfindet das Kind zwar immer noch Aufregung (es ist sehr schwierig, aufregenden Situationen aus dem Weg zu gehen), aber es unterdrückt grundsätzlich seine Erregung. Das bedeutet, daß es keinen Kummer zeigt, auf körperliche Empfindungen nicht reagiert und keinen anderen Menschen um Hilfe bittet. Offensichtlich beinhaltet der letzte Punkt für einen Krebsgefährdeten das höchste Risiko. Wenn ein Kind eine andere Bezugsperson finden und sich in diese Richtung weiterentwickeln kann, dann können auch die Lernprozesse weitergehen. Entscheidend in einer solchen Eltern-Kind-Beziehung ist für die krebsgefährdete Person, daß sie nicht lernt, sich anderen Menschen zuzuwenden. In gewissem Sinn kann man sagen, daß das heranwachsende Kind sich langsam daran gewöhnt, keinen Trost zu suchen, nicht die Hilfe anderer zu erbitten, und daß es letzten Endes das Vokabular, das zur Darstellung von innerer Verzweiflung und innerem Unbehagen notwendig ist, im Gegensatz zu einem normalen Kind gar nicht erst entwickelt.

Das Problem für das krebsgefährdete Kind liegt darin, daß diese gefühlsmäßige Einschränkung sich auch auf seine Fähigkeit auswirkt, Stress in anderen Bereichen seiner Entwicklung zu bewältigen. Wenn einem Menschen niemals erlaubt worden ist, Verzweiflung zu zeigen, so kann er auch niemals erfahren, welche Verhaltensweisen, Bezüge und zwischenmenschlichen Beziehungen für das Überleben des Körpers notwendig sind. Folglich wird ein solcher Mensch, wenn es um irgend etwas geht, das eine innere Erregung auslöst, immer nach demselben Muster reagieren und sich nie weiterentwickeln. Je älter er wird, desto schwieriger wird es, die notwendigen Lernprozesse zu durchlaufen, und so bleibt der nicht entwickelte Teil seiner Persönlichkeit unverändert. Ein solcher Mensch bleibt nahezu vollständig abhängig von den Stärkeren in seiner Umgebung, deren Hilfe er in belastenden oder emotional schwierigen Zeiten benötigt.

Es lohnt sich, an dieser Stelle einmal innezuhalten und darüber nachzudenken, was das tatsächlich bedeutet. Die meisten von uns nehmen ihren Körper als etwas Selbstverständliches wahr und sind es gewöhnt, sich Zeit für sich selbst zu nehmen, so daß sie sich nicht vorstellen können, wie es ist, täglich mit Leid, Ärger und Stress zu leben und nur Entlastung zu finden, wenn Außenstehende etwas dagegen unternehmen. Die meisten von uns haben *Zeit für sich*, um sich ihren eigenen Bedürfnissen zu widmen. Wir wollen in *Frieden* und *Ruhe* darauf hören, was in unserem Körper vorgeht, wollen überlegen, handeln und entscheiden, was getan werden muß. Man stelle sich vor, das nie gelernt zu haben, es niemals als selbstverständlich anzusehen. Wenn wir diese Zeit nicht haben, sind wir auch weiterhin Leid, Ärger und Stress ausgesetzt, aber wir lernen, damit zu leben wie mit einem lästigen Übel, von dem wir hoffen, daß es vorübergehen wird. Man stelle sich vor, jemand hat Magenschmerzen, aber er hat nicht die Zeit, die Schmerzen wirklich zu *empfinden*, mit dem *aufzuhören*, was er gerade tut und zu warten, bis die Schmerzen vorüber sind. Man stelle sich vor, er weiß nicht, daß es vollkommen angemessen ist, sich vor Schmerzen zu krümmen, zu weinen oder zusammenzubrechen. Man stelle sich vor, er hat nicht die innere Freiheit, unterschiedliche Versuche zur Linderung der Schmerzen zu unternehmen, sich hinzulegen, zu erbrechen oder zur Toilette zu gehen. Wir verbringen normalerweise im Laufe unserer Entwicklung viel Zeit damit, zu lernen, wie wir mit Stress und Schmerz, Angst und Aufregung fertig werden, indem wir nämlich Beschwerden durch körperliche Aktivitäten und mentale Tricks mildern oder beheben.

Ich habe festgestellt, daß das frühe Leben von Krebspatienten derart auf das fixiert war, was die Eltern taten oder wollten, daß ihnen niemals Zeit (oder Raum) blieb, die eigenen Bedürfnisse zu befriedigen und zu lernen, wie sie sich selbst schützen konnten. Eine meiner Patientinnen drückte das so aus: «Wenn ich Magenschmerzen oder irgend etwas anderes hatte, mußte ich erst einmal abwarten. Ich war normalerweise zu beschäftigt, zu sehr durch Familienangelegenheiten in Anspruch genommen. Und außerdem war ich das ‹gute› Kind. Ich versuchte, niemals krank zu sein, nicht wie mein Bruder. Der war eine richtige Heulsuse.»

Der tatsächliche Grund für einen solchen Zustand variiert von Familie zu Familie; manchmal, wie in Karins Fall, nimmt ein anspruchsvoller Bruder (oder eine Schwester) den größten Teil der elterlichen Zeit in Anspruch; in anderen Fällen war es ein kranker Elternteil, manchmal war es weder das eine noch das andere, aber das Kind spürte, daß die Lebenssituation seiner Eltern so labil oder schwierig war, daß es nicht noch zusätzlich Probleme schaffen durfte.

Die wichtigsten psychologischen Merkmale, die in diesem frühen Entwicklungsstadium auf ein hohes Krebsrisiko hinweisen, sind folgende:

○ Das Kind ist zu stark auf die Außenwelt fixiert. Es wird zu «realistisch», paßt sich zu sehr den Anforderungen anderer Familienmitglieder oder unterschiedlichen Familiengegebenheiten an.

○ Das Kind versäumt es, eigene Erfahrungen zu sammeln, und zwar sowohl in bezug auf seine körperlichen als auch emotionalen Bedürfnisse.

○ Das Kind lernt, in erheblichem Ausmaß Beschwerden, Stress und Schmerzen zu ertragen. Es beansprucht keine Zeit und meint, kein Recht auf seine eigenen körperlich-seelischen Empfindungen zu haben.

○ Das Kind ist in seiner emotionalen Entwicklung zurückgeblieben; das zeigt sich in der Unfähigkeit, vernünftig mit Ärger oder Stress umzugehen und ihn auszudrücken, sei es mental oder physisch.
○ Das Kind ist zu stark den erlernten Familienmustern verhaftet und kann (weil es entmutigt ist oder nicht weiß, wie es vorgehen soll) keine Hilfe in Beziehungen außerhalb der Familie finden; dadurch entfällt emotionales Lernen teilweise oder ganz.
○ Das Kind übernimmt die vorgegebenen Familienmuster zur Stressbewältigung. Normalerweise ergeben sich dabei zwei Möglichkeiten: Entweder zeigt es trotz Erregung eine freundliche Gleichgültigkeit («Alles läuft still und leise innerlich ab, ich warte nur, daß es vorbeigeht») oder es neigt dazu, Trost in sich wiederholenden Handlungen und Ritualen wie rauchen, essen, schlafen usw. zu suchen.
○ Das Kind lernt, sich selbst als verletzliches Wesen in einer verletzlichen Familie wahrzunehmen, ständig von der Außenwelt bedroht. Eltern, die bei ihren Kindern keine Gefühle akzeptieren können, sind selber emotional erstarrt. Sie gehen zwangsläufig mit belastenden, aber ganz normalen Ereignissen um, als handele es sich um schwerwiegende Krisen, auch wenn das gar nicht der Fall ist. Das erschreckt das Kind und trägt dazu bei, daß sein ohnehin mangelndes Interesse für eigene Bedürfnisse noch verringert wird. Im Idealfall sollte das Kind zwar vor der Außenwelt geschützt sein, allmählich aber ihren Einflüssen ausgesetzt werden.

Vom Schulkind zum Erwachsenen

Solange das auf diese Art großgezogene Kind in der Familie bleibt, ist die Gefahr einer Störung gering. Es vermeidet, sich den normalen Höhen und Tiefen des Lebens auszusetzen, und weiß, daß es sich praktisch in jeder Angelegenheit an Mutter oder Vater wenden kann. Die meisten Eltern meiner Krebspatienten waren wirklich besorgte Menschen, die sich um ihre Kinder «kümmerten», indem sie deren grundlegende materielle Bedürfnisse befriedigten. Dennoch geraten krebsgefährdete Menschen, sobald sie den Schutz der Familie verlassen, in Schwierigkeiten. Unfähig, Stress zu bewältigen, und ohne zu wissen, wie sie es lernen können, fühlen sie sich schrecklich verletzlich. Sie sind nicht in der Lage, Hilfe bei anderen Menschen (Freunden, Lehrern und ähnlichen) zu suchen; sie sind unfähig (und erlauben es sich nicht), über Schwierigkeiten zu sprechen, und wirken durch ihr äußerlich ruhiges und scheinbar entspanntes Auftreten, als ob sie mit allen Problemen fertig werden. In dem Maße, in dem der oder die Heranwachsende zunehmend Trost und Sicherheit von den Eltern verlangt, wird das Familienleben immer unersetzlicher.

Wird der junge Mensch mehr und mehr den Einflüssen der realen Welt ausgesetzt, bedeutet dies jedesmal eine Situation voller Stress. Die vielfältigen Anforderungen an seine Leistungsfähigkeit, so zum Beispiel bei Prüfungen oder im Sport, betreffen ihn jetzt persönlich und nicht mehr die Familie; er oder sie kann sich nicht mehr auf Mutter oder Vater stützen und sieht sich infolgedessen wachsenden inneren Spannungen ausgesetzt. Der Versuch, Hilfe von zu Hause zu erhalten, führt zwangsläufig dazu, daß die Eltern sich in subtiler, aber eindeutiger Weise distanzieren; sie empfinden das heranwachsende Kind nun als Störenfried und ziehen sich zurück, was meines Erachtens die Ergebnisse vieler Studien erklärt, die berichten, daß Krebskranke oft über eine gewisse Distanz und einen Mangel an Wärme in ihren Familien klagten.

Der oder die Heranwachsende fühlt sich dadurch alleingelassen und schlecht ausgerüstet für den Lebenskampf, und in dieser Zeit, meine ich, wird in krebsgefährdeten Menschen die durch Anpassung erworbene Hilflosigkeit als Überlebensprinzip fest verankert. Ohne den Schutz und die Entwicklungsmöglichkeiten, die in der ursprünglichen Beziehung zu den Eltern gegeben sind, ist der einzelne tatsächlich hilflos. Konfrontiert mit Stress oder mit der Notwendigkeit, zu kämpfen oder Gefühle auszudrücken, zieht er sich auf ein verbindliches, ruhiges, friedliches Verhalten zurück. Wenn er gezwungen wird, zu reagieren oder zu handeln, kann er nur hilflos mit den Achseln zucken: «Ach, was hat das überhaupt für einen Zweck?» Wir wollen uns nachfolgend einige typische Beispiele ansehen.

Konfrontiert mit dem *Stress der realen Umwelt* verschließt sich der oder die Betreffende und resigniert mit dem Gefühl, hoffnungslos und machtlos zu sein angesichts der überwältigenden «Bedeutung» der anderen und der absoluten «Bedeutungslosigkeit» der eigenen Existenz. Dieses Gefühl entspricht überhaupt nicht den tatsächlichen Gegebenheiten und zeigt deutlich die Unfähigkeit, die eigene Persönlichkeit und den eigenen Wert richtig einzuschätzen.

Konfrontiert mit *körperlichem Stress* ist der oder die Betreffende von Natur aus unfähig, irgend etwas zu unternehmen, um einer Verschlimmerung von Stress und Unwohlsein entgegenzuwirken. Seine oder ihre Erfahrungen haben keine Fürsorge und keine schützende Haltung gegenüber der eigenen Person entstehen lassen. Ob sie krank werden oder nicht, hängt lediglich vom Zufall ab und davon, ob andere Menschen da sind, die helfen können und es auch tun. Auf diese Weise wird jedoch zunehmend die Fähigkeit ihres Körpers geschwächt, mit kleinen Alltagsproblemen fertig zu werden.

Konfrontiert mit *zwischenmenschlichem Stress*, wird der oder die Betreffende abwesend und hilflos. Innerhalb von Beziehungen zeigt sich das durch fehlende Vitalität und Müdigkeit. Hierbei handelt es sich tatsächlich um eine ganz charakteristische Art und Weise, sich mit strittigen Fragen oder Anforderungen, die man nicht bewältigen kann, auseinanderzusetzen. Müde zu sein wird zu einer festen Methode, die immer wieder eingesetzt wird, um sich zurückziehen zu können und um Untätigkeit und Teilnahmslosigkeit zu entschuldigen.

Erwachsensein

Was bis zu diesem Zeitpunkt geschehen ist, bedeutet für das Individuum das, was wir früher als Risiko der *Stufe 2 und 3* bezeichnet haben. Ein solcher Mensch lebt in einem Zustand ständiger körperlicher Anspannung mit mangelhafter körperlich-seelischer Integration. Die Wirkungsweisen des ZNS und des endokrinen Systems bleiben schlecht koordiniert und befinden sich in einem Zustand der Überaktivität. Gleichzeitig ruft die wachsende Erkenntnis dieser Unzulänglichkeit zunehmend die Unfähigkeit hervor, in diesem angespannten körperlichen Zustand überhaupt zu handeln. Um sowohl zwischenmenschliche Herausforderungen zu vermeiden als auch den seelischen Bereich auf Distanz zum körperlichen Zustand zu halten, werden Müdigkeit und Hilflosigkeit vorgeschoben. Abwehrschwäche und überzogene Reaktionen des ZNS werden zum Dauerzustand; eine gesunde, schützende Homöostase* – das normale, erlernte Muster körperlich-seelischer Abläufe beim Erwachsenen – gibt es nicht. Wie jede körperliche Aktivität, erfordern Homöostase und körperlich-seelische Integration gründliche Lernprozesse, Übung und Erfahrung. Die Verdrängung von Gefühlen, die Absage an das Recht auf individuelle Lern- und Übungszeit führen zu einem sehr zerbrechlichen Gleichgewicht des körperlich-seelischen Systems.

* Fähigkeit, bestimmte physiologische Größen in zulässigen Grenzen konstant zu halten. (Anm. d. Übers.)

In diesem Zustand also befindet sich unsere krebsgefährdete Person, wenn sie sich mit den Anforderungen des Erwachsenenlebens konfrontiert sieht. Was steht zwischen ihr und einer Krebserkrankung? Zwei Dinge. Erstens: Wenn sie oder er es vermeiden kann, sich irgendwelchen Karzinogenen im Übermaß auszusetzen, bleibt das Krebsrisiko wirklich nur ein Risiko. Zweitens: Die Art der Beziehungen, die der einzelne als Erwachsener eingeht, kann das Verhaltensmuster, das zu einer Disposition für Krebs führt, buchstäblich aufbrechen. Die menschliche Persönlichkeit und bis zu einem gewissen Grad auch die körpereigenen Systeme sind bemerkenswert formbar. Es ist gut möglich, daß ein 21jähriger Erwachsener jemanden kennenlernt, der sein Leben vollständig verändert. Er oder sie kann plötzlich soviel Intimität und Fürsorge erfahren, daß ein zwanzig Jahre altes ungesundes Verhaltensmuster sich erfolgreich zu einem gesunden wandelt. Es ist wirklich nie zu spät für einschneidende Veränderungen in allen Bereichen der Persönlichkeit und der körperlichen Abläufe.

Für unser Krebsmodell sind drei Grundtypen von Beziehungen relevant.

1. Die statische Beziehung

Diese Art von Beziehung wäre am besten als lediglich «bewahrend» oder oberflächlich definiert, und zwar in dem Sinn, daß sie den krebsgefährdeten Menschen nicht wirklich in irgendeiner tiefergehenden Weise berührt. Leider passiert es krebsgefährdeten Menschen sehr oft, daß sie – bedingt durch ihre wenig emotionale Art und durch ihre Angst vor gefühlsbetonten Auseinandersetzungen – Menschen heiraten oder als Partner wählen, die ebenfalls ein gleichgültig-kühles Leben ohne starke Emotionen anstreben. Der Krebsgefährdete lebt dann einfach so weiter wie vorher, mit etwas mehr sozialer Sicherheit durch die Ehe, aber ohne wesentliche Veränderungen im Hinblick auf Psyche, Verhalten und Gewohnheiten. Solche Menschen leben zusammen, bauen oft eine gesicherte, einträgliche Existenz auf und führen im Grunde die Familienmuster des krebsgefährdeten Partners weiter fort. Isolation, Einsamkeit und mangelnde Aufmerksamkeit gegenüber der eigenen Person bleiben bestehen, werden aber noch stärker ignoriert als früher; «verheiratet sein» ist ein beliebtes Klischee, das benutzt wird, um vorhandene Probleme in sich selbst zuzudecken. Sobald der Mensch nicht mehr «allein» ist und sich «glücklich verheiratet» wähnt, scheint alles in Ordnung zu sein. Wenn die krebsgefährdete Person sich in einer solchen Art von Beziehung häuslich einrichtet und regelmäßig Karzinogenen ausgesetzt ist, wird sich eine Krebserkrankung als zwangsläufige Folge der im Elternhaus erlernten Verhaltensmuster entwickeln. Das Erwachsensein und nachfolgende Beziehungen bieten keine Hoffnung oder Hilfe. Dieses ist die hypothetisch schlimmste Situation; alle notwendigen Faktoren sind vorhanden, und es ist nur eine Frage der Zeit, wann die Krankheit ausbricht.

2. *Die unterstützende Beziehung*

In dieser Beziehung hat der oder die Betroffene das Glück, jemanden kennenzulernen, der ihn tatsächlich in irgendeiner Weise dazu bringt, seine Gewohnheiten zu ändern oder abzuwandeln; dieser Partner erkennt – meist instinktiv oder mit Hilfe seines gesunden Menschenverstandes – die Defizite des anderen und gleicht sie aus. Der Krebsgefährdete erfährt plötzlich Fürsorge; sein Partner nimmt sich tatsächlich Zeit, darauf zu achten, daß er das für ihn Richtige zu tun beginnt. Das ist nicht unbedingt ein bewußtes Bemühen. Er übernimmt einfach in gewissen wichtigen Bereichen die Führung. Oft handelt es sich dabei um ganz einfache Dinge, zum Beispiel sicherzustellen, daß man gesünder ißt, öfter badet, die Zähne putzt, gelegentlich ausruht, sich im Krankheitsfall schont oder auf irgendeine andere Art ein Gefühl der Sicherheit erhält. Solche einfachen Veränderungen von Gewohnheiten können ausreichen, um die Krebsgefährdung in Grenzen zu halten. Der

Partner achtet vielleicht auch noch auf Trink- und Rauchgewohnheiten, auf das Gewicht, er sorgt für genügend Bewegung und so fort, und all das führt dazu, daß die im Elternhaus erlernten Gewohnheiten überdeckt werden.

Stehen Sie einem solchen Einfluß positiv gegenüber, dann verändern sich die körperlichen Abläufe tatsächlich so, daß keine Krebserkrankung auftritt. Kämpfen Sie aber – wie das bei manchen Menschen der Fall ist – gegen einen solchen Einfluß an, indem Sie beispielsweise weiterrauchen, nachdem Sie gebeten worden sind aufzuhören, dann laufen Sie Gefahr, an Krebs zu erkranken; verfestigt sich dieses Verhalten auch noch zur Routine, werden Sie in echte Schwierigkeiten geraten. Wir werden uns mit solchen Reaktionen im folgenden Kapitel näher beschäftigen.

Beziehungen wie diese können dazu beitragen, daß Sie jahrelang überleben; aber sie haben einen wesentlichen Schwachpunkt. Bei Verlust oder drohendem Scheitern einer solchen Beziehung fällt das schützende Regulativ fort. Haben Sie bis zu diesem Zeitpunkt nicht gelernt, sich für Ihr Wohlbefinden selber verantwortlich zu fühlen, haben Sie diese Beziehung nicht wirklich genutzt, um sich zu einer selbständigen Persönlichkeit (und damit zu einem körperlich-seelischen Ganzen) weiterzuentwickeln, dann bleiben Sie durch die Abhängigkeit vom Partner allen Veränderungen gegenüber verletzlich. Angenommen, der Partner oder die Partnerin gehen eine neue Bindung ein, werden krank, brauchen Betreuung oder sterben und Sie können die bisherige Einstellung aus eigener Kraft nicht aufrechterhalten, dann besteht die Gefahr, daß eine Krebserkrankung ausbricht. Ich bin sicher, daß diese im Rahmen einer unterstützenden Beziehung ablaufenden Regulationsmechanismen ein Grund dafür sind, daß manchmal bei Menschen, die aus ganz anderen Gründen sterben, bis dahin unentdeckte Krebsgeschwülste festgestellt werden: Die Krebserkrankung bestand, war aber zum Stillstand gekommen. Solche Mechanismen tragen auch zur Erklärung der

Tatsache bei, daß latente Krebsformen plötzlich ausbrechen, wenn äußere Umstände sich verändern; ebenso wie sie teilweise auch Schwankungen erklären, denen viele Kranke ausgesetzt sind, wenn eine einmal festgestellte Krebserkrankung nach Jahren scheinbarer Gesundung plötzlich wieder aufflammt.

3. Die radikal verändernde Beziehung
Diese Art der Beziehung wirkt lebensverändernd, in ihr wird die gesamte Struktur des Denkens, Fühlens und der körperlich-seelischen Verhaltensmuster umgewandelt. Sie muß nicht unbedingt unterstützend sein in dem unter 2. beschriebenen Sinn, obwohl das den Übergang in den ersten Phasen natürlich erleichtert, sie muß aber auf jeden Fall bedingungslos sein. In einer solchen Beziehung räumt der Partner mit Gleichgültigkeit und der Neigung, allen Schwierigkeiten aus dem Weg zu gehen, gründlich auf, so daß man das *tatsächliche* Ausmaß von Hilflosigkeit und Körperstress erkennen und sich mit ihm auseinandersetzen kann. Das bedeutet in der Regel, daß der krebsgefährdete Mensch völlig aus dem Gleichgewicht gerät; er muß in seiner Entwicklung zurückgehen und eine neue, konstruktive Art und Weise lernen, diesen Zustand zu bewältigen. Es ist so, als ob er gezwungen wird, noch einmal erwachsen zu werden, es dieses Mal aber richtig zu machen. Viel Geduld, Liebe und Fingerspitzengefühl sind dabei nötig, aber sie gewährleisten, daß die Körperfunktionen des krebsgefährdeten Menschen sich zum Gesunden hin verändern, mehr noch, daß die Veränderung so grundlegend ist, daß sogar der Verlust einer solchen Beziehung nicht automatisch zum Verlust der veränderten Verhaltensweisen führt. (Wir werden uns später noch damit beschäftigen.)

Hat ein Mensch das Glück, diese Art von Beziehung zu erfahren, dann ist fast sicher, daß sein Krebsrisiko sich radikal verändern wird. Es ist eine Methode, von der ich übrigens hoffe, daß sie sich in Zukunft als brauchbar erweist, wenn

Psychologen, Psychiater und andere Wissenschaftler noch mehr über Beziehungen und ihren Wert herausgefunden haben. Therapeutische Maßnahmen würden natürlich eine längere Zeit als eine solche radikal verändernde Beziehung benötigen, um günstige Auswirkungen zu erzielen. Andererseits kann die Zusammenarbeit mit einem erfahrenen Therapeuten Ihnen sicherlich helfen, eine bestehende Beziehung in kürzerer Zeit zu verbessern, als Sie das ganz alleine fertigbrächten.

Schlußbemerkung

Die vorhergehenden Ausführungen ergänzen das übergeordnete System. Wir haben die grundlegenden Faktoren identifiziert, die zur Entwicklung einer Krebserkrankung notwendig sind, die drei Stufen von Verhaltensweisen, die diejenigen Gewohnheiten hervorbringen, die die Basis für eine Krebserkrankung bilden. Wir haben das psychologische und zwischenmenschliche Umfeld beleuchtet, in dem solche Gewohnheiten sich am besten entwickeln. Und schließlich haben wir eine psychologische Skizze des risikoreichsten Falles, der schlechtestmöglichen Situation entworfen. All diese psychologischen und verhaltensmäßigen Gewohnheiten müssen vorhanden sein, um den Körperzustand herbeizuführen, der für das Überleben von Krebszellen am vorteilhaftesten ist. Es handelt sich nicht um ein rein psychologisches Modell, sondern um ein psycho-biologisches. Sie sollten ganz unkompliziert damit umgehen und alltägliche Gewohnheiten möglichst einfach beim Namen nennen. Sobald Sie in der Lage sind, Ihr eigenes Verhaltensmuster zu erkennen, sollten Sie es in Beziehung setzen zum täglichen Leben und es dann verbessern. Es ist nicht notwendig, daß Sie an Krebs erkranken, vielmehr muß eine ganze Reihe von Bedingungen erfüllt sein, bevor irgend etwas passiert. Leuchten Sie Ihre Verhaltensmuster aus, ändern Sie, was notwendig ist und wenden Sie die Gefahr ab. Auch die kleinsten Veränderungen in Ihren Lebensgewohnheiten und Denkweisen können hilfreich sein.

In Kapitel 4 werden wir sehen, wie das Modell auf einige der häufiger vorkommenden Krebsarten angewendet werden kann, und in den Kapiteln 5 und 6 werde ich weitere Ratschläge geben, wie Sie sowohl Krebs vorbeugen als auch im Falle der Erkrankung Ihr Leben ändern können. Wie gesagt, eine Krebserkrankung ist ein psycho-biologischer Vorgang mit horrenden organischen Konsequenzen, der erste Schritt aber, um sich selber zu helfen und Krebs zu vermeiden, ist ein mentaler, und die letzte Kontrollinstanz des Körpers ist das ZNS. Nutzen Sie die Psychologie, nutzen Sie Ihre geistig-seelischen Kräfte, um Veränderungen in Gang zu setzen. Es liegt in Ihrer Hand, diesen Schritt zu tun.

KAPITEL 4

Die Psychologie der wichtigsten Krebsarten

Bis jetzt ging es darum, wie das Krebsmodell ganz allgemein angewendet werden kann. Im folgenden sollen die häufiger vorkommenden Krebsarten untersucht und unser Modell auf sie übertragen werden. Das wird uns helfen, genauer herauszufinden, wie der Prozeß einer Krebserkrankung abläuft, und uns damit in die Lage versetzen, nach vorbeugenden Maßnahmen zu suchen. In diesem Kapitel werden Lungenkrebs, Brustkrebs, Krebserkrankungen des Verdauungssystems (Darm, Magen), Krebserkrankungen des Fortpflanzungssystems (Zervix und Penis) und Hautkrebs untersucht.

Ehe wir uns mit jeder einzelnen Krebsart genauer beschäftigen, sollen zwei Auffassungen über die Arbeitsweise des Körpers vorgestellt werden, die für unsere Überlegungen wichtig sind. Wir müssen wissen, was wir uns unter gesunden Körperfunktionen im allgemeinen vorzustellen haben und was gesunde Aktivität in einzelnen Bereichen oder Organen des Körpers bedeutet.

Gesunde Körperfunktionen

Die meisten von uns haben gelernt, daß ein Körper dann gesund ist, wenn jeder Teil die ihm zugeschriebene Aufgabe erfüllt. Normalerweise stellen wir uns das in einer ganz elementaren Weise vor: Das Herz schlägt und pumpt Blut in die Arterien. Das Verdauungssystem verdaut, resorbiert Nahrung und schleust Eiweiß, Fette usw. in den Körper, während es unverdauliche Stoffe ausscheidet. Die Lunge nimmt Sauerstoff auf, gibt Kohlendioxyd ab und beatmet so den Körper.

Solange sie alle ihre Aufgabe *erfüllen*, ist – gemäß dieser Vorstellung – der Körper gesund.

In einem ganz praktischen Sinn ist das zwar richtig, aber es definiert nicht genau genug, was ein *gesunder* Körper ist; es definiert lediglich, was ein *funktionierender* Körper ist. Stellen Sie sich den ungepflegten Motor eines alten Autos vor. Er läuft zwar noch und bewegt das Auto, aber wir würden ihn wohl kaum gesund nennen, höchstens funktionierend. Stellen Sie sich dagegen ein altes Auto mit einem sorgfältig gepflegten Motor vor, der regelmäßig gewartet wurde usw. – einen solchen Motor würden wir gesund nennen. Beim ersten Motor besteht jederzeit die Gefahr, daß er zusammenbricht; beim zweiten könnten wir uns darauf verlassen, daß er noch jahrelang weiterläuft. Vor allem diese Vorstellung von gesunder Arbeitsweise interessiert uns nachfolgend.

Da der Körper erstaunlich belastbar ist, können wir auch noch überleben, wenn wir übergewichtig sind, zuviel rauchen und trinken und uns zuwenig bewegen. Das verleitet uns zu dem Schluß, ein solcher Zustand sei ganz normal. Das Problem besteht aber darin, daß bloßes Überleben kein Indiz für eine gesunde Arbeitsweise des Körpers ist. Vier Elemente müssen gegeben sein, ehe wir sagen können, daß ein Körper gesund ist. Erstens müssen die *Funktionen* jedes Körperteils so ablaufen, wie wir es oben beschrieben haben, d. h., jedes Organ und Körpersystem muß seine Aufgaben erfüllen. Zweitens muß jeder Körperteil voll *genutzt* werden, d. h., er muß sich bewegen oder arbeiten, und zwar möglichst regelmäßig. Drittens muß das Organ oder Körpersystem im Anschluß an jede Aktivität *ruhiggestellt* werden und sich *erholen* können. Viertens muß das Organ oder Körpersystem seine Aufgabe im Rahmen *lebensnotwendiger Aktivitäten* erfüllen, d. h., es sollte sich in das Zusammenspiel aller Organe gut einfügen und ganz selbstverständlich seinen Platz in der Einheit von Körper und Seele einnehmen, die das Individuum ausmacht.

Dieses Modell einer gesund funktionierenden Einheit ist ein Ideal, das nicht jeder in der Lage ist zu erreichen, aber es läßt sich auf diese Art sehr gut über den Körper und seine Aufgaben nachdenken.

Was für den ganzen Körper gilt, gilt natürlich auch für seine einzelnen Organe. Wir können uns beispielsweise ein wirklich gesundes Herz als ein Organ vorstellen, das Blut durch den Körper pumpt, regelmäßig bis an seine Leistungsgrenze trainiert wird, Zeit bekommt, um sich auszuruhen und wieder Kraft zu schöpfen, und als Mitglied eines gut eingespielten Teams reibungslos mit anderen Organen zusammenarbeitet.

Stellen Sie sich vor, was geschehen würde, wenn ein einzelnes Organ, sonst in jeder Beziehung gesund, nicht in der Lage wäre, seinen Anteil an der Arbeit der Gruppe zu leisten. Was z. B. passieren würde, wenn Sie in einer Notsituation plötzlich schnell laufen müssen: Das Herz pumpt kräftig, und das zentrale Nervensystem und das endokrine System senden ihre Alarmsignale aus. Was aber geschieht, wenn die Lunge, der Magen oder der Darm in diesem entscheidenden Augenblick nicht ordnungsgemäß arbeiten? Bei einem Schnupfen oder bei einer Infektion der Bronchien können die Lungen den Anforderungen, die das Laufen stellt, nicht gerecht werden, und Sie sind gezwungen stehenzubleiben. Angenommen, Sie haben gerade zuviel gegessen, der Magen kann damit nicht fertig werden, und Sie bekommen Krämpfe oder müssen sich übergeben. Auch in diesem Fall sind Sie gezwungen anzuhalten. Man könnte dagegenhalten, daß solche Ereignisse sehr selten sind, lediglich als Beispiele für eine Verkettung unglücklicher Umstände dienen, aber viele Menschen sind regelmäßig nicht in der Lage, ihre Körpersysteme im Team arbeiten zu lassen, sei es, weil sie ständig rauchen, zuviel essen oder in anderer Weise exzessiv leben. Daher ist es so wichtig, gesundes körperliches Funktionieren in der komplexeren Art zu definieren, die hier vorgestellt wurde. Aber nun wollen wir uns den wichtigsten Krebsarten zuwenden. Behalten Sie jedoch die eben entwickelte Definition eines wirklich gesunden Körpers während der folgenden Ausführungen im Gedächtnis.

Die wichtigsten Krebsarten

Lungenkrebs

Genaugenommen ist Lungenkrebs eine von vielen Krebsarten, die man im Atmungssystem des Körpers findet. Überall auf dem Weg von Nase und Mund bis hin zu den Lungenflügeln besteht die Möglichkeit, daß sich Krebs entwickelt. So kann man Krebs des Mundes, der Nebenhöhlen, des Rachens, des Kehlkopfes, der Luftröhre usw. bekommen. Lungenkrebs aber kommt am häufigsten vor, und die Stelle, an der sich diese Krebsform normalerweise entwickelt, sind die Bronchien, jener Bereich der Lunge, in dem Sauerstoff aus der eingeatmeten Luft durch dünne Membranen in das Blut übergeht. Die klassischen Symptome einer Lungenkrebserkrankung – das plötzliche Auftreten von Husten oder Veränderungen ihm Rahmen eines schon bestehenden Hustens mit blutigem Auswurf, Atemnot und unterschiedlichen Schmerzen – werden alle durch den Tumor verursacht, der die Arbeit der Bronchien behindert und langsam die Lunge zerstört.

Unser Körper überlebt, weil wir atmen – eine automatische Aktivität, die niemals aufhört, solange wir leben. Das zentrale Nervensystem reguliert unsere Atmung durch Hunderte von elektrischen Kontakten, die Muskeln und andere Komponenten, die die Lunge für ihre Arbeit braucht, aufeinander abstimmen und steuern. Dennoch hat der Mensch im Rahmen dieses automatischen Systems noch erhebliche Möglichkeiten, Steuerung oder Abstimmung der Atemvorgänge zu behindern oder sich über sie hinwegzusetzen. Wir können z. B. unseren Atem kurzzeitig anhalten. Wir können wählen, ob wir flach atmen oder tief durchatmen wollen. Wir können auch beeinflussen, was tatsächlich in unsere Lunge gelangt; wir können eine Fülle von Substanzen einatmen, von klarer Luft bis zu Rauch und Qualm.

Vor allem können wir durch stufenweise Gewöhnung die Lunge dazu bringen, daß sie eine Funktionsweise akzeptiert, bei der sie *automatisch* weit unter ihren Möglichkeiten arbeitet und damit auch unterhalb einer Grenze, die noch gesund ist. Ein überzeugendes Beispiel dafür ist das Rauchen. Auf Dauer können wir unsere Lunge daran gewöhnen, trotz einer hohen Konzentration von Tabakrauch in der eingeatmeten Luft immer noch zu funktionieren.

Aber es gibt noch andere Möglichkeiten, die Lunge an bestimmte reduzierte Funktionsweisen zu gewöhnen. Wir können beispielsweise körperliche Bewegung vermeiden – nicht unbedingt in dem Sinn, daß wir keinen Sport treiben, sondern dadurch, daß wir ganz normal belastende Tätigkeiten wie Treppensteigen zu umgehen suchen. Das Ergebnis ist, daß die Lungenflügel sich niemals richtig mit Luft vollpumpen. Wir können unsere Lungenfunktion aber auch dadurch einschränken, daß wir die Brustmuskeln verkrampfen. Chronisch nervöse oder verspannte Menschen haben in der Regel sehr schlechte Atemgewohnheiten, die keine Entspannung der Muskeln zulassen und die Lunge zwingen, unter doppelter Belastung zu atmen, unter Anspannung (Furcht) und mit einem herabgesetzten Wirkungsgrad. Schließlich können wir unsere Lungen auch dadurch verkrampfen, daß wir es vermeiden, zu schreien oder zu weinen, wenn wir zornig oder traurig sind.

Wir können die gesunde Arbeitsweise der Lunge grundsätzlich also auf zweierlei Weise beeinträchtigen:

a) durch das, was wir einatmen,
b) durch die Art, in der wir die Lungentätigkeit einschränken.

Wenn wir zu unserem krebsverursachenden System zurückkehren, wird deutlich, daß beide Arten der Beeinträchtigung gut in das Modell hineinpassen.

Stufe 1: Gefährdung durch Karzinogene
Damit die Krebskette ausgelöst wird, ist es nötig, sich krebserregenden Substanzen auszusetzen, und für die Lunge ist Tabakrauch das am häufigsten vorkommende Karzinogen. Um sich einem Risiko auszusetzen, das der *Stufe 1* entspricht, müssen Sie sich auf eine ganz besondere Art des Rauchens einlassen, und zwar indem Sie es gewohnheitsmäßig als Mittel benutzen, bestimmte Situationen zu bewältigen, bis es schließlich zum Selbstzweck wird.

Was wir einatmen Viele Menschen, vor allem Partner von Rauchern, sind gezwungen, passiv zu rauchen. Sie leben mit Rauchern zusammen und nehmen Rauch genauso auf wie diese. Aber es muß nicht unbedingt Tabakrauch sein; auch der Zwang, ständig eine gewisse Konzentration von irgendwelchen Dünsten, irgend etwas Ungesundes einzuatmen, führt zu einem erhöhten Risiko. Man gewöhnt sich an einen solchen Zustand des Ausgesetztseins oder hat das Gefühl, gar keine andere Wahl zu haben. So beginnt ein Prozeß, in dessen Verlauf die Lunge sich daran gewöhnt, auf niedrigerem Niveau zu arbeiten.

Ganz gleich, ob Sie Raucher sind oder nicht, stark rauchen oder nur gelegentlich, sobald Sie zulassen, daß die Lunge sich daran gewöhnt, mit einem reduzierten täglichen Quantum an frischer Luft auszukommen, befinden Sie sich bereits auf *Stufe 1*. Das gilt für jede Art von Luftverschmutzung und nicht unbedingt nur für Tabakrauch. Tabakrauch ist einfach deswegen so in den Vordergrund gerückt, weil wir ihm am häufigsten ausgesetzt sind. Auch wenn Sie durch Beruf oder

Hobby engen Kontakt mit irgendwelchen reizauslösenden Substanzen haben, sollten Sie vorsichtig sein.

Ein zweiter Punkt kommt noch hinzu. Unter der Bedingung, daß Zeiten der Belastung regelmäßig durch Zeiten ausgeglichen werden, in denen die Lunge sich reinigen kann, können wir alle eine gewisse Menge von krebserregenden Substanzen in unserer Lunge tolerieren und es sogar verkraften, regelmäßig schlechter Luft ausgesetzt zu sein. Ein hohes Risiko gehen Sie jedoch ein, wenn es kaum Perioden der Reinigung gibt, ein Zustand, der erstaunlich verbreitet ist; allzuoft verschiebt man es immer wieder, in sauberer Luft die Lungen kräftig voll Sauerstoff zu pumpen.

Wie wir atmen Durch die breite Publizität, die das Rauchen als Ursache von Lungenkrebs gefunden hat, ist oft die Tatsache vergessen worden, daß bei der Frage nach einer Gefährdung durch Karzinogene wie Tabakrauch auch die Art der Atmung eine Rolle spielt. Setzt man eine gesunde, voll funktionsfähige und kräftige Lunge täglich einer bestimmten Menge von Tabakrauch aus, so stehen die Chancen gut, daß sie damit fertig wird. Eingeschränkte Leistungsfähigkeit und Belastbarkeit der Lunge (ohne eine Verringerung der Rauchaufnahme) vergrößern jedoch das Risiko, daß die Karzinogene die natürliche Aktivität der Lunge stark beeinträchtigen. Bei einer weniger leistungsfähigen Lunge ist es daher dringend geboten, sie möglichst nur einer geringeren Menge krebserregender Substanzen auszusetzen. Es ist, wie gesagt, ganz leicht, diesen Zustand der eingeschränkten Lungenfunktion zu erreichen. Sie müssen nur jeder körperlichen Bewegung aus dem Wege gehen, Ihrer Lunge keine Möglichkeit geben, sich zu weiten, und sie nicht benutzen, wenn Sie schreien oder weinen möchten. Sogar bei Athleten verringert sich sehr schnell die Leistungsfähigkeit der Lunge, sobald sie das Training einstellen.

Bilden Sie sich nicht ein, daß Sie als Nichtraucher frei von jedem Risiko sind. Auch individuelle Gewohnheiten, persönliche Beziehungen (z. B. das Zusammenleben mit einem Raucher) können anfällig machen. Die Risiken werden durch eine Kombination dessen verursacht, was man sich selbst einzuatmen erlaubt und wie man tatsächlich seine Lungen nutzt und trainiert.

Stufe 2: Die normalen Reaktionen des Körpers übergehen
Normalerweise reagiert der Körper prompt auf eine Schwächung oder Leistungsminderung der Lunge. Niemand keucht gerne bei der kleinsten Anstrengung oder atmet gerne dauernd schlechte Luft ein. Der Körper muß erst lernen, dieses Niveau zu tolerieren. Wie im letzten Kapitel ausgeführt, kann sich die Lunge daran gewöhnen, geringfügige Beschwerden zu akzeptieren, indem sie mit Hilfe höherer Systeme wie des ZNS die niederen Signale von Unbehagen verdrängt. Angstgefühle bei einem gesellschaftlichen Anlaß, wie überhaupt Angst und Unsicherheit in irgendeiner Situation, schaffen eine intensive und konzentrierte Aufmerksamkeit, wodurch leicht schwächere Signale überdeckt werden. Die ständige Wiederholung solcher Erfahrungen verfestigt dieses Überdecken zu einem Muster, das mit der Zeit auf eine Art «blinden Fleck» im Körper hinausläuft: Das Bewußtsein lernt es letzten Endes, eingehende Signale aus der Luft – der Lunge – völlig zu ignorieren. Dieses Muster geht dann in bestimmte Verhaltensweisen zur Angstbewältigung ein, die zur Routine werden und damit das Risiko begründen.

Soviel zur Theorie. Wie sieht das alles aber nun in der Praxis aus? Wenn Sie heranwachsen und beginnen, sich mit dem Erwachsensein und all seinen Ängsten auseinanderzusetzen, dann ist es ja zunächst einmal viel naheliegender, sich mit den quälenden inneren Empfindungen von Unzulänglichkeit und mangelndem Vertrauen zu beschäftigen, als sich auch noch um seine Lunge zu kümmern. Die meisten von uns müssen durch dieses Stadium hindurch, und im Leben jedes Menschen gibt es eine Zeit, in der es für ihn die wichtigste Sache der Welt ist, akzeptiert zu werden und zu einer Gruppe zu gehören. Die Vorstellung, daß Erwachsenwerden ein vergnüglicher, angstfreier Vorgang ist, gehört in die Welt der Märchen. Wirkliches Leben ist aufregend, und wirkliche Menschen nutzen alle verfügbaren gesellschaftlich zugelassenen Hilfsmittel. Ein solches Mittel ist auch das Rauchen, das aber unglücklicherweise die Lunge unter erheblichen Stress setzt, eine Binsenweisheit, wie wir alle ehrlicherweise zugeben müssen. Tatsache ist, daß junge Erwachsene empfindliche Lungen haben; wodurch aber verschärft die oder der einzelne die Situation nun noch?

Ganz einfach. Er braucht nur aus dem Wunsch heraus zu rauchen, aufkommende Angstgefühle immer wieder zu vermindern, bis er schließlich das Rauchen gedankenlos einsetzt, es benutzt, um seine Angst zu überdecken, bei jedem noch so leisen Angstgefühl automatisch zur Zigarette greift. Schon bald wird das Rauchen für ihn eine solche Selbstverständlichkeit sein, daß er sich kaum mehr erinnern wird, irgendwann einmal Anzeichen von Unbehagen oder Unwohlsein verspürt zu haben.

Darüber hinaus entwickelt sich das Rauchen zu einer Form persönlicher Imagepflege, einer Darstellung dessen, wer und was man ist. In diesem Zusammenhang fallen mir verschiedene Bekannte ein, die unter Bedingungen rauchen, die ich nur als Generalangriff auf ihren Körper betrachten kann. Einer dieser Burschen besteht darauf, zu rauchen, wenn er an seinem Auto arbeitet. Da steht er dann, schwitzend und keuchend unter dem Gewicht von Ersatzteilen, die Lunge nicht nur durch normale intensive körperliche Arbeit stark beansprucht, sondern noch zusätzlich belastet durch die Zigarette, die er gleichzeitig glaubt rauchen zu müssen. Das alles gehört für ihn zu seinem Image, und er würde nicht im Traum daran denken, ohne Zigarette im Mund zu arbeiten. Ich kenne andere Raucher, die mehr rauchen als dieser Mann, die sich aber dabei ganz anders verhalten. Sie sind das, was ich sensible Raucher zu nennen pflege. Sicher, sie rauchen, sie inhalieren sogar. Aber wenn sie vor einem Tennisspiel stehen, wenn sie für irgend etwas fit sein müssen oder wenn sie Schnupfen oder Halsschmerzen haben, dann stellen sie als erstes das Rauchen ein. Sie geben ihrem Körper die Chance, besser mit der Situation fertig zu werden. Ihr starkes Rauchen wird zeitweise durch Perioden unterbrochen, in denen sie gesund atmen. Und in diesen Zwischenzeiten lernen sie immer wieder neu, auf ihre Körpersignale und vor allem auf die Vorgänge in ihrer Lunge zu achten. Sicher, sie sind immer noch einem gewissen Risiko ausgesetzt, aber es ist geringer als bei meinem Mechanikerfreund, der zwar nicht so stark raucht, es aber genau in dem Augenblick tut, in dem jede Faser seines Körpers ihm signalisiert, es zu unterlassen.

Wenn ein solches Muster sich auf Dauer durchsetzt, kann man davon ausgehen, daß in der Tiefe der Persönlichkeit liegende Einflüsse mit dafür veranwortlich sind, daß sich eine solche fast selbstzerstörerische Gewohnheit so hartnäckig hält.

Es soll hier aber nicht der Eindruck entstehen, daß es sich dabei um eine einfache, bewußte Entscheidung handelt, die nur eine bestimmte Art von Menschen betrifft. Es ist gar nicht schwierig, in unserer Kultur groß zu werden und aus – psychologisch gesehen – ganz gesunden Gründen zu rauchen, auch wenn das möglicherweise zur körperlichen Selbstzerstörung führt. Ich denke dabei an das Rauchen als ein Zeichen der Rebellion oder als Ausdruck von Individualität, besonders aber an die Rolle, die es für Frauen spielt, wenn sie sich aus den Fesseln traditioneller Gesellschaften befreien wollen. Eine Raucherin, die ich in Athen kennenlernte, drückte das so aus: «In Griechenland haben Frauen wenig Möglichkeiten, ihrer Unabhängigkeit Ausdruck zu verleihen. Ich habe fünf Jahre gebraucht, bis ich öffentlich geraucht habe, und noch einige mehr, bis meine Familie das tolerierte. Mein Rauchen ist meine

Unabhängigkeit. Wenn man von mir verlangt, es aufzugeben, dann ist man sich nicht im klaren darüber, wieviel von mir selber ich zerstören müßte. Ich brauche es täglich, nicht weil ich es besonders mag, sondern weil ich jedesmal, wenn ich rauche, die schablonenhafte Denkweise aufbreche, mit der meine Gesellschaft festlegt, wie ich mich als Frau verhalten sollte.»

Da ich selber in einigen traditionell geprägten Gesellschaften gelebt habe, kann ich nur bestätigen, daß diese Aussage den Druck, der auf vielen Menschen lastet, nicht übertreibt. Unter solchen Umständen wäre es psychologisch gesehen ungesund, «klein beizugeben». Ich bin sicher, daß gewisse Elemente solcher Empfindungen auch in die Rauchgewohnheiten vieler Frauen in höher industrialisierten Gesellschaften einfließen. Für sie sind die Risiken, über die hier diskutiert wurde, sekundär gegenüber der Behauptung ihrer Unabhängigkeit. Das ist verständlich und verdient mitfühlende Anteilnahme, aber dieses Verhalten ist deutlich ein weiterer Beweis dafür, wie leicht man in die Lage kommt, sich den Gefahren auszusetzen, die das ständige Übergehen von Körpersignalen mit sich bringt.

Der springende Punkt aber ist, daß die Einwirkungen von Zigarettenrauch, wie oben bei *Stufe 1* ausgeführt, und Gewohnheiten, wie sie in diesem Abschnitt beschrieben wurden, beide die Gefährdung durch möglicherweise krebserregende Stoffe intensivieren und gewährleisten, daß die örtlichen Notsignale in der Lunge, im Hals und im Mund unbeachtet bleiben. Mit der Zeit entwickeln sich deshalb dort lokale Zellschädigungen. Der betroffene Bereich müßte eigentlich mit einem solchen Schaden ohne Hilfe der zentralen Körpersysteme fertig werden können. Da diese Stelle, die ja immer wieder demselben Wirkstoff ausgesetzt ist, aber gleichzeitig weiter geschädigt wird, ist dieser Kampf von vornherein aussichtslos.

Stufe 3: Die Schwächung des Immunsystems
Damit tatsächlich eine *Krebsgeschwulst* entsteht, muß das Immunsystem bei seiner Aufgabe versagen, das neu gebildete Gewebe zu zerstören, das sich durch die Einwirkung krebserregender Stoffe und durch die Empfindlichkeit des Betroffenen (*Stufe 1 und 2*) entwickelt hat. Vieles von dem, was im letzten Kapitel über die Art und Weise gesagt wurde, in der Menschen ihr Immunsystem schwächen, gehört hierher, aber man kann noch mehr ins Detail gehen und die besonderen Gewohnheiten beschreiben, die zu einer verringerten Abwehrkraft der Lungen führen.

Um in voller Gesundheit arbeiten zu können, muß die Lunge beansprucht, in guter, klarer, frischer Luft gedehnt und geweitet werden und in einer sauberen und bequemen Umgebung ausruhen können. Vor allem aber sollte sie im Rahmen des normalen täglichen Lebens benutzt werden. Es ist z. B. wichtig, daß Sie in Wut geraten, Ihre Stimme erheben oder zumindet irgend etwas *sagen*, wenn Sie ärgerlich sind. Alle anderen Körpersysteme sind darauf eingestellt, und wenn Sie es unterlassen, Ihren Gefühlen freien Lauf zu lassen, schalten Sie ein wichtiges körperliches Ventil aus. Sie blockieren die Zusammenarbeit gerade in dem Augenblick, in dem sie am wichtigsten wäre. Krebsgefährdete Menschen mit den Risiken der *Stufe 1 und 2* können der Bildung einer Krebsgeschwulst vorbeugen, wenn sie in der Lage sind, regelmäßig und auf Dauer ihre Lunge zu gebrauchen, sei es, daß sie schreien, laufen, lieben, arbeiten oder sich entspannen. Solche Aktivitäten helfen sicherzustellen, daß das Immunsystem richtig arbeitet.

Nur wenige Menschen machen sich klar, welche bedeutende Rolle die Lunge für ein gesundes Überleben des Körpers spielt. Das ist nicht nur eine Frage der Atmung. Sprechen, essen, sich bewegen, alles betrifft auch die Lunge. Wenn Sie sich unglücklich fühlen, schränken Sie solche Aktivitäten ein; Sie essen weniger, kommen weniger mit anderen Menschen zusammen, bewegen sich weniger usw. Und all das wirkt sich auch auf den Zustand der Lunge aus, weswegen Schnupfen und andere Erkrankungen der Atemwege so häufig in einem psychologischen Tief ausbrechen. Sie vernachlässigen in einer solchen Situation Ihre Lunge, und weil Sie so unglücklich sind, versäumen Sie es, einfache Vorsorgemaßnahmen zu ergreifen, wie zum Beispiel Zugluft zu vermeiden oder sich vor Nässe zu schützen.

Ich erinnere mich an den Fall einer Nichtraucherin, die gewöhnlich in einer völlig verrauchten Küche arbeitete, dort tagaus, tagein die Wäsche bügelte, hustete, schwitzte und ihre Lunge dadurch sehr strapazierte. Sie erkrankte an Lungenkrebs. Ihr Ehemann, der rauchend in der Küche saß, war zwar ein sehr starker Raucher, sorgte aber dafür, daß er genug frische Luft bekam und nicht rauchte, wenn er eine physisch belastende Arbeit verrichtete. Dieses Verhalten war eine wesentliche Voraussetzung dafür, daß er am Leben blieb.

Führte der Umstand, daß seine Frau dem Tabakrauch ausgesetzt war, zu ihrer Erkrankung? Letzten Endes war es wahrscheinlich so, aber ausschlaggebend waren wohl mehr grundsätzliche Faktoren, beginnend mit persönlichen Schwierigkeiten zwischen den Eheleuten, die es der Frau verwehrten, irgend etwas gegen das Rauchen ihres Mannes (und seine Rücksichtslosigkeit) zu sagen. Ihre Unfähigkeit zu handeln und die Bereitwilligkeit, auftretende körperliche Warnzeichen dem Wunsch nach Familienfrieden unterzuordnen, waren die Ursachen der Krankheit. Sie überging die Signale ihres Körpers.

Im Fall eines afrikanischen Bergmanns, der einen Lungenflügel durch Krebs verloren hatte, war bekannt, daß er vor seiner Erkrankung während der Arbeit oft sehr unvernünftig gehandelt hatte. Da er aus verschiedenen Gründen zornig und frustriert über sein Leben war, ignorierte er grundsätzlich alle Sicherheitsbestimmungen und hielt auch die notwendigen Ruhepausen nicht ein; er wollte sich praktisch selber dadurch bestrafen, daß er bis zur Erschöpfung in stickiger Hitze und staubiger Luft arbeitete. Von seinen Kollegen bekamen nur erstaunlich wenige Lungenkrebs, einfach deshalb, weil sie sich niemals in dem Maße freiwillig Risiken aussetzten, wie er das tat. Und, was doch überraschte, viele von ihnen rauchten, während er Nichtraucher war.

In beiden Fällen ist es bezeichnend für die Persönlichkeiten der Opfer, daß sich in ihnen eine Art von zorniger Hiflosigkeit festgesetzt hatte. Die Frau in der Küche befand sich wegen ihrer Lungenprobleme ständig in ärztlicher Behandlung und war dort ausdrücklich auf die Gefahren hingewiesen worden, denen sie sich durch diesen Raubbau an ihrem Körper aussetzte. Aber sie hatte offensichtlich entschieden, ihre grundsätzliche Lebenseinstellung weiterhin beizubehalten – und die war in höchstem Maße fatalistisch. Der Bergmann schien fest entschlossen zu sein, sich das Leben so schwer wie möglich zu machen, indem er seinen Körper in jeder nur möglichen Situation gefährdete: Er war ein unvorsichtiger Autofahrer, trank zuviel und erlag schließlich im Alter von 37 Jahren einer Überdosis von Drogen und selbstgebrautem Bier. Bezeichnenderweise starb er alleine. Während der ganzen Zeit, in der er sein Leben so zerstörerisch lebte, teilte er seine Gefühle mit keinem anderen Menschen, trieb keinen Sport und verschaffte sich auch sonst keine körperliche Bewegung.

Diese beiden Beispiele für die Risiken der *Stufe 3* zeigen, wie Nichtraucher mit einem schlechten Immunsystem ihr Krebsrisiko selber verursachen, indem sie sich krebserregenden Substanzen *aussetzen* und ihre körperlichen Alarmzeichen *übergehen*. Vermeidet man eines von beidem, so bleibt nur ein Immunrisiko, das nicht so schwerwiegend zu sein braucht.

Psychologische Faktoren bei Lungenkrebs

Das Problem ist, daß Menschen mit wirklich hohem Risiko dazu neigen, ein psychologisches Verhaltensmuster zu entwickeln, durch das all die oben aufgeführten Atemgewohnheiten ein fester Bestandteil ihres Lebens werden. Sie rauchen oder setzen sich anderen Karzinogenen aus, sie übergehen sämtliche körperlichen Stress-Signale ihrer Lungen, sie behalten ihre Gewohnheiten bei, auch wenn sie körperlich stark belastet sind, und sie lassen zu, daß infolgedessen ihr Körper allgemein geschwächt wird. Warum tun sie das? Ich will es an einer Fallstudie zeigen.

Burt, ein 48 Jahre alter Geschäftsmann, hatte Lungenkrebs. Aufgewachsen in einer gutsituierten Familie der Mittelklasse, hatte er ziemlich jung geheiratet, sich in seinem Beruf bewährt und wurde allgemein als erfolgreich angesehen, sowohl im privaten als auch im geschäftlichen Leben. In der Unterhaltung mit Burt und seiner Frau aber waren deutlich die psychologischen Muster erkennbar, die Burt dazu gebracht hatten, sich seit seinem zwanzigsten Lebensjahr schrittweise immer weiteren Krebsrisiken auszusetzen.

Als Junge galt Burt in der Familie als Bilderbuchkind – nachdenklich, fleißig und «völlig problemlos», wie er es ausdrückte. In Wirklichkeit aber war er schon in einem sehr frühen Alter von den Eltern angehalten worden, mit allen Situationen des Lebens «fertig zu werden»; für ihn gab es keine Tränen und Gefühle wie bei anderen Kindern – er war eher ein verschlossener, ruhiger Typ. Diese Wesensart hatte Pam, seine Frau, besonders angezogen. Damit hatte sie sich später auch die Tatsache erklären können, daß Burt ein ausgesprochen in sich gekehrter, ja sogar distanzierter Mensch war. «Nicht in einer auffälligen, unfreundlichen Weise», berichtete sie, «aber er zeigt nicht viel von sich. Er streitet nicht, regt sich nicht auf, bringt noch nicht einmal seine Meinung klar zum Ausdruck. Er ist völlig verschlossen. Und doch spüre ich, daß vieles in seinem Inneren vorgeht, daß da viel Druck ist.»

Das stimmte wirklich. Burt stand unter Druck, und sein einziges Ventil war das Rauchen. Er hatte mit dem Rauchen schon angefangen, bevor er zwanzig war, und hatte es seitdem praktisch immer als einziges Mittel benutzt, um seine Gefühle auszudrücken. Seine Rauchgewohnheiten erhellten in erstaunlicher Weise seine wahre Persönlichkeit. Zum Vorschein kam das komplette Gegenteil des Bildes, das man allgemein von ihm hatte.

Morgens stand Burt auf, reckte sich gähnend vor dem geöffneten Fenster und inhalierte zuerst einmal tief den Rauch einer Zigarette. Während des gesamten Tages, ganz gleich, was geschah, hatte Burt eine Zigarette im Mund: während des Frühstücks mit den Kindern, im Auto, bei Sitzungen, auf dem Golfplatz, überall. Noch bezeichnender aber war, wie Burt üblicherweise rauchte. Wenn er ruhig war, rauchte er auch langsam und ohne Hast. Wie ein Cowboy mit dem Gewehr herumspielt, so ging er spielerisch mit dem Rauch um, liebkoste die Zigarette, inhalierte und kostete alle Empfindungen intensiv aus, bis der letzte Tabakkrümel aufgeraucht war. Wenn er erregt war, wurde die Zigarette ein Symbol des Druckes, dem er sich ausgesetzt fühlte. Er benutzte sie, um sich selber zu beruhigen, blickte immer wieder lange auf die Zigarette, um seine Gedanken von dem abzulenken, was ihn bedrängte. Er benutzte sie, um seine Nervosität zu durchbrechen, rauchte in kurzen Zügen, drückte jede Zigarette halb zu Ende geraucht aus und zündetet sich eine neue an, alles, während er äußerlich ruhig und entspannt schien. «Sind Sie nervös?» wollte ich wissen. «O nein, ich bin nie nervös, ich denke nur, das ist alles.»

Sobald Burt zornig war, wurde die Zigarette zur Waffe. Fragte ich ihn irgend etwas, worüber er nicht reden wollte, dann blickte er mich verbindlich an, nahm einen tiefen Zug und hüllte mich in eine Rauchwolke. Wenn ich reagierte, entschuldigte er sich sofort und tat so, als ob er nur Spaß gemacht hätte, aber es war kein Spaß. Wenn Burt zornig auf sich selbst war, war es fast unerträglich, sein Atmen und Rauchen mitanzusehen; er inhalierte dann geradezu beängstigend tief, machte einen gequälten und verkrampften Eindruck, hustete und zog wieder an der Zigarette, bis ihm die Tränen kamen. Und er unterbrach das Rauchen nie, noch nicht einmal, als sich eine chronische Bronchitis zu entwikkeln begann.

Das Muster wird deutlich. Burt lebte durch sein Rauchen. Er sorgte dafür, daß seine Lunge massiv und dauernd krebserregenden Substanzen ausgesetzt war, er überging systematisch die Stress-Signale seines Körpers und er zwang seinen Körper, ständig unter Bedingungen zu leben, die ich schon fast als einen Kriegszustand bezeichnen möchte. Er war der einzige mir bekannte Mensch, der gleichzeitig Golf spielte und rauchte, und trotzdem gewann er fast immer. Solche Leistungen verlangte er seinem Körper ab. Auf diese Art wurde er schließlich zu einer lokalen «Größe», was automatisch zur Folge hatte, daß er geradezu verpflichtet war, mit einer Zigarette im Mund zu spielen, selbst wenn er es gar nicht gewollt hätte.

All das war schon zerstörerisch genug, aber zusätzlich zeigte Burt noch eine charakteristische «Hilflosigkeit», wenn es um zwischenmenschliche Beziehungen und um Stressbewältigung ging. Unfähig, auf seine eigenen körperlichen Bedürfnisse zu achten oder irgendwelche Gefühle auszudrükken, suchte er Zuflucht zu einer gewissen äußerlichen Anpassung. Er sagte und tat die richtigen Dinge, aber man spürte, daß er niemals tatsächlich innerlich beteiligt war oder irgend etwas spontan aus sich selbst heraus tat oder als Individuum reagierte. Er rauchte weiter und wartete darauf, daß irgendein anderer oder die Umstände das Problem schon lösen würden. «Bei allem, was seine Gefühle betrifft, wartet er einfach ab, bis die Sache erledigt ist», sagte seine Frau, als sie danach gefragt wurde, wie er Ärger in der Familie verkraftete. «In Wirklichkeit aber manipuliert er uns ganz schön auf seine passive, stumme Weise; er setzt uns unter Druck, so schnell wie möglich wieder zum Normalzustand zurückzukehren.»

Obwohl er einen ganz anderen Eindruck vermittelte, war Burt in Wirklichkeit in hohem Maße abhängig. Der größte Teil seines Erfolges und seiner Lebensbewältigung beruhte lediglich darauf, daß er sich dem fügte oder das tat, was man von ihm verlangte. Sobald er mit irgendeiner außergewöhnlichen Situation konfrontiert wurde – ein geschäftlicher Rückschlag ihn traf oder einem Kind etwas zustieß –, war er hilflos, beinahe gelähmt. Später, als seine Frau eine Affäre mit einem anderen Mann hatte und ihn zu verlassen drohte, fügte Burt sich, entwickelte ein unglaubliches Selbstmitleid, wurde depressiv und hatte an nichts mehr Interesse. Während dieser Zeit voller zwischenmenschlicher Belastungen brach bei ihm die Krebserkrankung aus. Ich bin sicher, sie hatte nur darauf gewartet, daß sein Immunsystem auf ganzer Linie versagte. Dadurch, daß Burts Frau schließlich drohte, ihn zu verlassen, entzog sie ihm ihren Beistand, und seine Körpersysteme brachen zusammen.

Viele psychologische Untersuchungen über Lungenkrebs sind auf ähnliche Verhaltensmuster gestoßen, so zeigte sich beispielsweise, daß an Lungenkrebs Erkrankte wenig gefühlsbetont sind, stets bestreiten, irgendwelche Probleme mit sich oder anderen zu haben, daß sie sehr abhängig von anderen Menschen sind und sich sozial stark anpassen. Und genau diese Struktur führt zu einer tückischen Kettenreaktion von Verhaltensweisen, die als Voraussetzung für eine Krebserkrankung bekannt ist: Ein Mensch zeigt keine Gefühle, streitet ab, daß es notwendig ist, sich aufzuregen, neigt in besonderem Maße dazu, Stress in unauffälliger, gesellschaftlich akzeptierter Form auszudrücken, etwa durch Rauchen, Trinken, ungesunde Eßgewohnheiten und zu schnelles Fahren – bis sein Verhalten schließlich völlig festgelegt ist. Unsicherheit, die Angst, einen Narren aus sich zu machen oder als «Schwächling» zu gelten, und ein häufig vorhandenes Gefühl der Hilflosigkeit lassen solche Menschen Aufregung und Stress meiden, was wiederum dazu führt, daß sie es versäumen, ihren Körper vernünftig zu fordern. Diese Faktoren lösen, wenn sie mit den Einwirkungen eines Karzinogens zusammentreffen, schließlich die Entwicklung einer Krebserkrankung aus.

Der springende Punkt ist auch hier wieder, daß Sie versuchen müssen, Lungenkrebs als Folge einer mehrstufigen Entwicklung zu sehen. Burt war ein extremer Fall; auch andere Menschen zeigen vielleicht viele der psychologischen und verhaltensmäßigen Charakteristika, die Burt kennzeichnen, aber da die Kette nicht vollständig ist, bleibt das Risiko geringer.

Ich hoffe, es ist deutlich geworden, daß eine relativ komplexe Verkettung von Umständen im Spiel ist, wenn eine Krebserkrankung ausbricht. Es reicht also nicht aus zu denken, daß Sie einer Erkrankung aus dem Wege gehen können, indem Sie nicht rauchen. Abgesehen von der Tatsache, daß einige Arten von Lungenkrebs nicht durch Tabakrauch verursacht werden, kann – wie wir gesehen haben – das Leben mit einem Raucher ebenfalls risikoreich sein, falls man in den Bereichen anfällig ist, die oben beschrieben wurden. In unserer Gesellschaft sollten wir krebserregende und reizauslösende Stoffe wie Tabak in der Öffentlichkeit (und privat) auf bestimmte Orte beschränken und auf ein Minimum reduzieren, das wäre besser, als das Rauchen generell in Bausch und Bogen zu verdammen. Wenn jemand rauchen möchte, dann ist das seine Sache, aber es muß ausgeschlossen werden, daß ein anderer Mensch, der solche Belastungen vielleicht weniger gut verkraftet, dem Rauch seiner Zigaretten ausgesetzt ist.

Krebs des Verdauungstraktes

Nach Lungenkrebs bei Männern und Brustkrebs bei Frauen ist Magenkrebs die am weitesten verbreitete Krebsart. Zusammengenommen sind Magen- und Darmkrebs die häufigsten Krebsformen, die Männer und Frauen gleichermaßen betreffen. Magen und Darm spielen eine wesentliche Rolle für die Verdauung und die Aufnahme von Nährstoffen in den Körper. Krebsarten dieses Bereiches werden als Krebs des Verdauungstraktes, manchmal auch *ernährungsbedingte* Krebserkrankungen genannt.

Die Aufgabe des Magens besteht darin, die gekaute Nahrung, die in immer noch zu großen, in dieser Form nicht resorbierbaren Brocken ankommt, aufzunehmen und sie durch die Zugabe von Magensäften weiter aufzuschließen. Der Magen sieht wie ein kleiner, dehnbarer Ballon aus, umgeben von starken Muskeln, die sich wellenförmig zusammenziehen (die Peristaltik), um die Nahrung weiter abwärts in den Darm zu befördern, wo der größte Teil der Resorption stattfindet. Die innere Auskleidung des Magens besteht aus Tausenden von kleinen Drüsen, die Magensäfte absondern, mit deren Hilfe die Nahrung verflüssigt werden kann. Am Magenausgang befindet sich ein Muskel, der wie eine Klapptür wirkt (der Magenpförtner), er balanciert die peristaltischen Bewegungen aus und hält die Nahrung eine entsprechende Zeitlang im Magen zurück, so daß sie verdaut werden kann. Der Magen baut keine Kohlehydrate (Stärke und Zucker) ab, aber er ist zuständig für die Verdauung von Eiweiß und einigen Fetten.

Der Darm ist verantwortlich für den größten Teil des Resorptionsprozesses. Dort wird die Nahrung weiter in einfache Verbindungen aufgeschlossen (in der Hauptsache einfache Zucker- und Glukoseverbindungen), die durch die Darmschleimhaut (die innere Auskleidung des Darms) in das Blut- und Lymphsystem gelangen. Der Darm ist verantwortlich dafür, daß Kohlehydrate und Fette aufgespalten und zusammen mit Wasser und Salzen resorbiert werden. Fette und Kohlehydrate werden vom Körper als Energiequellen genutzt, während Eiweiß als Aminosäure für Körperzellen und -aufbau bedeutsam ist. Der Darm mit seiner Bakterienflora beherbergt auch alle Abfallprodukte, die schließlich durch den After ausgeschieden werden. Zwei Schließmuskeln kontrollieren den Austritt der Ausscheidungen aus dem Darm, ein innerer und ein äußerer. Sie bleiben geschlossen, bis sie vom zentralen Nervensystem den Befehl erhalten, sich zu öffnen.

Alles in allem ist das Verdauungssystem ein überaus wichtiger Teil unseres Körpers. Wo kann sich in diesem Bereich nun ein Fehler einschleichen, oder richtiger gesagt, an welcher Stelle können wir einen Fehler machen? Es gibt da eine Reihe von Möglichkeiten. Erstens können wir etwas essen oder trinken, das unser Verdauungssystem nicht verträgt. Zweitens können wir zuviel essen oder trinken und das System überlasten. Drittens können wir die Sekretion von Magensaft und Magensäure beeinflussen – es kann zuviel oder zuwenig produziert werden – und können ein Ungleichgewicht der an der Verdauung beteiligten Enzyme und anderen Stoffe verursachen. Viertens können wir die Arbeitsweise von Muskeln behindern, inbesondere des Pförtnermuskels am Magenausgang und des Afterschließmuskels im Darm. Dadurch wird die Nahrung zu lange oder zu kurz im Magen oder im Darm zurückgehalten. Fünftens können wir den Grad der Nährstoffresorption aus dem Darm beeinträchtigen; Hormone spielen z. B. eine zentrale Rolle, wenn es darum geht, die Resorption von Kohlehydraten zu regulieren. Sie können den Energiehaushalt des Körpers entweder zu schwach oder aber zu stark ankurbeln.

Magenkrebs entwickelt sich vorzugsweise im mittleren oder unteren Teil des Organs, und zwar entweder als Geschwulst bzw. in die Magenflüssigkeit hineinragende Vorwölbung oder ausgehend von Magengeschwüren. Schäden entstehen dadurch, daß es zu Blutungen kommt, sich weitere Magengeschwüre bilden, die Bewegung der Nahrung behindert, die Magenschleimhaut zerstört und sogar die gesamte Magenwand durchbrochen wird. Außerhalb des Magens bilden sich Tumore vorzugsweise im Dickdarm und Mastdarm (selten im Dünndarm), sie entstehen in den Zellen der Drüsen, die direkten Kontakt zum Nahrungsbrei haben.

Die Symptome variieren von Fall zu Fall, zwangsläufig ergeben sich Verdauungsstörungen, Blähungen und Beschwerden im Unterleib. Wenn die Geschwulst größer wird, stellen sich Schmerzen ein. Bei Magenkrebs beginnt man, den Appetit zu verlieren, nimmt ab und wird durch den Blutverlust bei sich vergrößernden Magengeschwüren anämisch. Bei Krebserkrankungen im Darmbereich kann man eine plötzliche Verschlechterung der Darmfunktionen beobachten; es kann ohne ersichtlichen Grund zu Verstopfung kommen, oder man leidet abwechselnd unter Verstopfung und Durchfall.

Unsere Gewohnheiten und Verhaltensweisen können also die Funktionen der Verdauungsorgane grundsätzlich in zweierlei Weise beeinträchtigen:
a) durch das, was wir aufnehmen, d. h. was und wieviel wir essen und trinken,
b) durch die Art und Weise, in der wir die Arbeit, die diese Organe eigentlich leisten sollen, behindern.
Wir wollen nun unser Modell hinzuziehen, um die Zusammenhänge zwischen diesen beiden Möglichkeiten der Beeinträchtigung und einer eventuellen Krebserkrankung zu untersuchen.

Stufe 1: Gefährdung des Verdauungstraktes durch Karzinogene

Auf Stufe 1 geht es um den Prozeß, in dessen Verlauf wir uns krebserregenden Substanzen aussetzen, denn analog zu den Zusammenhängen zwischen Tabakrauch und Lungenkrebs kann natürlich auch unsere Nahrung Substanzen enthalten, die im Verdauungstrakt zu einer erhöhten Krebsgefährdung führen können. Es hat sich allerdings als sehr viel schwieriger erwiesen, spezielle Karzinogene in der Ernährung nachzuweisen, als einen Zusammenhang zwischen Tabakrauch und Lungenkrebs aufzuzeigen. Aber wir können aufgrund zahlreicher Untersuchungen davon ausgehen, daß zumindest einige unserer Speisen und Getränke tatsächlich krebserregende Substanzen enthalten und daß einige unter bestimmten Voraussetzungen (z. B. bei zuviel Magensäure) krebserregend wirken können.

Was wir essen Bis zur Jahrhundertwende war Magenkrebs *der* Killer unter den Krebskrankheiten, wobei sehr viel häufiger Menschen der Arbeiterklasse als Angehörige der gehobenen sozialen Schichten betroffen waren. Heute kommt Magenkrebs seltener vor, insbesondere in westlichen Industriegesellschaften, wo bei der Nahrungsmittelproduktion immer strengere Maßstäbe angelegt worden sind. Schlecht konservierte Nahrungsmittel und mangelnde Hygiene beim Essen führen leicht dazu, daß Menschen verunreinigte oder infizierte Nahrungsmittel zu sich nehmen, die ihrerseits wiederum Magenkrebserkrankungen hervorrufen können.

Aber selbst wenn sich nicht mit Sicherheit sagen läßt, welche Nahrungsmittel Karzinogene enthalten, so ist doch durchaus möglich, daß bestimmte Umstände beim Essen Menschen für Risiken der *Stufe 1* empfänglich machen können. In Südamerika wurde zum Beispiel ein Zusammenhang gefunden zwischen dem Verzehr nitratreicher Nahrungsmittel (d. h. einem geringen Verbrauch von frischem Gemüse) und Krebserkrankungen. Andere Untersuchungen haben in ähnlicher Form eine Verbindung zwischen einem Mangel an Faser- oder Füllstoffen in der Ernährung und Darmkrebs festgestellt. Das gleiche gilt für eine Ernährungsweise, die zuviel Fett enthält.

Viele von uns haben im Hinblick auf ihre Essensgewohnheiten ausgeprägte Vorlieben und Abneigungen. Sie bewahren sich zum Beispiel eine aus der Kindheit stammende Abneigung gegen Kohl oder andere Gemüsearten, die sie früher nicht mochten. Der ständige Verzicht auf Frischkost scheint aber ein gewisses Risiko in sich zu bergen. Viele Menschen lehnen auch aus festgefahrenen Gewohnheiten heraus sowohl Gemüse als auch sonstige ballaststoffreiche Nahrung ab und konsumieren statt dessen große Mengen gebratener oder fetter Speisen. Derartige Gewohnheiten können ein vergleichbares Risiko darstellen wie Tabakrauch. Beinahe jeder von uns kennt die Situation, daß man wie unter Zwang beinahe aggressiv eine schrecklich ungesunde Kost verteidigt, weil man die katalytische Wirkung, die Essen ja auch haben kann, einfach braucht. Speisen, die Sie «für Ihr Leben gerne mögen», können genauso wie jede Zigarette emotional befriedigen, Angst verringern, entspannen und die Nerven beruhigen.

Der Weg der Nahrung durch unseren Körper Hier liegt eine zweite Möglichkeit der Gefährdung durch Karzinogene – die Nahrung kann länger als erwünscht im Körper bleiben. Dazu ein ganz gewöhnliches Beispiel: Sie nehmen eine Mahlzeit zu sich, aber – bedingt durch Angst oder irgendeine andere Störung – sind Sie nicht in der Lage, den Muskel zu entspannen, der die Nahrung aus dem Magen freigibt, so daß alles unterhalb der Taille wie «eingefroren» ist. Wenn dieser Zustand lange genug anhält, kann zweierlei geschehen: Erstens bleibt die teilweise verdaute Nahrung im Magen und gibt eventuell vorhandenen Karzinogenen damit die doppelte Zeit, auf die Drüsen der Magenwände einzuwirken, und zweitens führt die Unfähigkeit, den Pförtnermuskel zu entspannen, dazu, daß die Nahrung sich durch diese Stelle mühsam hindurchquetschen muß und dabei den Bereich unmittelbar vor dem Muskel dehnt und reizt. Eventuell in der Nahrung vorhandene krebserregende Substanzen haben dadurch wiederum die Möglichkeit, auf einen empfindlichen Bereich dieses Organs einzuwirken. Bezeichnenderweise entwickeln sich die meisten Krebsgeschwülste in diesem Teil des Magens.

Ein anderes Beispiel betrifft die Arbeitsweise der Afterschließmuskeln. Nach dem Essen, wenn die Verdauungs- und Resorptionsvorgänge abgeschlossen sind, öffnen sich die Aftermuskeln (oder sollten sich zumindest öffnen) und lassen die Abfallprodukte austreten. Wenn Sie chronisch verstopft sind, dann laufen Sie Gefahr, daß diese Abfallprodukte lange Zeit im unteren Teil des Darms bleiben (und einen Rückstau bewirken). Wieder können dadurch eventuell vorhandene Karzinogene Schäden verursachen. Außerdem kann – wie beim Pförtnermuskel des Magens – durch mangelhafte Entspannung der Muskeln das abwechselnde Zusammenziehen und Pressen zu Reizungen, Einrissen und Entzündungen führen und damit diesen Bereich ebenfalls weiteren schädlichen Einwirkungen gegenüber empfindlich machen.

Führen Sie sich deshalb immer vor Augen, was geschieht, wenn Sie a) ungesunde Kost zu sich nehmen und b) die wichtigsten Kontrollmuskeln nicht richtig steuern können. Sie sollten bedenken, welche Auswirkungen auf den Verdauungstrakt sich ergeben, wenn sich daraus ein chronischer Zustand entwickelt. Das entscheidende Wort in diesem Zusammenhang ist *chronisch*. Wenn Sie sich nur gelegentlich in einem solchen Zustand befinden und zwischendurch alles normal funktioniert, dann besteht kaum Gefahr.

Stufe 2: Wie wir die normalen Verdauungsfunktionen beeinträchtigen

Natürlich kann jeder Schaden, der auf *Stufe 1* entsteht, ziemlich ernst sein, aber ich bin überzeugt, daß diese Bedingungen alleine nicht Verursacher einer Krebserkrankung sind. Damit jemand wirklich an Krebs erkrankt, sind weitere Faktoren zusätzlich zu denen der *Stufe 1* notwendig.

Wenn Sie irgend etwas gegessen haben und sich die Nahrung im Magen befindet, können auf verschiedene Weise Beeinträchtigungen entstehen. Zum Beispiel kann die Magensekretion gestört sein, wodurch ein für die Magenschleimhaut ungünstiges Milieu entsteht. Es kann zuviel Säure abgesondert werden (wie das bei Menschen mit Magengeschwüren meist der Fall ist). Es können auch unangemessen viele Magenenzyme produziert werden, wodurch sich die Effizienz der Eißweißverdauung verringert. Es ist bekannt, daß starke, lang andauernde Angstgefühle sich auf die Magenfunktionen auswirken, und wir kennen alle die spürbaren Folgen in Form von Verdauungsstörungen, Krämpfen und trägem Stuhlgang. Stellen Sie sich vor, was geschieht, wenn das zur täglichen Routine wird. Solche «Beeinträchtigungen» werden fast immer dadurch verursacht, daß das ZNS und/oder das endokrine System in die Abläufe der niederen Systeme verwickelt werden.

Körpersignale *nicht zu beachten*, ist auf dieser Stufe ein wichtiges Verhaltensmerkmal. Für manche Menschen kann es ein mit vielen Ängsten verbundenes Martyrium bedeuten, in Gemeinschaft (vielleicht mit der Familie) zu essen. Da geschieht es leicht, daß man – ganz in Anspruch genommen von den Spannungen rund um den Tisch – Symptome körperlichen Unbehagens übergeht, viele Magersüchtige kennen das Problem. Zu schnelles Essen, das Herunterschlingen nicht richtig gekauter Nahrung, das Hindurchzwängen der Nahrung durch den Körper, all das stört die normalen Aktivitäten von Magen und Darm. Die formelle und spannungsreiche

Atmosphäre, die japanische Mahlzeiten kennzeichnet, mag durchaus ebenso zu der Häufigkeit von Magenkrebserkrankungen in Japan beitragen wie stark gesalzene oder geräucherte Nahrungsmittel. Und es darf nicht vergessen werden, daß Ärger und viele andere Gefühle sich häufig auf Essensgewohnheiten auswirken. Ärgerlich etwas herunterzuschlukken, bestimmte Speisen zurückzuweisen, um sich gegen jemanden durchzusetzen, all das kann – wenn es ständig geschieht – ernstliche Auswirkungen auf den Verdauungsprozeß haben.

Das gleiche gilt für den Resorptionsprozeß. Ständige Anspannung und chronische Angst können dazu führen, daß der Resorptionsprozeß im Darm an Effizienz einbüßt mit dem Resultat, daß nicht genügend Nährstoffe in den Körper gelangen.

Stufe 3: Zusammenhänge zwischen Lebensweise, geschwächtem Immunsystem und Verdauung

Ein Problem schlechter Verdauung ist, daß die Beschwerden im täglichen Leben oft lästig sind. Wenn Sie beispielsweise jeden Tag Stunden auf der Toilette verbringen und versuchen müssen, Ihren Darm zu entleeren, wenn Sie unter Völlegefühl und Blähungen leiden oder Magenkrämpfe und andere Schmerzen haben, dann führt das nicht nur zu einer anormalen Verdauung und Resorption, sondern droht auch die allgemeine körperliche und seelische Aktivität zu beeinträchtigen. Reizbarkeit und fehlende Energie können auch ein Grund dafür sein, daß keine ausreichende körperliche Bewegung stattfindet. Schmerzen oder Beschwerden schränken unter Umständen darüber hinaus andere Aktivitäten wie den Geschlechtsverkehr ein. Und es kann soweit kommen, daß Depressionen und allgemeine emotionale Lethargie entstehen oder gefördert werden. Wenn ein wichtiger Bereich des Körpers in seiner Funktion eingeschränkt oder anfällig ist, dann hat das Probleme für das gesamte körperlich-seelische Zusammenspiel zur Folge. Besonders das Immunsystem benötigt eine ausreichende und regelmäßige Versorgung mit Nährstoffen und Eiweiß. Wenn diese nicht sichergestellt werden kann, funktioniert das allgemeine körperliche Überwachungssystem nur noch punktuell, unregelmäßig oder allgemein reduziert. Wieder beginnt fast unbemerkt ein Teufelskreis, in dem Verdauungsprobleme nach und nach dazu führen, daß auch andere Körpersysteme unzureichend arbeiten.

Nehmen wir die Verstopfung. Eine Möglichkeit, dem parasympathischen System (einem Unter-System des ZNS, das u. a. die Schließmuskeln kontrolliert) zur Entspannung zu verhelfen, besteht darin, daß Sie gar nicht daran denken und das System ganz ohne mentale Blockaden arbeiten lassen. Ein Mittel, um das zu erreichen, ist körperliche Bewegung. Wenn Sie unter Schmerzen oder Beschwerden leiden, haben Sie aber meist nicht das Bedürfnis, sich zu bewegen, und so schließt sich der Kreis: Sie haben zuwenig körperliche Bewegung, denken immerfort an Ihre Verdauungsprobleme, quälen sich damit herum und vernachlässigen andere Bereiche des Körpers und deren Bedürfnisse.

Psychologische Faktoren bei Krebs des Verdauungstraktes

Menschen, die einem wirklich hohen Risiko ausgesetzt sind, haben Lebensgewohnheiten, die mit Sicherheit alle drei Risikobedingungen abdecken: Sie setzen sich krebserregenden Substanzen im Übermaß aus, beeinträchtigen ihre Verdauungs-, Resorptions- und Ausscheidungsfunktionen und schwächen allgemein ihre Abwehrkräfte sowie die Koordinationsfähigkeit ihrer Körpersysteme. Das Zusammenwirken all dieser Faktoren verursacht Krebs. Diesem Bündel von Verhaltensweisen entspricht ein psychologisches Muster, das in seiner Struktur dem oben beschriebenen Fall von Burt sehr ähnelt.

Grundsätzlich scheinen die diesen Krebsformen zuzuordnenden Verhaltensmuster sehr viel früher im Leben angelegt zu werden, als das bei einigen anderen Krebsarten der Fall ist. Gewohnheiten, die das Essen und den Gang zur Toilette betreffen, werden in der Familie erlernt, und wenn sie einmal festgelegt sind, ist es sehr wahrscheinlch, daß sie sich für den Rest des Lebens nicht mehr ändern. So ist es möglich, daß ein heranwachsendes Kind relativ leicht die Risikostufen 1 und 2 erreicht. Eine Vielzahl von Menschen bevorzugt ganz spezielle Ernährungsweisen, und viele Menschen erfahren oder erwarten sogar, daß Verstopfung und Verdauungsstörungen ein fester Bestandteil ihres Leben sind, gegen die sie nicht viel unternehmen. Unter welchen Umständen kommen aber nun alle drei Stufen zusammen? Eine Fallstudie wird zu einem besseren Verständnis der entsprechenden Zusammenhänge beitragen.

Carole war eine verheiratete Frau von Mitte Dreißig. Sie erkrankte an Darmkrebs, und die Ärzte operierten sie erfolgreich, indem sie einen Teil des Darms entfernten. Über ihr Leben und ihre Gewohnheiten vor der Krebserkrankung befragt, zeichnete sie das Bild einer typisch psychologischen Vorgeschichte. Caroles Zuhause war geprägt durch sehr ernste und religiöse Eltern, und sie erinnerte sich, daß sie schon immer Kummer und Angst in Verbindung mit ihren Darmbewegungen empfunden hatte.

«Bei uns war alles festgelegt und mußte zum richtigen Zeitpunkt getan werden. Man durfte nie tun, was man wollte, oder irgendwelche Unannehmlichkeiten machen. Meistens kriegte ich das auch hin, das einzige, was ich nicht schaffte, war der erfolgreiche Gang zur Toilette. Meist saß ich da, und alle in unserem ruhigen Hause wußten, wie lange ich mich dort aufhielt. Ich erinnere mich, wie mein Vater auf seine Uhr schaute und zu Mutter sagte: ‹Wo bleibt sie denn so lange?› Alles wurde nach Plan erledigt. Wenn man das vorgegebene Muster durchbrach, wurde man sofort gefragt, warum man das tat. Das machte ganz schön nervös.»

Als Teenager begann Carole, zu Hause die Benutzung der Toilette zu umgehen, sie wartete lieber, bis sie in der Schule oder in einem öffentlichen Gebäude war. Zu diesem Zeitpunkt war ihr Verhalten schon beinahe zwanghaft geworden. Ihre Eltern mißbilligten es, wenn sie irgendwelchen Ärger offen zeigte, und es leuchtet ein, daß Carole, als sie älter wurde, ihrer ganzen aufgestauten Not durch ihre chronische Verstopfung Ausdruck verlieh. Sie konnte dieses Leben nur durchhalten, indem sie exzessiv Abführmittel nahm und weil sie eine sehr anziehende und liebenswerte Person war.

Als sie heiratete (mit neunzehn) und, wie sie es ausdrückte, «endlich frei von zu Hause war», entwickelten sich ihre Verhaltensweisen leider nach und nach weiter in die falsche Richtung. Statt ihre neu gewonnene Freiheit zu nutzen, um an ihren Gewohnheiten konstruktiv zu arbeiten, richtete sie ihr und ihres Mannes gesamtes Gefühlsleben auf diese Gewohnheiten aus. Offensichtlich als Vergeltung dafür, daß sie früher das Elternhaus hatte verlassen müssen, um zur Toilette zu gehen, brachte sie nun ihren Mann dazu, stundenlang über ihre Verstopfung zu diskutieren, ihre Probleme in den Mittelpunkt des Interesses zu rücken und auf Abhilfe zu sinnen. Wenn sie es geschafft hatte, ihren Darm zu entleeren, herrschte eitel Freude im Haus. Dann liebten sie sich (sonst war das zu beschwerlich), gingen aus zum Abendessen, zum Tanzen usw. Wenn sie, was meistens der Fall war, keinen Erfolg hatte, dann legte sich über alles «eine Atmosphäre der Hoffnungslosigkeit» (so drückte es ihr Mann aus). Alles war auf ihr Problem ausgerichtet: Sie lasen Bücher, konsultierten Ärzte, probierten Arzneimittel aus. Das gesamte übrige Leben war eingeschränkt, Ausgehen wurde unmöglich, und da sie im Grunde ein umgängliches und ruhiges Paar waren, behielten sie diese Verhaltensmuster jahrelang bei.

Dieses Beispiel zeigt sehr deutlich, wie der Krebszyklus sich in einem besonders risikoreichen Fall entwickelt. Erinnern wir uns, daß alle drei Stufen zusammenwirken müssen. Sie brauchen nicht zu befürchten, daß sie schon an Krebs erkranken, wenn Sie unter Verstopfung leiden, nichts Frisches essen oder beim Essen Krämpfe bekommen. Sie müssen auf Ihre Schwierigkeiten fixiert sein, nichts Wirksames dagegen unternehmen, alle Ängste ausschließlich über sie zum Ausdruck bringen, um sich mit Sicherheit einem hohen Krebsrisiko auszusetzen. Carole hatte wie Burt angefangen, durch ihr Problem zu leben. Wenn sie sich aufregte, ärgerlich war oder Kummer hatte, dann litt zunächst einmal ihre Darmtätigkeit darunter. Ihr Mann vertraute mir an, daß ihre Verstopfung immer dann schlimmer wurde, wenn sie sich über ihn ärgerte. In solchen Zeiten wirkten noch nicht einmal mehr Abführmittel. Auf meine Frage, ob sie überhaupt Ärger oder Aufregung in irgendeiner anderen Weise zeigte, sagte er: «Nein, im allgemeinen ist nur das eine von Bedeutung. Wenn sie keine Verstopfung hat, ist sie glücklich, andernfalls ist sie total niedergeschlagen. Dazwischen gibt es nichts.»

Anmerkung zu Krebs und körperlicher Fixierung
An dieser Stelle möchte ich auf einen sehr wichtigen Punkt näher eingehen. Sowohl bei Carole als auch bei Burt sind Gewohnheiten zu Fixierungen geworden, die tatsächlich alles andere ausschließen. Ich glaube, daß es sich hierbei um das grundlegende *psychologische* Muster handelt, dem wir bei einem krebsgefährdeten Menschen Beachtung schenken müssen. Die Gewohnheiten, die solche Menschen entwikkeln, laufen alle in einer Handlung zusammen, die Grundlage ihres Verhaltens ist – Rauchen, Essen, Verstopftsein oder was auch immer. Hierdurch leben sie letzten Endes, das bedeutet, ihr emotionales Leben findet seinen Ausdruck fast ausschließlich durch Rauchen oder die Frage, ob sie zur Toilette gehen können oder nicht usw.

Wenn Sie in der Lage sind, Gewohnheiten, die in Zusammenhang mit der Gefühls- oder Stressbewältigung stehen, über *ein* Organ oder *eine* Gruppe von Verhaltensweisen hinaus zu verteilen, so hilft das, die Fixierung auf eine einzelne Gewohnheit zu durchbrechen. Dieser Punkt wird besonders deutlich in den Forschungsarbeiten zur Frage von geschwürigen Dickdarmentzündungen und Krebs, und nirgendwo in der medizinischen Literatur findet sich ein ähnlich interessantes Beispiel für das, was ich hier meine.

Geschwürige Dickdarmentzündungen (colitis ulcerosa) kommt recht häufig vor. Ihr wichtigstes Symptom ist eine chronische Entzündung des Dickdarms oder Mastdarms (wie bei einem ganz ähnlichen Leiden, der Crohn-Krankheit). Bei einem Teil der an geschwüriger Dickdarmentzündung leidenden Menschen entwickelt sich später Krebs in den betroffenen Bereichen. Auffallend ist, daß Menschen, die an geschwüriger Dickdarmentzündung oder der Crohn-Krankheit leiden, selten rauchen. Die Gründe hierfür sind unbekannt, man nimmt an, daß psychischer Stress eine Rolle spielt. Außerdem scheint es so, als ob im Durchschnitt nur wenige Raucher entzündliche Darmleiden bekommen. Für mich ist diese nicht geklärte Abweichung von der Norm ein einleuchtendes Beispiel für das, was ich in diesem Kapitel ausgeführt habe: Wenn Sie darauf festgelegt sind, nervöse Spannungen nur auf eine einzige Art und Weise abzureagieren, dann fügt das dem gesamten System mehr Schaden zu, als wenn Sie unterschiedliche Bewältigungsstrategien anwenden und dadurch den Druck auf einen speziellen Bereich des Körpers vermindern. Tatsächlich hat man genau dieses Vorgehen Patienten mit geschwüriger Dickdarmentzündung empfohlen, um ihre Symptome zu lindern und (vermutlich) das Risiko einer späteren Krebserkrankung zu verringern. Einige Fachleute haben ihre Patienten sogar zum Rauchen ermuntert. Ich weiß aus meinen eigenen psychotherapeutischen und verhaltenstherapeutischen Erfahrungen mit Menschen, die an geschwüriger Dickdarmentzündung litten, daß ein sicherer Weg zur Linderung ihrer Symptome darin bestand, ihnen bessere Methoden zur Stressbewältigung beizubringen. Die besten Resultate wurden durch Vorschläge erzielt, die ihnen schnell, gründlich und leicht halfen, in Zukunft nicht mehr ihre gesamte Aufmerksamkeit ausschließlich auf den Darm und seine Funktionen zu konzentrieren. Oft bewährten sich dabei ganz einfache Methoden wie rauchen, eine Zeitung in Stücke reißen, schreien oder kurz mit einem Freund telefonieren.

Wenn das geschafft war, ließen sich bessere, tiefer verankerte Verhaltensweisen aufbauen, die die Patienten mit der Zeit in die Lage versetzen sollten, ihre Organe besser zu nutzen und die körperlich-seelische Integration zu verstärken.

Das wichtigste individuelle psychologische Charakteristikum, das beachtet werden muß, ist die zwanghafte Fixierung auf *ein Organ* des Körpers. Wenn ein solches Verhalten vorliegt, ohne daß irgendeine andere Form von Stressbewältigung oder Gefühlsäußerungen erkennbar ist, dann handelt es sich um ein festgelegtes Muster. Ich möchte wiederholen: Bis neue Verhaltensweisen erlernt sind, besteht meiner Meinung nach wenig Hoffnung, daß der Druck auf das betreffende Organ wesentlich geringer wird. Das psychologische Muster, das sich bei Carole zeigte, verhinderte, daß die schlechten Gewohnheiten, die sie als Kind angenommen hatte, sich mit dem Erwachsenwerden besserten. Auch die Beziehungen, die sie einging, waren in ihrer Art nicht stark genug, um die festgelegten Verhaltensweisen aufzubrechen, und wurden dadurch zum Endglied einer langen Kette.

Brustkrebs

Krebserkrankungen des Verdauungstraktes und der Atemsysteme sind in gewisser Weise leichter zu erfassen als Brustkrebs. Zumindest kann man sich den Zusammenhang von Ursache und Wirkung, soweit er die Lunge betrifft, relativ gut vorstellen: Man raucht, und dadurch gelangt eine krebserregende Substanz in die Lunge, die zusammen mit all den anderen angesprochenen Faktoren den Schaden anrichtet. Ähnlich einleuchtend ist es, daß Karzinogene in der Nahrung oder in Getränken den Magen empfänglich für Krebserkrankungen machen. Aber wie ist das mit Brustkrebs? Wie ist es möglich, daß ein physikalischer Stoff wie Tabak oder Nahrung dort hineingelangen und zu Schäden führen kann?

Ehe wir diese Fragen beantworten, müssen wir uns ein klares Bild darüber verschaffen, was die Brust eigentlich ist, da zwar sehr viel vor allem über die weibliche Brust geschrieben worden ist, aber nur sehr wenige Versuche gemacht worden sind, sie in ihrem psychologischen und soziologischen Umfeld zu betrachten. Ähnlich viel ist über Brustkrebs geschrieben worden, aber praktisch nichts weist auf die psychologische Bedeutung dieses Organs hin.

Was ist eine Brust? Auf diese Frage gibt es verschiedene Antworten. *Physiologisch* gesehen ist die Brust bei Männern und Frauen dem Brustkasten aufgelagert und enthält eine Brustwarze, die der Zugangspunkt ist (an dem der Kontakt mit der Außenwelt beginnt) und die den Mittelpunkt verschiedener Drüsen (Alveolen) bildet, die fächerförmig im Kreis um die Brustwarze herum angeordnet sind. Diese Drüsen können Milch absondern, die durch winzige Gänge zu mikroskopisch kleinen Öffnungen in der Brustwarze fließt. Ein zusammenhängendes Lymphsystem, das Teil des körpereigenen Immunsystems ist, drainiert und schützt das Ganze. Dieses System wiederum ist verbunden mit wichtigen Lymphknoten in den Achselhöhlen.

Eine unterschiedliche Menge von Fettgewebe umgibt das fächerartige Drüsengewebe und sorgt für Halt und Schutz. Die Menge dieses Fettgewebes bestimmt Größe und Form der Brust.

Entwicklungsmäßig gesehen unterliegt die Brust bei Frauen mit zunehmendem Alter erheblichen Veränderungen. Auch die männliche Brust kann sich natürlich verändern, zum Beispiel kann sich Fett ansammeln und nahezu das Erscheinungsbild einer ausgewachsenen weiblichen Brust hervorrufen. Die Einnahme von Hormonen (bei Transvestiten und Transsexuellen) kann die Brust ebenfalls so beeinflussen, daß sie sich einer weiblichen angleicht. Die Veränderungen der weiblichen Brust beginnen gewöhnlich in der Jugend, wenn sich durch die erhöhte Hormonproduktion die Brust allmählich bis zu ihrer vollen Größe entwickelt. Ein weiterer Wandel findet während der Schwangerschaft statt, wenn das Drüsengewebe sich mit Milch füllt, deren Produktion durch das Hormon Prolaktin angeregt wird. So ist die Brust auf das Stillen des Babys vorbereitet. Eine letzte Veränderung findet zwischen dem mittleren und höheren Alter statt (allerdings nicht bei jeder Frau), wenn die Brust unter Umständen kleiner wird und an Spannkraft verliert.

Was ist nun die *Funktion* der Brust? Bei Männern ist ihre Bedeutung weit weniger groß als bei Frauen, aber trotzdem spielt sie auch hier in sexueller und gesellschaftlicher Hinsicht eine Rolle, und zwar einerseits dadurch, daß sie, genau wie die weibliche Brust, als sexuelles Organ sensibel auf Nervenreize reagiert. Andererseits dient sie als Maßstab für körperliche Attraktivität. Ein gut gebauter Brustkorb mit einer gering oder gar nicht entwickelten Brust gilt als attraktiv, eine übermäßig große Brust betrachtet man allgemein als unattraktiv. Bei Frauen dient die Brust ursprünglich dazu, das Baby nach der Geburt mit Nahrung zu versorgen. Gesellschaftlich gesehen hat die weibliche Brust jedoch einen sehr komplexen Status. In westlichen und westlich orientierten Gesellschaften ist sie wahrscheinlich der Teil des weiblichen Körpers, der am häufigsten als Fetisch dient, d. h. als geschlechtliches Kennzeichen schlechthin, als der Teil der ganzen Person, der als Symbol weiblicher Sexualität angesehen wird. Nach herrschender Meinung, die massiv durch Werbung und Unterhaltungsindustrie gestützt wird, dient die weibliche Brust sowohl als ein Mittel zur Identifikation als auch – sofern andere Fetische hinzukommen (ein hübsches

Gesicht, schöne Haare) – als ein Zeichen sexueller Attraktivität und Anziehungskraft. Daher spielt die Brust in der emotionalen und psychologischen Entwicklung der meisten westlichen Frauen eine bedeutende Rolle. Von der Pubertät an bestimmen Form und Größe der Brust in einem erstaunlichen Maße, ob sich eine Frau als Frau identifizieren kann oder nicht. Für viele Frauen hat die Entwicklung ihrer Brust etwas Beruhigendes, es bedeutet für sie eine Art von sozialer Absicherung. Für einige Frauen kann diese Fixierung auch eine bedeutende Rolle bei der Entwicklung ihrer Persönlichkeit und der Art ihrer zwischenmenschlichen Beziehungen spielen. Eine weitere wichtige Folge dieser gesellschaftlichen Bedeutung der Brust ist die Rolle, die sie im Rahmen sexueller Handlungen spielt; nach dem Küssen ist das Liebkosen der weiblichen Brüste als Teil sexueller Intimitäten am weitesten verbreitet.

In anderen Kulturen hat die weibliche Brust oft nicht den gleichen Status. Im traditionellen Japan z. B. war weniger die Brust ein Fetisch als vielmehr andere körperliche Merkmale. Die Brüste wurden sogar häufig fest eingebunden, um sie besonders klein erscheinen zu lassen. Es waren vor allem allgemeine Eigenschaften – eine schöne Stimme, Zartheit, eine gewisse Unterwürfigkeit – die eine Frau begehrenswert machten. In einigen traditionellen afrikanischen Stämmen übernimmt das Gesäß den Status, den man der Brust im Westen zugewiesen hat, und beschränkt die gesellschaftliche und geschlechtliche Rolle der Brust ausschließlich auf ihre Aufgabe, das Baby zu ernähren.

So ergibt sich insgesamt ein recht komplexes Bild. Was bedeutet das für unsere Überlegungen? Wir wollen von der tatsächlichen Funktion der Brust in unserer westlichen Gesellschaft ausgehen (wo schließlich die meisten Brustkrebserkrankungen der Welt vorkommen) und uns vor allem damit beschäftigen, welches Verhältnis die einzelne Frau zu ihrer Brust hat.

Von Jugend an sind Frauen darauf festgelegt, die Brust als

einen fetischartigen Körperteil zu betrachten, der sowohl einen persönlichen als auch einen sexuellen Wert besitzt. Brüste können betrachtet und liebkost, gestoßen und gedrückt werden – durch die Frau selber genauso wie durch einen bewundernden Partner. Ebenso können sie aber auch ignoriert werden – nicht in einer eher zufälligen Art und Weise, in der wir vielleicht den dritten Zeh am linken Fuß ignorieren, sondern als Versuch, ihr Vorhandensein oder ihre Bedeutung zu verleugnen.

Brüste können als Verständigungsmittel Männern gegenüber dienen, sie können aber auch anderen Frauen Überlegenheit oder Unterlegenheit signalisieren. An sexuellen Intimitäten können Brüste auf vielerlei Weise beteiligt sein: Ein Partner kann sie liebkosen, beißen, drücken, pressen oder an ihnen saugen, alles als wichtiger Bestandteil des Liebesspiels.

Schließlich haben Brüste während und nach der Schwangerschaft eine Funktion zu erfüllen, wobei das trinkende Kind sie wiederum manipuliert, berührt und an ihnen saugt. Insgesamt hat eine Frau also folgende Möglichkeiten, auf ihre Brust einzuwirken:

○ indem sie sie aktiv manipuliert oder einem anderen erlaubt, sie zu manipulieren, d. h. sie betasten läßt, drücken läßt usw.,

○ indem sie sie bewußt ignoriert und ihnen keine Aufmerksamkeit schenkt,

○ indem sie es unterläßt, die richtigen hormonellen Impulse zur Brust zu leiten, und dadurch eine normale Entwicklung oder Funktion behindert.

Brustkrebs geht fast immer von Zellen in der Umgebung der Drüsengänge (Alveolen) aus, durch die die Brustwarze mit Milch versorgt wird. Von dort aus entwickelt sich ein Tumor (tastbar als Knoten), der sich mit der Zeit in die Muskeln unterhalb der Brustdrüse oder in die schützende Fettschicht über ihr ausdehnt. Krebszellen wandern durch das

Lymphsystem der Brust in die Lymphknoten unter den Armen und bilden dort Metastasen (Tochtergeschwülste).

Bis die Erkrankung auch nur als winziger Knoten ertastet werden kann, vergeht ein ziemlich langer Zeitraum. Es gibt kaum Frühsymptome bei Brustkrebs. Selten zeigt sich eine Art von Ekzem auf der Brustwarze, noch bevor ein Knoten entdeckt wird. Ein Knoten ist aber auch nicht unbedingt ein Zeichen für eine Krebserkrankung; es kann sich auch um ein Fibrom handeln (eine gutartige Geschwulst) oder einfach um eine lokale Verdickung von Fettgewebe. Auch Schmerz bietet keinen Anhaltspunkt, bösartige Knoten verursachen selten Schmerzen.

Brustkrebs ist vor allem ein Leiden westlicher Gesellschaften. Im Fernen Osten und in vielen Gegenden Südamerikas kommt diese Krankheit praktisch nicht vor, während in Großbritannien und in den USA die Erkrankungsrate bei Brustkrebs ansteigt. Auch sind häufiger Frauen der Mittel- und Oberschicht von dieser Krankheit betroffen, weniger Frauen der unteren Bevölkerungsschichten.

Wir wollen nun zu unseren früheren Fragen zurückkehren und unser Modell zur Anwendung bringen.

Stufe 1 und 2: Gefährdung der Brust durch Risikofaktoren

Auf die Brust wirken weder Rauch noch irgendwelche anderen Karzinogene ein, wie kann man dann davon sprechen, daß sie einem Risiko ausgesetzt ist? Einige Wissenschaftler sind der Meinung, daß auch bestimmte in der Nahrung enthaltene Karzinogene durch Resorption in den Körper gelangen können. Eine der Begründungen, mit denen Wissenschaftler die Unterschiede zwischen der Häufigkeit von Brustkrebserkrankungen in westlichen und östlichen Ländern zu erklären suchen, geht davon aus, daß die unterschiedliche Ernährungsweise der entscheidende Faktor ist und daß die verfeinerte Nahrung in westlichen Gesellschaften das Brustkrebsrisiko für Frauen möglicherweise erhöht. Aber bis jetzt konnte kein nachweisbares Karzinogen gefunden werden, und in Statistiken über Menschen mit geringem Brustkrebsrisiko spielt die Ernährung keine Rolle. Wenn eine Frau noch vor ihrem 20. Geburtstag ihr erstes Baby bekommt, wenn sie der sozialen Unterschicht angehört, wenn sie viele Kinder hat oder wenn ihre Eierstöcke vor dem 37. Lebensjahr entfernt wurden, verringert dies nachweisbar die Wahrscheinlichkeit, daß sie an Brustkrebs erkrankt, nicht aber – so scheint es – die Art ihrer Ernährung.

Wenn wir uns diese Liste jedoch etwas genauer ansehen, dann lassen sich zwei mögliche Wege erkennen, auf denen Karzinogene in die Brust gelangen können oder die zumindest zu Bedingungen führen, die ganz ähnlich wie ein tatsächlich vorhandenes Karzinogen wirken (falls wir ein Karzinogen als reizauslösende Substanz definieren). Gleichzeitig wollen wir auch versuchen, Ernährungsgewohnheiten und kulturelle Besonderheiten in unsere Überlegungen miteinzubeziehen.

Hormone und Brust Die obige Aufzählung zeigt, daß in den meisten Fällen hormonelle Einflüsse eine große Rolle spielen. Ein für den Hormonhaushalt des Körpers ganz entscheidender Vorgang ist die Schwangerschaft; sie löst gewissermaßen eine hormonelle Generalreinigung aus. Dabei spielt es keine Rolle, welches Verhältnis die Frau vorher zu ihrer Brust hatte – durch die Auswirkungen der Schwangerschaft müssen sich die Brüste zwangsläufig auf ihre ursprüngliche Aufgabe, ein Baby zu stillen, vorbereiten. Ähnlich günstig wirkt sich eine Schwangerschaft vor dem zwanzigsten Lebensjahr aus. Die die Brust betreffenden hormonellen Abläufe müssen wie bei einer Erwachsenen arbeiten, wodurch krebsverursachende Entwicklungen frühzeitig verhindert werden. Mehrfache Schwangerschaften haben den gleichen Effekt. Darüber hinaus bleibt der Schwangeren in diesem Fall nicht viel Zeit, um zwischendurch zu ungesunden Gewohnheiten zurückzukehren oder krankmachende Verhaltensweisen zu entwickeln. Es ist interessant, daß frühe und mehrfache Schwangerschaften in ärmeren Bevölkerungsschichten sehr viel verbreiteter sind, was unter Umständen erklärt, warum Frauen dieser sozialen Gruppe zu den wenig gefährdeten Menschen gehören.

Was bedeutet das alles? Ich glaube, der Grund dafür, daß Schwangerschaften offensichtlich einen gewissen Schutz gegenüber Brustkrebs bilden, hat etwas mit der Tatsache zu tun, daß die vorher bestehende körperlich-seelische Struktur durch eine ganze Folge von körperlichen Ereignissen überrollt wird, die eine neue Organisation und Ordnung aller Bereiche erzwingen. Eine Schwangerschaft ist eine der wenigen Gelegenheiten im Leben, wo so etwas geschieht. Die Natur nimmt gewissermaßen neun Monate lang den Körper selbst in die Hand und diktiert Verhaltensweisen, endokrine Abläufe usw., über die die höheren Zentren relativ wenig Kontrolle haben. Eine Schwangerschaft verändert die körperlich-seelischen Abläufe radikal, und die in dieser Zeit erlernten neuen Muster werden häufig auch anschließend beibehalten. Ein Baby zu haben verändert auch die weibliche Brust gefühlsmäßig, psychologisch und körperlich radikal.

Wenn Schwangerschaft quasi als Heilmittel der Natur gelten kann, dann läßt das darauf schließen, daß hormonelle Einflüsse bei Brustkrebs eine Rolle spielen, und gibt uns möglicherweise einen Hinweis auf Gewohnheiten oder Verhaltensweisen, die zu einer Krebsdisposition ersten und zweiten Grades führen könnten. Während der Schwangerschaft werden die Brüste durch das Einwirken von zwei Steuersystemen größer und voller: Zunächst produzieren endokrine Zentren im Gehirn ein Hormon, das wiederum die Brust veranlaßt, sich zu vergrößern und Milch abzusondern. Es handelt sich um einen einfachen, zwingenden Auftrag, den auszuführen die Brust alle Voraussetzungen mitbringt. Noch wichtiger aber ist, daß durch einen Wandel im psychologischen und gesellschaftlichen Status der Schwangeren die hormonellen Botschaften und die physiologischen Veränderungen der Brust unterstützt und in das tägliche Leben einbezogen werden. Die Brust wird nicht nur durch spezielle Büstenhalter besser gestützt, sondern die werdende Mutter und alle um sie herum konzentrieren Aufmerksamkeit, Zeit und Rücksichtnahme in einer völlig neuen asexuellen Weise auf sie. Schmerzen oder Beschwerden werden zur Kenntnis genommen, und die Mutter betrachtet ihre Brust nun zunehmend als einen gesunden, integrierten Teil ihres Körpers. Es gibt keine bessere Zeit für die Brust: Die Koordination zwischen psychologischem Status (gesellschaftlich entfällt der Zwang zur sexuellen Identifikation), endokrinem Status (Hormonhaushalt) und sorgfältiger Pflege und Fürsorge für die Brust ist während der Schwangerschaft perfekt.

Vergleichen Sie diese Umstände mit einer anderen sehr verbreiteten, aber völlig verschiedenartigen Situation: Sie leben in einer Beziehung, in der Sie sich sowohl Ihrer selbst als auch Ihres Partners nicht sicher fühlen. Während des Liebesspiels verspannen Sie und werden ängstlich; Sie können Ihre Nervosität nicht ablegen, sind gefühlsmäßig unbeteiligt, fühlen sich nicht geborgen – und doch verhalten Sie sich so, als ob Sie voll bei der Sache wären. Ihr Partner fängt an, Ihre Brüste zu betasten. Vielleicht geht er zu ungestüm vor, so daß es Ihnen unangenehm ist oder sogar Schmerzen bereitet. Lassen Sie mich hier unterbrechen. Ich kann mir keine Situation vorstellen, die weniger mit den Bedürfnissen der Brust in Einklang steht als diese: Sie sind nicht erregt, also produzieren Sie nicht die Hormone, die normalerweise am Geschlechtsakt beteiligt sind. Sie produzieren unter Umständen sogar Stresshormone, die Ihren Körper und seine Organe eigentlich auf die Bewältigung einer Angstsituation vorbereitet – und nicht auf die entspannenden rhythmischen Bewegungen, die Sie brauchen, um einen Orgasmus zu erreichen. Gleichzeitig werden Ihre Brüste manipuliert, als ob Ihr innerer Zustand mit dieser

Manipulation übereinstimmte. Ihre Muskeln sind nicht richtig entspannt, Sie reagieren nicht bzw. empfangen keine entsprechenden Rückmeldungen von Ihren Brüsten (Erregung), wodurch sich ja erst der Kreis schließt, der zu einem befriedigenden Geschlechtsakt nötig ist. Sie wagen es letzten Endes aber auch nicht, abzubrechen oder sich zu beschweren, weil das vielleicht seinen Rhythmus unterbrechen, ihn verärgern könnte und damit bei Ihnen mehr Angstgefühle auslösen würde, als die ganze Sache wert ist. So übergehen Sie Ihr Unbehagen und all die Körpersignale, die Ihnen Einhalt gebieten, und schlimmer noch, Sie täuschen Lustgefühle vor. Das ist etwa so, als wenn Sie von einer Mauer springen und auf den Füßen landen, ohne in den Knien nachzufedern. Es leuchtet ein, daß eine derartige Situation, wenn sie sich oft genug wiederholt, schädigende hormonelle Abläufe in der Brust bewirken kann. Das richtige Muster fehlt oder ist zu schwach, und Muskelzellen und Sinnesrezeptoren sind durch das krampfhafte Bemühen weiterzumachen und durch die unter Umständen sogar mit Schmerzen verbundene physische Reizung doppelt belastet. Blockierte Drüsengänge oder verstärktes Auftreten von Zysten können durchaus ihre Ursache in solchen Aktionen haben. So ist es beispielsweise möglich, daß Absonderungen in einem Drüsengang eintrocknen oder ein Gang blockiert wird. Es spricht einiges dafür, daß Menschen, die schon einmal an Zysten und/oder gutartigen Tumoren erkrankt waren, auch eine gewisse Disposition für Krebserkrankungen haben.

Gefährlich ist in diesem Zusammenhang das Aufeinandertreffen verschiedener Faktoren: Die Brust wird vernachlässigt, Beschwerden werden nicht ernst genommen, und die Brüste werden Manipulationen ausgesetzt, auf die sie innerlich (was den Hormon- und Muskelstatus betrifft) nicht vorbereitet sind. Ich glaube, daß hierdurch eine Situation in der Brust entstehen kann, die vergleichbar ist mit den *Stufen 1 und 2* beispielsweise bei Lungenkrebs. Die Brüste müssen «arbeiten», obwohl ein starker innerer Druck besteht und die falschen Hormone wirksam sind. Wieder ein Beispiel für schlechte Teamarbeit. Ein anderer Risikofaktor, der mit Brustkrebs in Verbindung gebracht wird, ist bezeichnenderweise die Behandlung mit Androgenen (männlichen Hormonen), etwa bei Brustdrüsenentzündung (Mastitis), einer gutartigen Brusterkrankung. Auch in diesem Fall wirkt wahrscheinlich das falsche Hormon zum falschen Zeitpunkt an der falschen Stelle.

Ernährung und Hormone Auch Nahrungsmittel können das normale hormonelle Gleichgewicht in der Brust stören. In Untersuchungen der Universität von Manchester wurde kürzlich über die Bedeutung des Zuckerkonsums bei Brustkrebs berichtet. Diese Forschungsarbeiten kommen zu dem Ergebnis, daß ein hoher Zuckerkonsum (wie es bei uns im Westen üblich ist) die Insulinproduktion des Körpers beeinträchtigen kann. Es ist also gut möglich, daß zuviel Zucker im Blut und in den Zellen die Funktionsfähigkeit des Insulins und anderer Hormone herabsetzt oder zumindest verändert. Auffallend war, daß viele der mir bekannten Brustkrebspatientinnen gerne Süßigkeiten aßen; vor allem hatten einige geradezu eine Leidenschaft für Schokolade und aßen sie in großen Mengen.

Trotzdem nehme ich an, daß dieser Ernährungsfaktor, falls er wirklich eine Rolle spielt, sich in Zusammenhang mit anderen Faktoren auswirkt und nicht nach dem Motto «Wenn du zuviel Zucker ißt, bekommst du Brustkrebs», gültig sein kann. Meine Hypothese ist, daß ein ausgesprochen hoher Zuckerkonsum häufig bei Menschen vorkommt, die Angstgefühle durch Nahrung (besser noch, ganz bestimmte Nahrungsmittel) zu mildern versuchen. Krebsgefährdete Menschen erhöhen wahrscheinlich ihr Risiko, indem sie ständig Unmengen von Süßigkeiten essen und gleichzeitig gewohnheitsmäßig Körpersignale übergehen und ihr hormonelles Gleichgewicht stören.

Stufe 3: Gefährdung der Brust durch Krebsgeschwülste

Der Umstand, daß die Brust durch ihr Lymphsystem so gut geschützt ist, sollte theoretisch eigentlich sicherstellen, daß Geschwülste rechtzeitig entfernt werden, ehe sie sich, wie das oft der Fall ist, zu den Achselhöhlen hin ausbreiten. Wenn Sie jedoch Ihrer Brust zuwenig Beachtung schenken – statt sie zu beobachten, pfleglich zu behandeln und auf Schmerzen und Veränderungen zu achten – dann kann ein solches Verhalten problematisch für die körpereigenen Steuersysteme werden. Dadurch daß Sie Ihre Brust gefühlsmäßig ablehnen oder ihre Existenz zu ignorieren versuchen, können Sie Ihr zentrales Nervensystem so konditionieren, daß es alle Signale, die seine Sinnesrezeptoren in der Brust aussenden, einfach nicht mehr wahrnimmt. Es ist, als ob es versuchte, sich gar nicht darum zu kümmern. Wenn das zur ständigen Routine wird, setzen Sie die Fähigkeit des Immunsystems, in diesem Bereich optimal zu reagieren, deutlich herab. Arbeitet Ihr Immunsystem außerdem noch generell auf einem niedrigen Niveau, so erhöht sich das Risiko weiter.

Psychologische Faktoren bei Brustkrebs

Während es nur wenig Literatur gibt über Verhaltensweisen, die zu einer Disposition für Brustkrebs führen, und über physiologische Zusammenhänge, ist schon viel über Persönlichkeitsmerkmale von Brustkrebspatientinnen veröffentlicht worden. Dieser Bereich ist heute bereits recht gut erforscht, und das wichtigste Ergebnis – Ärger oder negative Gefühle werden nicht offen gezeigt – ist relativ gut belegt.

Auch andere Charakterzüge sind im Zusammenhang mit Brustkrebspatientinnen genannt worden. Einige Forscher haben z. B. die allgemeine Unnahbarkeit ihrer Brustkrebspatientinnen herausgestellt, die darauf hindeute, daß diese Frauen in ihren Beziehungen gerne Distanz hielten. Verschiedene psychodynamisch orientierte Autoren sind der Meinung, daß an Brustkrebs Erkrankte Probleme haben, sich mit ihrer Rolle als Frau zu identifizieren, und deshalb konsequent ihre weiblichen Gefühle und Merkmale «verdrängen». Andere wiederum haben festgestellt, daß ihre Patientinnen übertrieben altruistisch waren (andere Menschen waren ihnen wichtiger als sie selbst, und Ideologien zählten für sie mehr als Gefühle) und daß sie häufig sehr auf ihre Familien bezogen waren. Die meisten Wissenschaftler unterschiedlichster Richtung stimmen aber grundsätzlich darin überein, daß das Fehlen eines emotionalen Ventils für innerlich aufgestauten Ärger und Kummer das einzige wirklich wichtige Merkmal ist.

Das Problem bei vielen dieser Untersuchungen liegt darin, daß diese zu wenig präzise sind. Einige der Begriffe, die in Artikeln verwendet werden (altruistisch, asexuell, Verleugnung der Weiblichkeit) sind meiner Meinung nach nicht eindeutig genug den Grundstrukturen menschlichen Verhaltens zugeordnet, über die wir hier nachdenken. Deutlicher wird das sicher, wenn wir uns ansehen, wie diese abstrakten Charakterzüge sich im konkreten Fall darstellen.

Ich möchte hier den Fall einer Frau beschreiben, die ich glücklicherweise gut kannte, bevor sie an Brustkrebs erkrankte. Marie war die zweiunddreißigjährige Ehefrau eines meiner Patienten. Ihr Schicksal dokumentiert anschaulich den komplexen Zusammenhang zwischen ihrem sozialen und psychologischen Umfeld und den weiter oben beschriebenen Verhaltensweisen, durch die sie sich einem Krebsrisiko aussetzte.

Marie hatte im Alter von 26 Jahren meinen Patienten Henry geheiratet, und im Grunde machte ich ihre Bekanntschaft nicht, weil ich ihr helfen wollte, sondern ihrem Mann. Ich wollte sie kennenlernen, um mit ihrer Hilfe herauszufinden, was sein Leben bestimmte. Henry, Akademiker, Ende Dreißig, hatte keinerlei wirklich ernst zu nehmende Probleme; es fiel ihm nur schwer, sich zu entspannen und mit dem Auf und Ab in seinem Beruf fertig zu werden. Aber mit der Zeit konnte ich mir ein Bild von ihm und seiner Frau machen und war fasziniert davon, welch problematische Verhaltensmuster da auftauchten, die alle Marie betrafen.

Marie war als älteste Tochter eines Farmers in einer ländlichen Region verhältnismäßig isoliert aufgewachsen, und zwar, wie ich schließlich herausbekam, unter psychologisch sehr ungünstigen Umständen. Ihr jüngerer Bruder hatte während ihrer Jugend ständig für Aufregungen gesorgt, und Marie mußte einen großen Teil ihrer Zeit entweder auf seine Krisen (er wurde später psychisch krank und lebte in einer Anstalt) oder auf die Sorgen, die sich ihre Eltern über sein Schicksal machten, verwenden.

Mit 22 Jahren war Marie schließlich von zu Hause weggegangen, sehr zum Kummer ihrer Eltern. Sie arbeitete einige Jahre lang im Ausland, ehe sie in ihre Heimat zurückkehrte und sehr bald Henry heiratete. Beim Verlassen des Elternhauses hatte sie sich sehr schuldig gefühlt, weil sie «Mutter und Vater im Stich ließ», aber sie hatte das Empfinden, daß sie ersticken würde, wenn sie nicht wegginge. Bis zu diesem Zeitpunkt hatte sie nur wenige Freunde gehabt, hatte kaum Kontakte zu anderen gepflegt und war ausgesprochen verantwortungsbewußt und fleißig. In den Firmen, in denen sie im Ausland tätig gewesen war, hatte sie sehr verantwortungsvolle Stellungen bekleidet. Sie hatte kaum Beziehungen zu Männern gehabt und heiratete Henry (einen Freund aus Kindertagen) um, wie ich vermute, erneuten Belastungen durch ihre Familie aus dem Wege zu gehen.

Während der ganzen Zeit, die sie im Ausland gearbeitet hatte und verheiratet war, hatte sie den Kontakt zu ihrer Familie aufrechterhalten und bat mich (nach ein oder zwei Routinesitzungen, die Henry betrafen) in erster Linie um einen Termin, weil sie Hilfe für ihre familiären Schwierigkeiten suchte, wohlgemerkt, nicht für die Probleme ihres Mannes. So lernte ich sie knapp drei Jahre, ehe sie an Krebs erkrankte, kennen, sie, ihr Leben mit ihrem Mann, ihr Arbeitsleben und vor allem ihre Beziehungen innerhalb ihrer Familie. Lassen Sie mich der Reihe nach darüber berichten, und Sie werden erkennen, in welchem Maße ihr Verhalten durch psychologische Faktoren geformt wurde.

Zu Hause war sie, kaum erwachsen, diejenige, an die sich die Eltern zunächst wandten, wenn es um Probleme mit ihrem Bruder ging. Ihr eigenes Heranwachsen und ihre Entwicklung waren kaum beachtet worden, weil es immer nur darum ging, den Eltern zu helfen, ihnen das Leben zu erleichtern und zu erklären, welche Probleme es gerade wieder mit dem Bruder gab. Wenn er Schwierigkeiten hatte, dann war es Marie, die ihn beruhigte oder den Arzt rief. Sie galt zu Hause als die Starke, Unabhängige und erfuhr ihrerseits nur selten so etwas wie Aufmerksamkeit oder Rücksichtnahme. Ihre Situation kam ihr in jener Zeit wohl überhaupt nicht klar zu Bewußtsein; ihre Eltern taten ihr einfach leid, sie sah sie als liebenswerte, hilflose und etwas konfuse Menschen an. Da ihr keine Zeit blieb, sich mit ihren eigenen Problemen zu beschäftigen, und sie keine Möglichkeit hatte, Gefühle zu zeigen oder Zuwendung zu erbitten, hatte sie gewissermaßen «aufgehört, lebendig zu sein». Später, im Verlauf unserer Gespräche, war sie in der Lage, die unausgesprochene, aufgestaute Frustration, die sie ihren Eltern gegenüber empfand, zu erkennen, ihren Ärger darüber, daß sie so ausgenutzt wurde, ihre tiefe Trauer über den Zustand ihrer Eltern und später über ihren eigenen. In ruhigen Augenblicken wurde ihr bewußt, wie leer ihr Leben war, wie all die Entwicklungen und aufregenden Erlebnisse der Jugend an ihr in einem Nebel hilfloser Frustration vorbeigegangen waren. Sie war tatsächlich nie ein normaler junger Mensch gewesen, hatte weder sexuelle Erfahrungen gesammelt, noch sich intellektuellen Herausforderungen gestellt. All das hatte einfach nicht stattgefunden, weil ihr ganzes Leben immer von der Angst um Bruder und Eltern und der Rücksichtnahme auf sie bestimmt war.

In ihrem *Arbeitsleben* fand Marie schließlich den Abstand

von all diesen Zwängen, den sie schon lange gesucht hatte. Aber im Alter von 22 Jahren hatte sie noch keinerlei Erfahrungen mit dem Leben einer Erwachsenen gesammelt, und während sie auswärts arbeitete, konzentrierte sie sich ganz auf ihre Tätigkeit und gelegentliche Anrufe von zu Hause. Sie kehrte zurück, weil sie sich in der Fremde einsam und isoliert fühlte und in ständiger Sorge um ihre Familie lebte.

In ihrer *Ehe* war Marie sehr bald in ihr altes und vertrautes Verhaltensmuster zurückgefallen. Henry war ein liebenswürdiger, sensibler Mann – wenn auch mit einigen Unzulänglichkeiten, was zwischenmenschliche Beziehungen betraf. Und er war ein Mensch, der erhebliche Forderungen stellte. Bald entwickelte sich Maries Leben in meinen Augen zu einer Hölle auf Erden, hin- und hergerissen zwischen den täglichen Anrufen der Mutter, die Hilfe in Familienkrisen forderte, und der Notwendigkeit, Henry stundenlang zu beschwichtigen und zu umsorgen. Schon zu Beginn unserer Bekanntschaft spürte ich, daß sie im Grunde völlig verzweifelt war, trotz ihrer Beteuerungen, glücklich verheiratet zu sein und alles zu haben, was sie zum Leben brauchte. Sie stand ganz offensichtlich kurz vor einem Zusammenbruch. Niemand kümmerte sich um sie, und das war ihr auch völlig klar, aber sie wußte nicht, was oder wer ihr helfen konnte, aus ihrer Verzweiflung herauszufinden. Ich glaube, ihre tiefe Hoffnungslosigkeit hing mit der Erkenntnis zusammen, daß sie irgendwann einfach ein Paket von Anforderungen gegen ein anderes eingetauscht hatte.

Was ihre Beziehung zu Henry betraf, so wurde klar, daß sie in sexueller Hinsicht insgesamt sehr passiv war. Gelegentlich hatte sie darüber geklagt, daß er sie beim Geschlechtsverkehr verletze, aber es widerstrebte ihr, in Einzelheiten zu gehen.

Ihre zu Hause erlernten Verhaltensmuster – sich im Übermaß um andere zu sorgen und sie in den Mittelpunkt ihres Interesses zu stellen (und damit die «Starke» sowohl in der Beziehung zu ihren Eltern als auch für Henry zu sein) – hatte

Marie zunächst auf das Verhältnis zu ihren Arbeitgebern und dann auf die Beziehung zu Henry übertragen. Wenn ich in diesem Zusammenhang sage «im Übermaß», dann meine ich das wörtlich: Marie verbrachte praktisch jede Minute ihres Tages damit, über Henry nachzudenken, sich Sorgen um ihn zu machen, für ihn zu planen. So wurde ein gemütlicher Abend zu Hause abrupt beendet, weil Henry Ärger mit den Nachbarn bekam; ein Abend im Lokal wurde für sie zu einer nervlichen Belastung, weil Henry das Essen nicht schmeckte. Es war genauso wie zu Hause: Wenn irgend etwas falsch lief, übernahm Marie die Verantwortung, nicht etwa, weil der Fehler bei ihr lag, sondern weil sie das Gefühl hatte, alle Welt erwarte von ihr, die Dinge in Ordnung zu bringen.

Marie war voller Resignation und erschöpft. Sie hatte keine Zeit für sich selbst, wußte nicht, wie sie «selbstsüchtig» sein, sich selbst mehr Gutes tun konnte, und letzten Endes ging es Schritt für Schritt mit ihr bergab. Sie verhungerte seelisch aus Mangel an Zeit.

Als sie einen Knoten in ihrer Brust entdeckte, trafen wir uns, ehe sie zur Biopsie ging, und bei der Gelegenheit kamen noch einige weitere Einzelheiten zum Vorschein: Zunächst war sie natürlich geschockt, aber dann zeigte sich, daß ihre Brust (was weder Henry noch ich, noch irgendein anderer Mensch wußte) mit der Zeit zum Kristallisationspunkt für einen großen Teil ihrer Aggressionen geworden war. Verzweifelt über den Knoten in ihrer Brust, brach ein ganzer Redeschwall gegen ihr Frausein, gegen ihre Rolle in der Familie und gegen ihren Körper aus ihr hervor: Sie hatte ihre Brust immer gehaßt, hatte nicht gewußt, wozu sie überhaupt gut war, hatte sie bewußt nicht beachtet, konnte nie verstehen, was Männer daran fanden und beschwerte sich darüber, daß sie bisher nur Unannehmlichkeiten und Schmerzen durch sie gehabt hätte. Es war deutlich, daß sie ein Ventil brauchte für all die Angst und Furcht, die sie im Zusammenhang mit ihrer Brust empfand, aber gleichzeitig gewährte sie dadurch auch

Einblick in ihre Gefühle sich selbst gegenüber. Es schien, als ob sie, was ihren Körper betraf, alles akzeptieren konnte, nur nicht ihre Brüste. «Sie sind wie Beulen», sagte sie, und sie könnte nicht so tun, als ob sie «nicht vorhanden» wären – ihre typische Art und Weise, unangenehme Dinge zu erledigen. Sie sagte auch, daß sie Sex durchaus möge, solange ihre Brüste nicht beteiligt seien. «Wenn Henry sie nur aus dem Spiel ließe, wäre alles in Ordnung.»

Ich bin mir nicht sicher, ob dieser für sie sehr qualvolle Ausbruch nur durch die Entdeckung des Knotens in ihrer Brust ausgelöst wurde. Später, als Krebs diagnostiziert und der Knoten entfernt worden war, hatten wir die Möglichkeit, ihren Gefühlen sich selbst gegenüber tiefer auf den Grund zu gehen. Dabei wurde sehr deutlich, daß sie unbewußt die ganze Zeit versucht hatte, so zu tun, als seien ihre Brüste *nicht* Teil ihres Körpers. Diese Abneigung galt in Wirklichkeit ihrer eigenen Person, all ihren Problemen (und zeigte ihren Widerwillen, sich von Menschen benutzen zu lassen).

Glücklicherweise besserte sich durch die Einsicht in diese Zusammenhänge einiges in ihrem Verhältnis zu Henry, und als sie später schwanger wurde, war sie nach Ansicht ihrer Ärzte außer Gefahr.

Das Entscheidende an diesem Fall ist, daß er meiner Meinung nach die wesentlichen Verhaltensmuster eingebunden in ganz reale Lebensumstände zeigt: Die fehlende Sorgfalt und Aufmerksamkeit für ein wichtiges Organ (die Brust), das Übergehen von Beschwerden und Schmerzen, den Mangel an notwendiger innerer Koordination und Erfahrung beim Geschlechtsverkehr und schließlich die allgemeine nervöse Erschöpfung und körperlich-seelische Müdigkeit, die zur Schwächung der Abwehrkräfte führen. Ich möchte in diesem Zusammenhang betonen, daß ich es für falsch halte, an Brustkrebs erkrankte Frauen als anti-sexuell oder sogar antiemotional zu charakterisieren; alle Gefühle bei ihnen sind durchaus vorhanden, aber die Frauen wissen nicht so recht damit umzugehen. Als Marie schließlich lernte, etwas «selbstsüchtiger» zu sein, konnten Henry und ihre Familie ihre Empfindungen nicht mehr einfach beiseite schieben, und sie fühlte tatsächlich, daß auch ihre Kreativität und ihr Einfühlungsvermögen dadurch deutlich zunahmen. Frei von der zwanghaften Fixierung auf einzelne Menschen, brachte Marie es nun fertig, ihre Persönlichkeitsstruktur, die bis dahin vollständig auf das Wohl anderer ausgerichtet war, zu ändern. Dadurch, daß sie psychologische Abhängigkeiten aufbrach, die ihre Verhaltensweisen in gefährliche und ungesunde Funktionsabläufe gepreßt hatten, war sie auch in der Lage, ihre inneren körperlich-seelischen Strukturen zu verändern. Es war ein hartes Stück Arbeit, das sicherlich auch Henry sehr verändert hat, aber ich glaube, Marie wird am Leben bleiben.

Andere verbreitete Krebsarten

Die Krebsarten, die wir bisher in diesem Kapitel behandelt haben, sind für den weitaus größten Teil der durch Krebs verursachten Todesfälle verantwortlich; fast sechzig Prozent aller Krebserkrankungen bei Männern und Frauen betreffen einen dieser drei Organbereiche. Die anderen ebenfalls verbreiteten Krebsarten, nämlich Krebserkrankungen der Fortpflanzungsorgane und Hautkrebs spielen zahlenmäßig eine weniger wichtige Rolle. Aus Platzgründen kann ich nicht im Detail auf sie eingehen, aber auf einige Punkte möchte ich doch auch bei diesen Krebsarten hinweisen.

Krebs des Fortpflanzungssystems

Bei Frauen können verschiedene Krebsformen im Bereich der Fortpflanzungsorgane auftreten. Am häufigsten ist der Zervikalkrebs, gefolgt von den selteneren Krebserkrankungen der Eierstöcke, der Gebärmutter, des äußeren Schambereichs und der Scheide. Männer können an Hoden-, Penis- und Prostatakrebs erkranken.

Wie bei Lungenkrebs, so leuchtet es auch hier ohne weiteres ein, daß diese Krebsformen dort auftreten, wo Kontakt zu Substanzen besteht, die von außen in den Körper gelangen. Zervikalkrebs ist z. B. in Zusammenhang gebracht worden mit der Häufigkeit des Geschlechtsverkehrs mit verschiedenen Partnern, was einschließt, daß auf diese Weise unter Umständen krebserregende Substanzen in die Scheide und angrenzende Bereiche gelangen. Entzündungen und möglicherweise Virusinfektionen können die Folge sein. Deshalb müssen wir bei der Anwendung unseres Modells sehr sorgfältig vorgehen, um in diesen Fällen möglichst eindeutig die psychologischen und verhaltensmäßigen Vorbedingungen feststellen zu können. Ich fürchte, durch die häufig unkritische Publizität, die diese Forschungsergebnisse erlangt haben, ist Frauen mit Zervikalkrebs oft viel seelisches Leid zugefügt worden.

Zervikalkrebs

Diese Krebsform entsteht in den Zellen der Zervix, d. h. des Gebärmutterhalses bzw. des Muttermundes. Die Krankheit beginnt in Form einer Geschwulst oder eines Geschwürs und kann sich nach und nach in die Gebärmutter, die Scheide und den Beckenbereich ausbreiten. Im Frühstadium sind Symptome selten; später treten unter Umständen Blutungen und unangenehmer Ausfluß auf.

Wissenschaftler sind zu interessanten Ergebnissen über diese Krebsart gelangt. Sehr vieles spricht dafür, daß der eigentliche Krebsauslöser ein Virus ist, und die Forschung hat sich intensiv mit der Frage beschäftigt, welche Rolle Genitalinfektionen wie Herpes Simplex und Geschlechtskrankheiten bei der Entwicklung der Risikostufe 1 spielen. Entsprechende Bedingungen finden sich in den unteren sozioökonomischen Gruppen der meisten untersuchten Länder, mit Ausnahme jener Länder oder Gemeinschaften, in denen sexuelle Aktivitäten begrenzt sind und/oder persönliche sexuelle Hygiene kulturell oder religiös festgelegt ist. So haben Nonnen sowie jüdische und moslemische Gemeinschaften niedrige Erkrankungsraten. Bei Prostituierten und bei Frauen von Männern, die viel reisen oder über lange Zeiträume nicht zu Hause sind, liegt die Häufigkeit der Erkrankungen schätzungsweise viermal höher. Wie schon in früheren Kapiteln erwähnt, ist Zervikalkrebs im Vormarsch und beschränkt sich immer weniger auf die unteren sozioökonomischen Gruppen der westlichen Welt. Veränderungen in der Sexualmoral, die im Verlauf der letzten dreißig Jahre stattfanden, werden in diesem Zusammenhang oft als mögliche Begründung genannt. Versuchen wir, unser Modell anzuwenden.

Stufe 1: Es ist noch nicht genau bekannt, welche Art von Virus Zervikalkrebs verursacht. Aber eingehende Prüfungen haben gezeigt: Je wahlloser eine Frau Beziehungen zu Männern eingeht, desto eher erkrankt sie an Krebs des Genitalbereichs. Forschungsarbeiten haben auch ergeben, daß je jünger eine Frau ist, wenn sie anfängt, Verkehr mit Männern zu haben, desto größer die Wahrscheinlichkeit ist, daß sich später eine Krebserkrankung bei ihr entwickelt. Das scheint besonders dann zuzutreffen, wenn sie schon in früher Jugend beginnt, sich sexuell zu betätigen.

Diese Ergebnisse sollten mit großer Vorsicht interpretiert werden, weil sie äußerst sensible persönliche und moralische Bereiche berühren. Es leuchtet ein, um den einfachsten Fall zu nehmen, daß eine Frau, die zahlreiche Sexualpartner hat, sich einem höheren Risiko aussetzt als eine Frau, die nur einen einzigen Partner hat. Das trifft auf andere Krankheiten genauso zu; Geschlechtskrankheiten, Infektionen, Reizungen und Entzündungen treten häufig Hand in Hand mit einer hohen Anzahl von Sexualpartnern auf. Wahllose Sexualkontakte beinhalten mehr Risiken: Wenn Sie die Menschen, mit denen Sie schlafen, nicht sehr gut kennen, haben Sie keine Möglichkeit, etwas über deren vorherige Partner in Erfahrung zu bringen. Dadurch können Sie sich Krankheitserregern aussetzen, ohne es überhaupt zu wissen.

Frauen, die regelmäßig mehrere Sexualpartner haben, diese aber gut kennen und nicht unkritisch und wahllos Beziehungen eingehen, setzen sich einem geringeren Risiko aus. Sie können jedoch in dem Augenblick in Gefahr geraten, in dem irgendeiner ihrer Partner plötzlich seine Gewohnheiten ändert und beginnt, unterschiedliche sexuelle Kontakte zu suchen.

Mangelhafte persönliche Hygiene bei einem der beiden Partner kann ebenfalls Risiken in sich bergen: Frauen oder Männer, die sich nach dem Verkehr nicht sorgfältig waschen (oder überhaupt nicht), können Infektionen im Genitalbereich bekommen. Das Risiko wächst, wenn diese Nachlässigkeit bereits zur Gewohnheit geworden ist. Unkritische, sehr freie Sexualgewohnheiten und mangelhafte persönliche Hygiene sind wahrscheinlich die beiden höchsten Risikofaktoren.

Zervikalkrebs trifft aber nicht nur Frauen, die viele Liebhaber haben. Gefährdet sind ebenfalls Frauen, deren Partner ein sehr freies und sorgloses Sexualleben führen, auch wenn die Frauen selbst sich zurückhalten. Ich habe einige Frauen kennengelernt, die an Zervikalkrebs erkrankt waren, ohne jemals im Leben mit einem anderen als ihrem Ehemann geschlafen zu haben.

Ein wohlhabender Geschäftsmann war wegen allgemeiner

Depressionen bei mir in Behandlung. Er war kein besonders mitteilsamer Mensch, und deshalb hatte ich ein oder zwei Gespräche mit seiner Frau, um ein paar Hintergrundinformationen zu bekommen. Angela war eine sehr konservative Christin, voller Spannungen und Nervosität, aber sehr rege und ziemlich sensibel – das vollständige Gegenteil von ihrem Mann. Etwa ein Jahr später traf ich sie zufällig in der Ambulanz eines Krankenhauses, und wir unterhielten uns einige Zeit. Ihr war gerade mitgeteilt worden, daß ihr Abstrich eine Krebserkrankung vermuten ließ. Fast das erste, was sie zu mir sagte, war: «Aber ich verstehe das nicht; ich habe niemals mit irgendeinem anderen geschlafen als mit meinem Mann, und das auch nur gelegentlich.» Sie hatte alles über Krebs gelesen, was ihr zugänglich war, einschließlich eines Zeitschriftenartikels über den Zusammenhang zwischen Zervikalkrebs und der Häufigkeit von Geschlechtsverkehr. Aufgrund dessen, was ich wußte, ihr aber nicht sagen konnte – daß nämlich ihr Mann sich im Gegensatz zu ihr durchaus durch viele Betten hindurchgeschlafen hatte –, trennte ich mich sehr bedrückt von ihr. Er war wirklich ein ausgesprochener Schürzenjäger, und auf seinen häufigen Reisen schlief er mit jeder Frau, die ihm gefiel. Für mich war es völlig klar, daß die Frau meines Klienten sich durch seine Aktivitäten den Risiken der *Stufe 1* (Infektion) ausgesetzt hatte. Die ärztliche Schweigepflicht verbot es mir, zu ihr oder irgendeinem anderen Menschen davon zu sprechen, aber ich unterhielt mich mit ihm selber darüber, und er war so entsetzt, daß er versuchte, seine sexuelle Freizügigkeit von da an einzuschränken.

Was die Sache schwierig machte, war der Umstand, daß sie keine Ahnung von den zahlreichen Affären ihres Mannes hatte. Es war ihr zwar klar, daß es Schwierigkeiten in ihrer Ehe gab, aber sie und ihre Ärzte befanden sich in völliger Unkenntnis über seine Lebensweise. Ich glaube, daß so etwas relativ oft vorkommt: Eine Frau erkrankt an Krebs, wird behandelt, erholt sich, und schließlich läuft alles seinen alten Gang weiter; einige Zeit später wird dann erneut Krebs bei ihr festgestellt. Derartige Rückfälle könnten häufig vermieden werden, wenn dem Partner der Patientin gesagt würde, welchen Gefahren er seine Frau unter Umständen aussetzt. Ein delikates Thema, das aber unbedingt zur Sprache kommen sollte. Im übrigen gehört Zervikalkrebs zu den Krebsarten, die routinemäßig und erfolgreich ohne große Chirurgie und ohne die belastenden Nebenwirkungen anderer Krebstherapien behandelt werden können.

Stufe 2: Die Risikostufe 1, nämlich «infiziert» zu sein, verursacht alleine noch keine Krebsgeschwulst. Bei dem oben beschriebenen Fall sind wie in ähnlichen Fällen sehr viel mehr Faktoren beteiligt. Auch den Geschlechtsverkehr betreffende Verhaltensweisen und Gefühle einer Frau spielen bei der Entstehung von Risiken eine wichtige Rolle. Wenn Sie z. B. Geschlechtsverkehr haben, ohne richtig erregt zu sein und ohne Scheidensekrete abzusondern, können Verspannungen der Scheidenmuskeln oder Verkrampfungen im Beckenbereich zu Reizungen, Einrissen und Entzündungen führen, die, wenn bereits ein Risiko der *Stufe 1* vorliegt, bösartig werden können. Fällt es Ihnen zusätzlich sehr schwer, negative Empfindungen auszudrücken oder angemessen für Ihr eigenes Wohlbefinden zu sorgen, dann wächst das Risiko.

Ein Beispiel soll das verdeutlichen. Vor einigen Jahren suchte mich ein junges Paar auf, dem empfohlen worden war, sich wegen seiner sexuellen Probleme an mich zu wenden. Im allgemeinen entstehen sexuelle Schwierigkeiten in Beziehungen entweder dadurch, daß die Frau nicht fähig ist, geschlechtlich zu verkehren oder einen Orgasmus zu haben, oder dadurch, daß der Mann unfähig ist, eine Erektion aufrechtzuerhalten, oder regelmäßig einen vorzeitigen Samenerguß hat. In diesem Fall waren aber beide Partner durchaus in der Lage, ganz normal geschlechtlich miteinander zu verkehren, sie liebten sich und hatten außerhalb ihrer Beziehung keine sexuellen Kontakte. Ihre Probleme entstanden dadurch, daß sie sich nicht darüber einigen konnten, wie oft sie miteinander schlafen sollten. Er wollte am liebsten jeden Tag geschlechtlich verkehren, sie nur zwei- oder dreimal in der Woche. Auf den ersten Blick war das, verglichen mit den Problemen anderer mir bekannter Paare, kaum ein Grund, sich große Sorgen zu machen.

Bei näherem Hinsehen zeigte sich aber sehr bald eine Situation, durch die meiner Meinung nach die Frau bereits der Risikostufe 2 ausgesetzt war. Der wirkliche Streitpunkt zwischen den beiden war nämlich seine Überzeugung, daß er ein Recht auf Sex hätte, wann immer er Lust dazu verspürte. Er meinte auch, daß Frauen das gleiche Anrecht hätten und daß sie, wenn sie gesund und normal wären, ebenfalls jeden Tag Geschlechtsverkehr haben wollten. Er war überzeugt davon, daß seine Freundin durch ihre ziemlich strenge Erziehung gehemmt war, und versuchte nun – wie er es ausdrückte – sie von ihrer früheren Indoktrination zu befreien, indem er darauf bestand, täglich mit ihr zu schlafen.

Sie war völlig seiner Meinung, oder war es sicherlich zu Beginn ihrer Beziehung gewesen, und solange er an dem Gespräch teilnahm, stimmte sie ihm auch jetzt in allem zu. Als ich sie dann aber alleine traf, entstand ein völlig anderes Bild. In der ersten Zeit ihrer Beziehung hatte sie seine Vorstellungen akzeptiert, aber mit der Zeit war sie immer weniger bereit, täglich mit ihm zu schlafen. Sie merkte, daß es sie müde machte und daß oft andere Dinge, mit denen sie gerade beschäftigt war, unterbrochen wurden. Am meisten Kraft kostete sie aber seine Forderung, sie müsse bei jedem Geschlechtsverkehr einen Orgasmus haben. Damit wollte er erreichen, daß sie lernte, genau soviel Spaß am Sex zu haben wie er. Weil sie normalerweise ohne Schwierigkeiten zum Orgasmus kam, glaubte sie sich anpassen zu müssen. Am Anfang ging auch alles ganz gut, aber bald fühlte sie sich derart unter Druck gesetzt, daß der bloße Gedanke an Geschlechtsverkehr wie ein Alptraum auf ihr lastete. Sie konnte einfach nicht mehr so weitermachen, und um des lieben Friedens willen fing sie an, einen Orgasmus vorzutäuschen. Er spürte das, und auch ihr Verspanntsein und ihre Angst vor dem Geschlechtsverkehr, und daraus entwickelten sich dann ihre Streitereien – er warf ihr vor, daß sie sich selbst keinen richtigen Spaß am Sex gönne und ihren Orgasmus nur vortäusche, sie wies diese Vorwürfe weit von sich.

Nachdem sie mir die ganze Geschichte erzählt hatte, wurde mir erst klar, wie ernst das Problem war. Sie tat mir leid, ich versprach, mit ihrem Mann über ihre Gefühle zu sprechen und schickte sie zu einer gründlichen Untersuchung zum Gynäkologen. Als ich aber versuchte, ihrem Partner ihre Empfindungen zu erklären, tauchte unerwartet ein Problem auf. Er hörte mir zwar geduldig zu (ich versuchte, ihm bei der Gelegenheit auch etwas über weibliche Sexualität zu vermitteln), aber nachdem ich geendet hatte, lächelte er mich an und erklärte mir ganz einfach, daß ich im Unrecht sei, daß jede Frau ein Anrecht darauf habe, den gleichen Spaß am Geschlechtsverkehr zu haben wie er selbst, und daß außerdem alles, was ich über ihren Widerwillen gegen den Geschlechtsverkehr und über das Vortäuschen von Orgasmen gesagt hätte, frei erfunden sei. Als ich mich etwas irritiert an sie wandte und um Bestätigung bat, sah sie mich ausdruckslos an, stimmte dann mit ruhiger Stimme ihrem Mann zu und stritt ab, sich je bei mir beklagt zu haben. Ich erkannte auf einmal, daß sie Angst davor hatte, gegen ihn für sich selber zu kämpfen. Sie hatte sich dafür entschieden, ihre Beziehung auf Kosten ihrer eigenen Meinung und – wie sich herausstellte – auf Kosten ihres eigenen Körpers zu retten. Offensichtlich gab es Bereiche in ihrer Beziehung, von denen ich keine Kenntnis hatte, und so mußte ich die Dinge auf sich beruhen lassen.

Sie verabschiedeten sich von mir, und ich sah sie nie wieder. Aber der Gynäkologe, zu dem ich die Frau geschickt hatte, rief mich etwa eine Woche später an. Ihr Pap-Abstrich bereitete ihm Sorgen, und er wollte einen Wiederholungstest machen, weil er befürchtete, daß bei ihr ein Vorstadium zu einer Krebserkrankung vorlag. Einen Monat später schrieb er mir einen kurzen Bericht: Er hatte erneut Kontakt zu dem Paar aufgenommen und um einen Kontrolltest gebeten, aber der Mann hatte das abgelehnt und war ziemlich ausfallend geworden, weil der Gynäkologe es gewagt hatte anzunehmen, mit seiner Freundin sei etwas nicht in Ordnung. Keiner von uns hörte mehr etwas von diesem Fall, aber wir waren uns einig, daß die sexuellen Gewohnheiten dieses Paares die Frau mit größter Wahrscheinlichkeit gefährdeten, und zwar dadurch, daß sie zum Geschlechtsverkehr gezwungen wurde, auch wenn sie völlig verspannt und erschöpft war.

Dieser Bericht vermittelt eine gewisse Vorstellung davon, wie sich risikoreiche Verhaltensmuster entwickeln. Die Frau in der oben beschriebenen Beziehung setzte ihren Genitalbereich ständig starken Reizungen aus, hatte sich angewöhnt, Schmerzsymptome zu übergehen, und ihre Verhaltensweisen waren höchst unangemessen. Die körpereigenen Systeme richteten sich auf ihre Beschwerden und auf das sinnlose Funktionieren ihres Genitalbereichs ein. Wir konnten in ihrem Fall nicht eindeutig feststellen, ob sich bereits ein Vorstadium von Krebs entwickelt hatte (der zweite Test fehlte), aber sie war mit Sicherheit gefährdet. Was würde geschehen, wenn ihr Partner plötzlich das Recht für sich beanspruchte, mit anderen Frauen zu schlafen? Dann würden sich die *Stufen 1 und 2* gemeinsam auswirken; das Risiko, krebserregenden Substanzen durch wahllose Sexualkontakte ausgesetzt zu sein, wäre gekoppelt mit dem Umstand, daß ein Organ mißbraucht oder in anderer Weise verletzlich gemacht wird.

Stufe 3: Die Krebs-Kette ist vollständig, wenn bei einem Menschen zusätzlich zu den oben beschriebenen Risiken auch noch ständig das Immunsystem auf zu niedrigem Niveau arbeitet. Insgesamt ergibt sich daraus eine Situation, die wahrscheinlich am besten als allgemeine Apathie gegenüber den Bedürfnissen des Körpers und ihrer Befriedigung gekennzeichnet werden kann. Bei meinen Patientinnen habe ich oft eine Art resignierender Trauer und Teilnahmslosigkeit, verbunden mit einem Gefühl von passivem Groll, festgestellt. Mit anderen Worten: «Wenn kein Mensch sich um meine Bedürfnisse und um mich kümmert, warum sollte ich es dann tun?» Es gab jeweils komplexe psychologische Begründungen dafür, daß die Betreffenden so empfanden, aber das Resultat war in allen Fällen, daß die Widerstandskraft sich verringerte und jegliches Interesse für Probleme oder Beschwerden des eigenen Körpers allmählich erlosch. Eine solche Haltung schafft in Verbindung mit einer ständigen Gefährdung durch die ersten beiden Risikostufen die Basis für den Ausbruch einer Krebserkrankung.

Psychologische Faktoren bei Zervikalkrebs: Es gibt noch nicht allzuviel Literatur über die Psychologie von Frauen, die an Zervikalkrebs erkrankten, aber nach meiner Erfahrung haben besonders gefährdete Frauen offensichtlich einige entscheidende Gemeinsamkeiten.

Das erste Merkmal betrifft die Sexualität. Paradoxerweise hatten die meisten mir bekannten Frauen, die an dieser Krebsform erkrankt waren, eine recht ambivalente Haltung zum Geschlechtsverkehr. Viele von ihnen waren sexuell sehr erfahren und hatten oft schon als junge Teenager ihre ersten sexuellen Kontakte gehabt; im allgemeinen hielten sie sich, was Sex betraf, für gut informiert und für kompetent in Fragen des Geschlechtsverkehrs. Aber nur wenige von ihnen hatten wirklich ausgesprochenen Spaß beim Geschlechtsverkehr. Es schien für sie eher zu einer Gewohnheit geworden zu sein, wie etwa Zähneputzen, etwas, das man jeden Tag erledigt ohne sich weiter Gedanken darüber zu machen und das mehr oder weniger zum Selbstzweck wird. Sexuelle Aktivität bedeutete für meine Patientinnen in erster Linie eine Möglichkeit, ihren Partner zu befriedigen und eine bestimmte Art des Kontaktes innerhalb ihrer Beziehungen zu pflegen. Viele genossen diese Seite des Verkehrs – die Wärme, die Zärtlichkeit, den Körperkontakt –, aber ihre eigenen sexuellen Bedürfnisse waren selten Teil des Aktes. Und sie sprachen auch nicht mit ihren Partnern darüber.

Das zweite gemeinsame Merkmal betrifft die Einsamkeit. Während nur wenige dieser Patientinnen sich selbst als einsam bezeichneten, fiel mir oft auf, daß sie geradezu panische Angst davor hatten, jemals sich selbst überlassen zu sein; diese Angst war offensichtlich so groß, daß sie ihr Leben mit allen möglichen Aktivitäten anfüllten, als ob sie fürchteten, die Zeit könne ihnen zwischen den Fingern zerrinnen. Sie nahmen sich nur widerwillig Zeit, um etwas für sich selbst zu tun, und schon gar nicht, um über sich und ihr Leben nachzudenken. Wenn die Umstände sie zwangen, sich über irgend etwas Gedanken zu machen, neigten sie dazu, sich deprimiert und schlecht zu fühlen, und hatten Angst, andere Dinge nicht weiterführen zu können; sie schienen ihren eigenen emotionalen Zustand, ihre eigenen ganz persönlichen Gefühle für völlig unwichtig zu halten. Die meisten setzten diesen Zustand mit einem Gefühl des Einsamseins gleich und stürzten sich lieber geschäftig auf die Erledigung aller möglichen Angelegenheiten. Viele erinnerten sich auch daran, daß sie sich als Jugendliche einsam gefühlt und dieses ihnen unangenehme Gefühl nach Möglichkeit vermieden hatten.

Das dritte gemeinsame Merkmal, das in enger Verbindung zu den ersten beiden steht, war das außergewöhnliche Interesse, das die meisten meiner Patientinnen Männern entgegenbrachten – vor allem dem Mann, mit dem sie zusammenlebten. Diese Neigung, allem Männlichen in ihrem Leben besondere Beachtung zu schenken, und zwar auf Kosten ihrer eigenen Identität, war offensichtlich schon angelegt, als sie noch Teenager waren. Maureen, eine siebenunddreißigjährige Frau, deren Zervikalkrebs erfolgreich behandelt worden war, erzählte eine typische Geschichte:

«Zum erstenmal schlief ich mit einem Mann, als ich dreizehn war. Ich hatte kein besonders glückliches Familienleben, meine Eltern waren schon ziemlich alt, als ich geboren wurde, und zu Hause war es wirklich langweilig. Einen Freund zu haben und mit ihm zu schlafen, bedeutete damals alles für mich. Es hob mich aus all der Langeweile heraus. Es war aufregend, und ich kam mir richtig erwachsen vor. Natürlich war es auch ein bißchen beängstigend, aber ich sah älter aus, als ich war und konnte auch ganz gut schauspielern. Nachdem ich einmal mit einem Mann geschlafen hatte, konnte ich nicht mehr darauf verzichten. Ich dachte immer daran, wie es wäre, wenn ich nach Hause in dieses eintönige Leben zurückkehren müßte. Bis ich zwanzig war, hatte ich einen Mann nach dem anderen, weil es immer irgendwie nicht lange hielt, ich war wahrscheinlich noch zu unreif. Ich weiß nur, daß ich unbedingt jemanden haben mußte, mit dem ich nachts schlafen konnte, ganz gleich, wer es war.

Als ich schließlich eine feste Beziehung einging, machte ich den Fehler, jeder seiner Launen nachzugeben. Ich war es so gewöhnt, als Sex-Objekt gesehen zu werden, daß ich ganz verzweifelt war, wenn er keine Lust hatte, mit mir zu schlafen. Es war eine Art von Droge für mich geworden; wenn wir nicht miteinander schliefen, litt ich regelrecht unter Entzugserscheinungen und fühlte mich völlig nutzlos. Ich brauchte anschließend noch einige weitere Beziehungen, bis ich begriff, daß Sex nicht alles ist. Jetzt versuche ich, realistischer und auch fordernder in meinen Beziehungen zu sein.»

Aber Maureen hat auch heute noch Schwierigkeiten mit ihrer Fixierung auf Sex. Sie meint, wenn ihr Partner Geschlechtsverkehr haben möchte, dann müsse sie grundsätzlich auf seine Wünsche eingehen, ganz gleich, was sie in diesem Augenblick empfinde. Andererseits ist sie im sonstigen Leben gesund und selbständig. Sie arbeitet in einer guten, verantwortungsvollen Stellung, in der sie sich gegenüber ihren männlichen Kollegen hervorragend durchsetzt. Sie schwört auf Gesundheitskost und joggt regelmäßig. Ihr einziger wunder Punkt ist ihre Einstellung zu Sex und Männern, und in dieser Beziehung muß sie systematisch lernen, ihre Bedürfnisse zu beherrschen.

Es war die Kombination von zwei besonderen Merkmalen, die in besonderem Maße charakteristisch für die mir bekannten an Zervikalkrebs erkrankten Frauen war: Sie waren alle auf sexuelle Intimität als Maßstab für ihren eigenen Wert fixiert, und sie benutzten sexuellen Verkehr als Mittel, um Sicherheit zu bekommen. Sogar Angela, die wir früher bereits kennengelernt haben, bildete da keine Ausnahme. Obwohl sie niemals wahllos Sex hatte (und nur durch die Affären ihres Mannes einem Risiko ausgesetzt wurde), war auch sie in gewisser Weise auf die sexuelle Beziehung zu ihrem Mann fixiert. Ihre Laune hing fast ausschließlich davon ab, ob sie miteinander schliefen oder nicht:

«Wenn wir miteinander schlafen, dann bin ich sicher, daß er mich liebt. Ich fühle mich wunderbar, und es macht mich tagelang glücklich. Ich denke immer wieder daran, und es erfüllt mich völlig, vermittelt mir das Gefühl, eine Frau zu sein. Ich bin dann voller Selbstvertrauen, sogar fast ein bißchen großspurig. Ich gehe durch die Straßen, glühend und triumphierend. Wenn ich andere Frauen sehe, Freundinnen, von denen ich weiß, daß sie nicht mit ihren Männern schlafen, dann fühle ich mich ihnen überlegen, als ob ich mich auf einer völlig anderen Ebene befände. Wenn er aber von einer Reise zurückkommt und keine Lust hat, mit mir zu schlafen (wir reden nicht darüber, ich merke es nur an seiner Stimmung), dann habe ich das Gefühl, daß meine Welt zusammenbricht.

Ich forsche nach dem leisesten Zeichen von Leidenschaft bei ihm. Ich werde nervös und reizbar. Ich gehe nicht aus, ich mag meine Freunde nicht sehen. Ich fühle mich niedergeschlagen, nichts interessiert mich mehr.»

Angela hat niemals einem Menschen diese Gedanken anvertraut, am allerwenigsten ihrem Mann, und sie ist der festen Überzeugung, daß es allen anderen Frauen genauso ergeht wie ihr.

Um es zusammenzufassen: Genauso wie der besonders durch Lungenkrebs gefährdete Typ auf das Rauchen fixiert ist, neigt eine Frau mit einem hohen Risiko für Zervikalkrebs dazu, auf Sexualität und Geschlechtsverkehr fixiert zu sein. Dies wiederum scheint zur Vernachlässigung anderer Kontaktformen und zu einer sehr starken Abhängigkeit von Männern zu führen. Schließlich lernt die Frau, ihre eigenen Bedürfnisse zu verleugnen oder zu ignorieren und grundsätzlich irgendwelche Beschwerden, die sie vielleicht hat, nicht zu beachten.

Wenn wir von der Vorstellung ausgehen, daß Zervikalkrebs durch ein komplexes Wechselspiel der oben beschriebenen Faktoren entsteht, dann können wir leichter erkennen, wo falsche Entwicklungen einsetzen. Um es zu wiederholen: Entscheidend ist die Fixierung auf ein einzelnes Organ oder eine einzige Aktivität als alleiniges Ausdrucksmittel für eine ganze Fülle emotionaler Erfahrungen.

Krebs der männlichen Fortpflanzungsorgane

Obwohl Krebs der männlichen Fortpflanzungsorgane, vor allem Hodenkrebs, offensichtlich häufiger wird, ist bisher nur wenig über diese Krebsformen veröffentlicht worden. Analog zu der steigenden Erkrankungsrate bei weiblichen Genitalkrebsarten nimmt man auch hier an, daß veränderte gesellschaftliche Wertvorstellungen und damit verbundene häufigere Sexualkontakte zu einer Erhöhung der Risiken geführt haben. Unzureichende persönliche Hygiene wird als ein weiterer Faktor angesehen, ebenso wie bestimmte Masturbationsgewohnheiten. Um letzteres zu illustrieren, möchte ich einen Fall von Peniskrebs bei einem jungen Mann beschreiben, der kürzlich in meine Praxis kam. Dieser eine Fall enthält im Grunde die Summe aller meiner Erfahrungen in diesem Bereich.

Mike war ein 28jähriger Anthropologe, der einen großen Teil seines Lebens alleine in Ländern der Dritten Welt verbracht hatte, um dort Forschungsarbeiten durchzuführen und – soweit ich das herausbekommen konnte – über nichts anderes als seinen Penis nachzudenken. Es erwies sich als außerordentlich schwierig, ihm zu helfen oder ihm irgendwelche Informationen zu entlocken, aber schließlich konnte ich doch folgendes über seine persönlichen Gewohnheiten in Erfahrung bringen: Schon als Dreizehnjähriger hatte er begonnen, täglich zu masturbieren, und obwohl er so oft wie möglich badete, hatte er im Grunde keine Ahnung, wie er seinen Penis ausreichend reinigen und pflegen sollte, hatte Schuldgefühle in bezug auf Sex und seinen Penis, hatte keine Beziehungen zu Frauen (abgesehen von einem einzigen Besuch bei einer Prostituierten in Zaire), hatte kaum Kontakt zu seinen Eltern und noch weniger zu den Leuten, für die er arbeitete. Seit er neunzehn Jahre alt war, hatte er gelegentlich Anfälle von akuter Blasenentzündung, die er aber meist nicht beachtete. Einmal war er ernstlich an einer Leberentzündung erkrankt. Ich glaube, daß seine Infektionen alle denselben Ursprung hatten: Er war nicht beschnitten, er masturbierte täglich, und er wußte nicht, daß die Vorhaut über der Eichel häufig zurückgeschoben und gereinigt werden muß; ohne diese Pflege entwickelt sich der vordere Teil des Penis zu einem sehr ungesunden Bereich. In Mikes Fall bin ich sicher, daß seine unzulänglichen Waschgewohnheiten an der Krebserkrankung mitschuldig waren. Zwei weitere Faktoren sind meiner Meinung nach ebenfalls wichtig: Mikes Veranlagung, über Schwächesymptome (und Gerüche) einfach hinwegzugehen, ohne Rat zu suchen, und seine Angewohnheit zu masturbieren, während er seine Hose anbehielt. Ihm war als Kind eingeschärft worden, niemals seinen Penis zu berühren («er war etwas Schmutziges»), und er umging dieses Verbot, indem er seinen Penis einfach durch die Hose hindurch rieb. So verursachte er weitere Reizungen und Entzündungen durch den Kontakt der Haut mit dem Stoff und durch die im Stoff vorhandenen Schmutz- und Schweißpartikel. In der kurzen Zeit, die wir miteinander zu tun hatten, lieferte er mir erneut einen eindeutigen Beweis für die Gültigkeit unseres Modells: Drei Faktoren oder Verhaltensweisen wirkten zusammen und verursachten so die Krebserkrankung. Müßig zu erwähnen, daß ich ihm empfahl, ein Krankenhaus aufzusuchen, wo er allem Anschein nach durch Chemotherapie geheilt werden konnte.

Hautkrebs

Hautkrebs ist sehr verbreitet, aber abgesehen von einer Handvoll außergewöhnlicher Fälle ist dieses Leiden selten so ernst, daß es zum Tode führt. Am häufigsten kommt Hautkrebs bei hellhäutigen Menschen vor, die sich lange der Sonne ausgesetzt haben. Seine Verbreitung wächst besonders deutlich bei weißhäutigen Menschen (im Gegensatz zu schwarz- oder dunkelhäutigen Menschen) und in den Regionen der Welt, in denen eine sonnengebräunte Haut dem Schönheitsideal entspricht. Das Ergebnis einer Untersuchung zeigte eine eindeutige Korrelation zwischen starkem Sonnenbrand und der Entwicklung von Hautkrebs. Aber es sind noch mehr Faktoren beteiligt als nur das Sonnenbaden. Hierzu ein Beispiel:

Zwei Brüder, beide Landwirte, hatten die meiste Zeit ihres Lebens auf derselben Farm und unter der gleichen Sonneneinstrahlung gearbeitet, und doch entwickelte sich nur bei einem von ihnen eine leichte Form von Hautkrebs an den Lippen. Warum? Ich kann es zwar nicht mit absoluter Sicherheit erklären, aber die Frau des nicht an Krebs erkrankten Farmers äußerte mir gegenüber, daß ihrer Meinung nach ihr Mann von Krebs verschont geblieben sei, weil sie ihn schon seit Jahren veranlaßt habe, eine Schutzcreme für die Lippen zu benutzen, trotz all seiner Proteste und trotz der Hänseleien seines Bruders. Ich stellte außerdem fest: Beide Brüder fanden, daß trokkene Lippen eine der unangenehmsten Begleiterscheinungen ihrer ganztägigen Arbeit draußen in der Sonne waren (beide trugen gewöhnlich Hüte, da sie in den Tropen lebten). Der Bruder, der an Krebs erkrankte, wies alle Schutzmittel zurück und lachte den anderen aus, weil der «Lippenstift» benutzte – damals wurden Männer schon als «schwul» angesehen, wenn sie nur ein Deodorant verwendeten. Stolz zeigte er seine rissigen und rauhen Lippen als Beweis dafür vor, daß er die Sonne «verkraftete». Seine Persönlichkeit war völlig anders als die seines Bruders. Er neigte dazu, alles Gefühlsmäßige zu verachten, war ein ruhiger, wortkarger Typ, und in ihm schien ein geheimer und unausgesprochener Zorn zu brennen.

Hier haben wir alle notwendigen Voraussetzungen für die drei entscheidenden Stufen:

Stufe 1: Sie müssen sich übermäßig Sonnenlicht, Hitze oder irgend etwas, das die Haut verbrennt, aussetzen.

Stufe 2: Sie müssen es versäumen, die notwendigen Schutzvorkehrungen zu treffen. Sonnenbaden, Bräunen, ja sogar gelegentlichen Sonnenbrand kann der Körper noch relativ gut verkraften. Wenn Sie es aber gewohnheitsmäßig unterlassen, sich vernünftig zu schützen (und hier schließe ich ausdrücklich Ihr bräunendes Sonnenbad mit ein) und/oder Schmerzen und Beschwerden nicht ernst nehmen, dann gefährden Sie sich.

Stufe 3: Wenn Sie außerdem noch darauf fixiert sind, zum Beispiel braun zu werden, und Ihre Abwehrkräfte geschwächt sind, dann sind alle Voraussetzungen für eine Erkrankung gegeben.

Um es noch mal zu wiederholen: Die Entwicklung der Krebserkrankung braucht Zeit, und das Verhalten muß zur Gewohnheit werden. *Psychologische Muster*, auf die ich gestoßen bin, beinhalten folgende Faktoren: den Wunsch, unbedingt braun zu werden, die Gewohnheit, sich übermäßig der Sonne auszusetzen, einen extremen Mangel an Sensibilität für Hautirritationen und schließlich die Neigung, an wunden Hautstellen immer wieder herumzukratzen. Grundlage für solche Verhaltensweisen ist meist eine krankhafte Angst und das Fehlen geeigneter Ventile, um mit dieser Angst umzugehen.

Zusammenfassung

Ich habe in diesem Kapitel versucht, das Modell, das ich in Kapitel 3 entwickelt habe, auf die am häufigsten vorkommenden Krebsarten anzuwenden. Ich hoffe, daß Sie inzwischen eine bessere Vorstellung davon haben, wie Krebs ganzheitlich zu sehen ist, und daß Sie anfangen zu erkennen, wie Sie sich selbst helfen können. Aus Platzmangel kann ich leider nicht jede Krebsart untersuchen, und natürlich gibt es auch Formen, auf die dieses Modell nicht anwendbar ist. Ich denke da beispielsweise an einige Krebsarten, deren Wachstum wahrscheinlich in einem sehr frühen Entwicklungsstadium einsetzt und an andere, bei denen eine bestimmte Körperschwäche im fortgeschrittenen Stadium krebsähnliche Erscheinungen hervorruft. Es gibt auch Krebsarten, etwa Krebs der Bauchspeicheldrüse, die vielleicht in das Modell passen würden; da uns aber bis heute genaue Kenntnisse über die tatsächliche Funktion dieses Organs fehlen, kann ich noch keine sicheren Aussagen wagen. Ich habe diejenigen Krebsarten erörtert, bei denen meiner Meinung nach die Anwendung des Modells eindeutig möglich war.

Kapitel 5

Krebs vorbeugen

Bis jetzt haben sich unsere Untersuchungen darauf konzentriert, wie sich eine Krebserkrankung von Grund auf – oder besser gesagt, aus dem Körper heraus – entwickelt. Wir haben gesehen, wie normales Zellgewebe Übergangsstadien durchläuft, bevor es tatsächlich krebsig entartet, und wir haben etwas darüber erfahren, wie die körpereigenen Steuersysteme durch ihre Zusammenarbeit mit den Zellen diesen Prozeß fördern oder verlangsamen können. Wir haben auch die Art und Weise untersucht, in der die Lebensgewohnheiten eines Menschen die reibungslose Arbeitsweise jener Systeme – des zentralen Nervensystems, des endokrinen Systems und des Immunsystems – beeinträchtigen können, und wir haben diese komplexen Wechselwirkungen in dem Krebsmodell, das in den letzten beiden Kapiteln entwickelt wurde, zusammengefaßt.

Dabei haben wir stets das komplizierte Wechselspiel zwischen Körper und Seele betont und zu zeigen versucht, daß die beiden Bereiche durchaus nicht zusammenhanglos nebeneinanderstehen, sondern daß sie ein eng miteinander verzahntes Ganzes bilden. Wo wir diejenigen rein mentalen oder psychologischen Muster untersucht haben, die charakteristisch für besonders krebsgefährdete Menschen sind, ist deren Einbindung in die körperlich-seelische Einheit klar herausgestellt worden. Wenn alle drei Risikostufen gleichzeitig bei einem Menschen vorliegen, können wir in der Regel ein psychologisches (oder persönliches) Muster erkennen, das mit dem vorhandenen hohen Risiko in Zusammenhang steht. Es wurde jedoch betont, daß diese psychologischen Muster nur dadurch wirksam werden, daß sie zu krebsfördernden Gewohnheiten und damit zu folgender Entwicklungsreihe führen:

Psychologisches Grundmuster
↓
Verhaltensweisen
↓
Funktionsstörungen im Bereich des zentralen Nervensystems, des endokrinen Systems und des Immunsystems
↓
Prozeß der Krebsentwicklung

Man kann nicht sagen, daß seelische Faktoren, bestimmte Gewohnheiten, Krankheitserreger, Fremdkörper oder selbst Karzinogene Krebs *verursachen*. Um die Entwicklung einer Krebserkrankung auszulösen, müssen mehrere Voraussetzungen gegeben sein, die dann zu einer Art Kettenreaktion führen.

Sicherlich wäre den meisten Menschen ein klares Entweder-Oder lieber: Krebs wird entweder durch seelische Faktoren verursacht, oder er wird es nicht. Diese Neigung, nach einfachen Zusammenhängen von Ursache und Wirkung zu fragen, zeigt sich am deutlichsten, wenn es um die Frage geht, wie Krebs verhütet werden kann. «Hören Sie auf zu rauchen», «Ernähren Sie sich gesund», «Hören Sie auf, sich zu ärgern», das sind einige der spontan geäußerten Ratschläge, die zu hören sind, wenn man Meinungen über Krebsvorbeugung einholt. Ich möchte Ihnen jedoch vor Augen führen, daß es genauso ‹einfach› sein kann, über Krebsverhütung in einer gründlicheren, die körperlich-seelische Einheit berücksichtigenden Weise nachzudenken. Darüber hinaus möchte ich praktische Anregungen geben, wie Sie die Entstehung einer Krebserkrankung verhindern können. Ich werde sogar die Behauptung aufstellen, daß es durchaus möglich ist, mit Hilfe seelischer Kräfte Krebs zu vermeiden. Nicht in dem Sinn, daß eine Änderung der ‹Seele› oder der Denkweise eines Menschen ihn automatisch und umgehend von dem Risiko befreit, an Krebs zu erkranken, sondern mehr in dem ganz praktischen Sinn, daß bei fast allen Menschen der Schlüssel zu Veränderungen körperlich-seelischer Abläufe im seelischen Bereich liegt.

Den meisten von uns fällt es schwer, auf ihren Körper zu hören, zu erkennen, was in ihm vorgeht, und darüber zu sprechen. Es gibt so viele andere wichtige Dinge, so vieles um uns herum, an das wir denken und mit dem wir uns beschäftigen müssen, daß wir erst wirklich aufmerken, wenn unser Körper seinen Dienst versagt und wir sein Funktionieren nicht länger als etwas Selbstverständliches betrachten können. Dadurch daß wir die richtige mentale Einstellung zu unserem Körper entwickeln, ist es aber möglich, Stress-Signale viel früher wahrzunehmen, als wir es normalerweise tun. Forschungen haben gezeigt, daß gesunde Menschen deutlich besser über Vorgänge in ihrem Körper Bescheid wissen als kranke, und in Versuchen konnten ausgesprochen durchschnittliche Menschen durch Training eine weit höhere Sensibilität erreichen, als sie selbst je für möglich gehalten hatten. Außerdem können Menschen lernen, körperliche Vorgänge zu beeinflussen, von denen man normalerweise annimmt, daß sie mentaler oder willensgesteuerter Kontrolle nicht zugänglich sind. Sie können z. B. Einfluß auf Ihren Herzschlag nehmen, auf die Empfindlichkeit Ihrer Haut, auf die Magensaftsekretion, sogar auf die Temperatur Ihrer Handinnenflächen und auf Ihre Hirnströme. Erstaunlicherweise sind viele derartige Veränderungen relativ leicht zu erreichen. So lassen sich die Hirnströme einfach dadurch kontrollieren, daß Sie an etwas Angenehmes oder Beruhigendes denken, und die meisten Menschen lernen sehr schnell, ihre Herzschlagfrequenz und ihre Magensaftsekretion durch veränderte Denk- und Atemgewohnheiten zu beeinflussen. Stellen Sie sich vor, welche Möglichkeiten sich ergäben, wenn Sie in der Lage wären, die Arbeitsweise Ihres körperlich-seelischen Systems umzuorganisieren. Erreichen können Sie dieses Ziel, indem Sie Ihr Denken,

Fühlen und Verhalten zu Hilfe nehmen; es ist schwieriger als das Erlernen von Entspannungstechniken, aber es ist möglich.

An dieser Stelle möchte ich Ihnen ein neues Konzept zur Krebsvorbeugung vorstellen. Ich möchte Ihnen zeigen, daß Sie – falls Sie bereit sind, die notwendige Zeit und Energie für dieses schwierige Vorhaben aufzuwenden – mit Hilfe seelischer Kräfte Ihre Verhaltensweisen so verändern können, daß eine eventuell vorhandene Neigung zu Krebserkrankungen tatsächlich verringert wird. Ich meine damit nicht: «Hören Sie auf zu rauchen», «Verzichten Sie auf Süßigkeiten» oder «Kontrollieren Sie ab sofort Ihre Haut im Hinblick auf Veränderungen von Muttermalen». Das sind zwar sehr wichtige Ratschläge, aber sie decken nur eine Risikoebene ab, während Krebs eine komplexe Krankheit ist, an deren Entstehung viele Faktoren beteiligt sind. Eine wirkungsvolle Vorbeugung erfordert, daß Sie eine klare Vorstellung davon haben, wie Sie einer Krebserkrankung effektiver vorbeugen können. Es ist möglich, daß Sie aufhören zu rauchen und trotzdem an Krebs erkranken; ein Muttermal kann sich verändern, und diese Veränderung hat nichts mit Krebs zu tun.

Ich möchte statt dessen deutlich machen, daß eine neue Einstellung zu Krebs und körperlich-seelischen Verhaltensmustern Gewohnheiten ändern kann, die Krebserkrankungen begünstigen. Wenn Sie voller Fatalismus an Krebs denken, nach dem Motto «Entweder ich bekomme ihn, oder ich bekomme ihn nicht», dann kann man nichts machen. Wenn Sie sich selber aber auf eine neue und gründliche Art kennenlernen wollen, um Krebs besser zu verstehen, wenn Sie begreifen wollen, wodurch Sie Ihr Risiko erhöhen und wie Sie praktisch etwas dagegen tun können, dann kann ich Ihnen Hilfe anbieten.

Einige einleitende Hinweise

Dieses Kapitel wendet sich in erster Linie an Menschen, die noch nicht an Krebs erkrankt sind und die sichergehen wollen, daß sie von dieser Krankheit verschont bleiben. Ein Teil meiner Ausführungen ist auch für bereits an Krebs Erkrankte relevant, aber speziell zu ihren Problemen wird im nächsten Kapitel mehr gesagt werden. Ich möchte Sie an dieser Stelle jedoch warnen: Einige Empfehlungen in diesem Kapitel sind ungeeignet für Krebskranke. Prüfen Sie meine Vorschläge sehr sorgfältig im Zusammenhang mit Ihren eigenen speziellen Problemen, und sprechen Sie zunächst mit Ihrem Arzt darüber, wenn Sie bereits an Krebs erkrankt sind. Versuchen Sie immer, den *Sinn* dessen, was ich sage, im Auge zu behalten, und sich nicht an Allgemeinplätze und Vorschriften zu klammern, als ob sie ‹*die* Antwort› auf alles wären.

Erwarten Sie keine einfachen Lösungen. Die meisten Menschen haben eine besondere Vorliebe für einfache Lösungen: Tue das und das, und alles ist in Ordnung; höre auf zu rauchen, stelle das Trinken ein, verschaffe dir mehr Bewegung, nimm Vitamin C. Lediglich auf dieser Basis über Möglichkeiten der Krebsvorbeugung nachzudenken, erscheint mir naiv; die Zusammenhänge sind sehr viel komplexer. Vorausgesetzt, daß Sie nicht bereits eine stark geschädigte Lunge oder ein schweres Herzleiden haben, würde ich Ihnen sogar raten, *nicht* sofort völlig mit dem Rauchen aufzuhören, *auf keinen Fall* irgend etwas auf der Stelle aufzugeben. Halten Sie zunächst einmal inne, um über sich selber *nachzudenken*. Seien Sie sich ganz sicher, daß Sie die richtige Richtung einschlagen, *ehe* Sie mit Veränderungen beginnen, andernfalls können Sie mehr Unheil anrichten als Gutes bewirken. Nehmen Sie sich Zeit, um zunächst einmal die Zusammenhänge besser zu verstehen.

Versuchen Sie es, und seien Sie aufrichtig sich selbst gegenüber. Wenn Sie das nicht schaffen, bitten Sie Ihre Familie oder Freunde um Hilfe. Es gibt sicher irgendwo einen Menschen, der Ihnen die Hinweise gibt, die Sie brauchen. Denken Sie immer daran: Gleichgültigkeit gegenüber Krebs oder eine ‹Hol's-der-Teufel›-Haltung schützen Sie nicht vor der Krankheit.

Wann ist Vorbeugung sinnvoll?

Lassen Sie mich rekapitulieren: Wir haben eine Reihe von schädlichen Gewohnheiten kennengelernt, Verhaltensweisen, die ein Mensch seinem Körper ständig zumutet und die im Endergebnis dazu führen, daß ein dreifaches Risiko vorhanden ist. Wir haben Gewohnheiten beschrieben, die mit Sicherheit dazu führen, daß bestimmte Organe des Körpers Karzinogenen ausgesetzt werden (*Stufe 1*), daß Warnsignale des Körpers systematisch übergangen werden (*Stufe 2*) und daß der Körper ein solches Organ in einer ungesunden oder schlecht synchronisierten Art und Weise nutzt, wodurch verhindert wird, daß das körpereigene Immunsystem dieses Organ ordnungsgemäß schützen kann (*Stufe 3*). Außerdem wissen wir: Je länger solche Gewohnheiten bestehen und je selbstverständlicher sie werden, desto größer wird das Risiko für den betreffenden Menschen.

Wir haben auch aufgezeigt, welche psychologischen Muster diesen Gewohnheiten zuzuordnen sind, und haben gesehen, bei welcher Art von körperlich-seelischem System das höchstmögliche Risiko entsteht. Wir wissen, daß ein besonders gefährdeter Mensch in der Regel schädliche Gewohnheiten hat, die auf ein einzelnes Organ (oder Organsystem) zielen, und daß er durch dieses Organ symbolisch den überwiegenden Teil seiner Gefühlsbewegungen ausdrückt. Wir wissen, daß eine Krebserkrankung sich gewöhnlich dann entwickelt, wenn alle drei Risikostufen unausweichlich als Bestandteil von Persönlichkeit und Lebensweise zusammentreffen. Schließlich wissen wir auch, daß bei der Entscheidung, ob jemand sich durch sein Verhalten allen drei Risikostufen gleichzeitig aussetzt oder nicht, die Beziehungen, die ein Mensch eingeht, eine wesentlich größere Rolle spielen als bei anderen Krankheiten. Folgendes können wir also eindeutig bestimmen: *Verhaltensweisen*, die dazu führen, daß die oder der Betreffende sich Karzinogenen aussetzt, eine *innerlich ablehnende Haltung*, die dazu führt, daß wichtige Signale übergangen werden, und ein *psychologischer Status*, der den Betreffenden auf Stress mit Hilflosigkeit, Depressionen und Lethargie reagieren läßt (und das Immunsystem schwächt).

Wir alle sind von Zeit zu Zeit diesen Risiken ausgesetzt. Deshalb sollen nachfolgend diejenigen Menschen gekennzeichnet werden, für die es besonders wichtig ist, sich Gedanken über vorbeugende Maßnahmen zu machen:

- Menschen, die durch *eine* der genannten Risikostufen gefährdet sind (geringes Krebsrisiko)
- Menschen, die *zwei* Risikostufen ausgesetzt sind (mittleres Krebsrisiko)
- Menschen, die allen *drei* Risikostufen ausgesetzt sind (hohes Krebsrisiko).

Wir wollen der Reihe nach vorgehen und die besonderen Gewohnheiten feststellen, die das Risiko verursachen, warnend darauf hinweisen, was geschehen kann, wenn ihnen keine Beachtung geschenkt wird, in der Persönlichkeit liegende Probleme beleuchten, die zu einem solchen Verhalten führen können, und Wege und Mittel zu ihrer Lösung aufzeigen.

Gehen Sie irgendeiner Tätigkeit nach, durch die Sie krebserregenden Substanzen ausgesetzt sind, so sind Sie gefährdet und sollten das Folgende aufmerksam lesen. Das gleiche gilt, wenn Sie in einem hochgefährlichen Industriebereich beschäftigt sind, wenn Sie als Bergmann unter Tage oder als Möbelschreiner arbeiten, wenn Sie Asbeststaub ausgesetzt sind, als Barkeeper arbeiten oder Alkohol verkaufen, wenn Sie rauchen, wenn Sie an geschwüriger Dickdarmentzündung oder der Crohn-Krankheit, an Magengeschwüren, Zysten oder Fibromen leiden, wenn Sie zu gutartigen Geschwülsten in der Brust neigen, einen chronischen Husten haben oder sich ständig ausgedehnte Sonnenbäder leisten – wenn irgendeine dieser Bedingungen auf Sie zutrifft, dann sind Sie vermutlich gefährdet. Allerdings ist das Risiko gering, etwa vergleichbar dem Risiko, das Sie eingehen, wenn Sie sich müde an das Steuer Ihres Autos setzen: Solange nichts Unerwartetes geschieht, werden Sie am Leben bleiben.

Auch wenn Sie ständig in nicht mehr normalem Umfang Beschwerden und Anzeichen von Stress übergehen, setzen Sie sich einem geringen Risiko aus. Selbst wenn Sie nicht rauchen, nicht mit Asbest in Berührung kommen und keine Verdauungsstörungen haben, kann doch der Umstand, daß Sie *ständig* eines Ihrer Körperorgane schwächen und damit in seiner Funktionsfähigkeit beeinträchtigen oder daß Sie ein Organ oder Organsystem nicht synchron mit den anderen arbeiten lassen, zu einem Risiko führen. Wenn Sie z. B. chronische Verstopfung, Verdauungsstörungen oder Magenschmerzen haben, aber trotzdem versuchen, ganz normal zu leben, dann sind Sie gefährdet. Wenn Sie dauernd eine schlechte Kondition haben und untrainiert sind, sich aber so verhalten, als seien Sie fit, und Ihren Körper Belastungen aussetzen, die er nicht verkraften kann, dann werden Sie anfällig für Erkrankungen sein; das gleiche gilt, wenn Sie Gelegenheiten, bei denen Sie sich *gesundem* Stress und *gesunder* Müdigkeit aussetzen könnten, grundsätzlich aus dem Wege gehen.

Aufmerksamkeit ist schließlich auch dann geboten, wenn Sie sich häufig unsicher und isoliert, chronisch müde und ohne Schwung fühlen, wodurch unter Umständen Ihre Fähigkeit, mit den Schwierigkeiten des Lebens fertig zu werden, herabgesetzt sein kann. Vielleicht geht es Ihnen gut und Sie werden uralt, aber das hängt dann wieder sehr von der Stabilität Ihrer Lebensumstände ab und weniger von der Fähigkeit Ihres Körpers, sich selbst zu schützen.

Irgendeine dieser Voraussetzungen hinterläßt die erste verletzliche Stelle. Um die gesunde Zusammenarbeit von Körper und Seele zu erreichen, die ich im letzten Kapitel beschrieben habe, müssen Sie Ihren Körper *gebrauchen*, und zwar möglichst *mit Vernunft*. Schlechte Gewohnheiten sind gelegentlich erlaubt, wenn sie a) nicht chronisch werden und b) nicht die *einzige* Möglichkeit für Sie darstellen, Ärger oder andere Gefühle auszudrücken. Wie wir früher gesehen haben, können schlechte Rauchgewohnheiten, schädliche Mechanismen wie Verstopfung, das Ausklammern wichtiger Lebensbereiche wie Sexualität und Nähe, sogar Zeiten der Isolation, Einsamkeit, Depression, Ermüdung usw. gelegentlich sogar nützlich und notwendig sein, *falls* sie als Katalysator dienen. So fühlt man sich nach dem Tod eines nahestehenden Menschen oder nach dem Auseinanderbrechen einer engen Beziehung oft sehr unglücklich; die Widerstandskraft des Körpers und das Immunsystem ist dann geschwächt. In einer solchen Situation sind die Betroffenen gefährdet, besonders wenn sie oder er auch noch aus Verzweiflung rauchen oder trinken. Aber solange Sie den Schmerz wirklich empfinden, das heißt, solange Sie weinen, sich mit dem Verlust auseinandersetzen, aufgewühlt sind, sich einsam fühlen usw., wird der Körper damit fertig werden. Achten Sie darauf, daß ein Unterschied besteht zwischen sich einsam *fühlen* und alleine *sein*; viele Menschen sind im physischen Sinn nicht alleine, aber sie können einsam sein, ohne es zuzugeben. Vorausgesetzt, der Schmerz geht irgendwann einmal vorbei und wird weder chronisch noch passiv, d. h. emotionslos, kann Schmerz eine sehr wertvolle Erfahrung sein. Wenn Sie unter solchen Umständen aber nicht wirklich trauern können, wenn Sie nicht wirklich *zusammenbrechen*, dann könnte eine ganze Menge physiologischer und psychologischer Schwierigkeiten folgen.

Nehmen wir ein zweites Beispiel. Wenn Ihnen eine Zeit ungewöhnlicher Anspannung bevorsteht, zum Beispiel ein Examen, dann rauchen Sie unter Umständen sehr stark, um sich zu beruhigen; Sie arbeiten vielleicht viel zuviel, bleiben bis in die Nacht hinein auf, bewegen sich zu wenig oder ernähren sich ungesund, aber solange das alles mit Blick auf ein bestimmtes, sinnvolles Ziel geschieht, zeitlich begrenzt ist und Sie anschließend schnell zu einer gesunden Normalität zurückkehren, wird Ihr Leben nicht in Gefahr geraten. Manche von uns brauchen sogar solche Zeiten, um sich wirklich lebendig zu fühlen.

Warnsignale, auf die Sie achten sollten

○ Verhaltensweisen, die zur Routine werden: Nach einer Krise oder einer katalytischen Zwischenzeit erfolgt keine Rückkehr zu einer normalen Lebensweise und bestimmte Verhaltensweisen werden schleichend zu einem festen Bestandteil Ihres Lebens. Sie werden *chronisch*, das bedeutet, daß Sie nicht mehr damit aufhören können, wann Sie wollen – falls Sie es versuchen, scheitern Sie. Wenn Sie nicht mehr schaffen, irgendeine Gewohnheit für einen Zeitraum von zwei Monaten aufzugeben, dann sind Sie gefährdet.

○ Wenn einzig Ihre Gewohnheiten als Ventil für Ihre Gefühle dienen, befinden Sie sich in Gefahr. Wenn Sie zum Beispiel unter einer starken Erkältung leiden und sich miserabel fühlen, aber statt etwas dagegen zu unternehmen, nur noch immer heftiger rauchen, ist das gefährlich; Ihre ganze Gereiztheit und schlechte Laune mündet dann in ein Verhalten, durch das Sie sich noch mehr Schaden zufügen. Wenn Sie, sobald Sie aus dem Gleichgewicht geraten, nichts Besseres zu tun haben, als zur Zigarette zu greifen, sind Sie gefährdet. Eine Gefahr kann auch dadurch entstehen, daß Sie Ihren Ärger einzig und alleine dann zeigen, wenn Sie bei Verstopfung ungeduldig Ihre Darmentleerung erzwingen wollen und sich dabei Einrisse oder andere Verletzungen zufügen. Wenn Sie Ihren Gefühlen nur dadurch Ausdruck verleihen, daß Sie Ihren Körper mißbrauchen oder mißbrauchen lassen, beispielsweise beim Geschlechtsverkehr, gilt das gleiche.

○ Falls Sie ein sehr zurückhaltender Mensch sind, könnten Sie gefährdet sein. Wenn Sie zwar Ärger, Feindseligkeit, Erregung, Anspannung, Liebe, Wärme, Not *empfinden*, aber diese Gefühle nie *zeigen*, dann sollten Sie sich dessen bewußt werden. Es ist schlecht, wenn Sie alle oder einige dieser Empfindungen zwar spüren, aber nie über sie *sprechen* oder solche Gefühle sich selbst gegenüber nicht eingestehen.

○ Wenn Sie chronisch ohne Schwung und Energie sind, sind Sie gefährdet. Niemand sollte ständig in dem Gefühl leben, daß ihm alles zuviel wird. Sie sollten nicht *immer* müde sein. Es ist ein schlechtes Zeichen, wenn Sie sich nie zu einer Anstrengung aufraffen können oder immer eine Entschuldigung für Ihre Untätigkeit finden.

Was kann geschehen, wenn Sie mit dem Risiko solcher Verhaltensweisen leben? Grundsätzlich sind drei Entwicklungen möglich. Erstens könnten Sie von Ihrer Gewohnheit abhängig werden. Wenn eine Gewohnheit oder ein emotionsfeindliches Verhaltensmuster erst einmal fester Bestandteil des täglichen Lebens geworden ist, wird es zunehmend schwieriger, sich ohne fremde Hilfe wieder davon zu befreien. Da eine solche Gewohnheit immer gegenwärtig ist, können Sie nicht mehr feststellen, in welchem Maße sie bereits Teil Ihres Lebens geworden ist oder wie stark Sie tatsächlich daran gefesselt sind. Unentrinnbar geraten Sie in immer größere Abhängigkeit und können dann auch durch die Faktoren zwei und drei gefährdet werden.

Zweitens kann Ihr Überleben allzu stark von den Menschen Ihrer Umgebung abhängig werden. Mit anderen Worten, Sie verlassen sich darauf, daß andere Menschen Ihre Gewohnheiten unter Kontrolle halten – daß irgend jemand, der Ihnen wichtig ist (Ehemann, Ehefrau, Mutter, Vater), Sie ständig ermahnt, Ihr Gewicht zu reduzieren oder das Rauchen einzuschränken. Sollten Sie jedoch unerwartet diesen Menschen verlieren und seine Vorhaltungen nicht durch selbständige Entscheidungen ersetzen können, geraten Sie plötzlich in Schwierigkeiten. Noch schlimmer kann es werden, wenn Sie mit Ihrem Partner ein geheimes Spiel spielen, wobei Sie ihn oder sie provozieren, um dann abwechselnd auf Ihrer Meinung zu bestehen oder nachzugeben, je nachdem, was im Untergrund gerade abläuft; in diesem Fall kann Ihre Gewohnheit leicht zu einem Ersatz für wirkliche Intimität und ehrliche Gefühlsäußerungen werden. Ich denke dabei an einen Fall, in dem ein Paar seine Probleme oder persönlichen Differenzen dadurch austrägt, daß sie sich auf schädliche Gewohnheiten wie das Rauchen konzentrieren; der eine Partner widersetzt sich dabei offen oder im geheimen den guten Absichten des anderen («das ist genug für heute»), weil er oder sie spürt, daß die Ermahnungen des anderen in Wirklichkeit einem Gefühl der Abneigung, Gereiztheit oder Frustration entspringen.

Schließlich können Sie unter bestimmten Umständen durch bloßen Zufall in eine starke Abhängigkeit geraten, wenn nämlich ein Schicksalsschlag wie eine schwere Krankheit, ein Unfall oder der Verlust des Arbeitsplatzes plötzlich offenbart, wie gering Ihre physische Belastbarkeit ist und wie wenig Sie im Grunde auf solche Situationen vorbereitet sind. Wenn Sie zur gleichen Zeit irgendeine ausgleichende Beziehung verlieren, sind Sie einem doppelten Risiko ausgesetzt. Einige Menschen werden durch solche Ereignisse regelrecht ‹wachgerüttelt› und in die Lage versetzt, Ihre Verhaltensweisen zu verbessern. Wenn Ihnen dies nicht gelingt, geraten Sie in Schwierigkeiten. Sicher haben Sie schon oft jemanden sagen hören: «Oh, alles war wunderbar, ich fühlte mich rundum zufrieden, bis der Autounfall passierte, dann verlor ich meinen Job, mein Mann/meine Frau verließ mich, und ich wurde krank.» Es *war* alles in Ordnung, aber nur, weil die äußeren Begleitumstände günstig waren. Die Gesundheit eines Menschen läßt sich nicht daran messen, ob er ein Leben ohne Komplikationen glatt bewältigt, sondern nur daran, ob seine körperlich-seelischen Systeme auch dann noch funktionsfähig bleiben, wenn die von außen kommende Unterstützung wegfällt oder eine Pechsträhne nicht abreißen will. Sobald echte Probleme sie treffen, stellen viel zu viele Menschen fest, daß sie mit ihren täglichen Gewohnheiten dem Stress einfach nicht gewachsen sind, und daraus entsteht dann eine lang andauernde Verletzlichkeit.

Was ist zu tun?

Wenn Sie keine Zeit darauf verwenden wollen, sich selbst gründlicher kennenzulernen, dann kann auch schon der Versuch, schlechte Gewohnheiten aufzugeben, hilfreich sein. Bestenfalls können Sie dabei entdecken, daß Sie genug Disziplin und Willenskraft besitzen, um es zu schaffen. Schlimmstenfalls werden Sie zur großen Gruppe derer gehören, die ihre schlechten Gewohnheiten immer wieder für bestimmte Zeiten aufgeben, dann rückfällig werden, einen neuen Versuch starten usw.; das Ganze hilft aber wenigstens, die Routine zu unterbrechen.

Optimale Vorbeugung aber bedeutet, sich Zeit für eine sorgfältige Selbstbeobachtung zu nehmen. Stellen Sie fest, warum und wie Sie bestimmte Dinge tun. Versuchen Sie zu verstehen, was in Ihrem Körper und in Ihrer Seele vorgeht. Achten Sie darauf, ob es nicht tatsächlich schon Zeichen gibt, auf die Sie reagieren könnten. Versuchen Sie offener zu sein,

Ihre Probleme anders als bisher zu lösen. Sprechen Sie mit Menschen; über Ihre Probleme zu reden, ist für Sie der erste Schritt, sich selbst zu erkennen und genauer kennenzulernen. Greifen Sie Ratschläge und Ideen von anderen Menschen auf und probieren Sie sie aus. Versuchen Sie vor allem, Ihr risikoreiches Verhaltensmuster zu durchbrechen, indem Sie beispielsweise zeitweise nicht rauchen. Versuchen Sie herauszufinden, in welchen Situationen Sie sich verspannt fühlen, und probieren Sie dann neue Möglichkeiten aus, sowohl mit der Situation als auch mit Ihrer Anspannung fertig zu werden.

Was Sie tatsächlich in dieser Hinsicht unternehmen, hängt natürlich von Ihren persönlichen Umständen ab, und es wäre falsch, wenn ich versuchte, Sie in irgendeine bestimmte Richtung zu drängen. Ich möchte Sie jedoch bitten, die oben angeführten Punkte in Erinnerung zu behalten. Wenn Sie tatsächlich risikoreiche Gewohnheiten haben und dadurch Ihren Körper in Gefahr bringen, sollten Sie diesen Zustand auf keinen Fall beibehalten. Wenn Sie alle Ihre Kräfte zusammennehmen und etwas Entscheidendes unternehmen, ganz gleich, welche Methoden Sie wählen, können Sie das Risiko verringern oder gar beseitigen. Auf dieser Ebene besteht wirklich ein einfacher Zusammenhang zwischen Ursache und Wirkung, und die meisten Menschen können diesen Zusammenhang erkennen und sich selbst helfen. Wenn Sie es alleine nicht schaffen, versuchen Sie in anderer Form Hilfe zu finden.

Menschen mit mittlerem Krebsrisiko

Wenn Sie den vorhergehenden Abschnitt gelesen haben und nun das Gefühl haben, daß so gut wie *alle* dort gemachten Angaben auf Sie zutreffen, dann gehören Sie wahrscheinlich schon zur mittleren Risikogruppe: Sie sind auf eine bestimmte Gewohnheit fixiert und übergehen ständig Anzeichen körperlicher Beschwerden. Ein geringes Risiko liegt vor, wenn Sie ein oder zwei der erwähnten schädlichen Gewohnheiten eingestehen müssen. Um festzustellen, ob Sie zur mittleren Risikogruppe gehören, sehen Sie sich bitte zusätzlich zu den Warnsignalen, die ein geringes Risiko anzeigen, die folgenden Punkte an:

Warnsignale

○ Können Sie sich unmöglich vorstellen, den Tag ohne Ihre speziellen Gewohnheiten zu überstehen? Wenn Sie wie Burt in Kapitel 4 morgens als erstes zur Zigarette greifen oder wie Carole ständig Abführmittel nehmen, dann ist Ihre Gewohnheit zu sehr ein Teil Ihres Lebens geworden.

○ Sind Sie niemals ganz frei von irgendwelchen Beschwerden? Wann sind Sie zum letztenmal ohne Schmerzen, Spannungen oder das Gefühl, Ihren Körper aus den Augen verloren zu haben, aufgewacht? All das sind Anzeichen dafür, daß Ihre Widerstandskraft geschwächt ist und Sie dem Körper nicht genügend Beachtung schenken. Wir alle leiden unter Schmerzen und Beschwerden, aber in neun von zehn Fällen hat das ganz spezielle Ursachen und ist zeitlich begrenzt. Kopf- oder Rückenschmerzen können darauf beruhen, daß bestimmte Muskelgruppen zu lange angespannt wurden, Ursache für Schlaflosigkeit kann sein, daß man sich über irgendeinen Vorfall ärgert, Muskelkater oder Muskelschmerzen treten vielleicht nach hartem Training auf, Magenschmerzen können daher rühren, daß Sie nicht zur Toilette gegangen sind, als es eigentlich nötig war. Wir können solche Beschwerden bis zu ihren Quellen zurückverfolgen und gewöhnlich Abhilfe schaffen. Wenn sie jedoch jeden Tag auftreten und Sie völlig zermürben, dann bedeutet das Gefahr.

○ Verabscheuen Sie häufig Ihren Körper oder bestimmte Körperteile? Ich meine das nicht in dem Sinn, daß Sie Ihre Ohren nicht mögen oder Ihre Nase zu groß finden, sondern daß Sie tatsächlich ein Gefühl des Widerwillens oder der

Scham einem ihrer Körperteile gegenüber empfinden: Brüste, Magen, Brustkasten, Geschlechtsorgane oder was auch immer. Die bloße Tatsache, daß Sie einen bestimmten Teil Ihres Körpers nicht mögen, wird natürlich keine Krebserkrankung auslösen, aber sie ist ein nützlicher, warnender Hinweis. In diesem Fall sollten Sie auf schädliche und risikoreiche Gewohnheiten achten, durch die Sie den abgelehnten Körperteil vernachlässigen, das betreffende Organ mißbrauchen oder sonst irgend etwas tun, das diesen Bereich verletzlich macht.

○ Fühlen Sie sich überwiegend teilnahmslos und, solange Sie sich erinnern können, Tag für Tag müde, ohne Schwung und ohne Energie?

○ Haben Sie das Gefühl, daß Sie Ihre innere Anspannung nicht mehr länger ertragen können? Und noch schlimmer, glauben Sie, daß Sie nichts dagegen unternehmen können?

Wenn Sie die meisten dieser Fragen mit ‹ja› beantworten müssen, dann ist es mehr als wahrscheinlich, daß Sie bereits an Krebs erkrankt sind oder kurz vor dem Ausbruch einer Krebserkrankung stehen. Sie täten gut daran, sich regelmäßig ärztlich untersuchen zu lassen, um nötigenfalls möglichst früh Hilfe zu erhalten. Es gibt natürlich Ausnahmen. Einige Menschen zeigen alle beschriebenen Symptome und Verhaltensweisen, ohne an Krebs zu erkranken, und natürlich gibt es auch Menschen, die zwar alle Symptome aufweisen, aber an irgendeiner anderen Krankheit leiden – am häufigsten an einem Herzleiden. Aber im großen und ganzen ist es wahrscheinlicher, daß das ständige Einwirken von Karzinogenen, die starke Fixierung auf ein Organ und das Fehlen gesunder, Körper und Seele in Einklang bringender Gefühlsäußerungen zu Veränderungen in der Zellstruktur des betreffenden Organs geführt hat. Ob diese Veränderungen bereits einen feststellbaren Tumor gebildet haben oder nicht, hängt größtenteils davon ab, wie lange die Gewohnheiten schon bestehen und in welchem Zustand sich das Immunsystem befindet.

Was ist zu tun?

Erstens: Achten Sie auf Veränderungen Ihres Körpers, die mit der Existenz eines Tumors in Verbindung gebracht werden. Die «American Medical Association» hat die folgenden sieben Frühwarnzeichen in einer Liste zusammengestellt:

○ Eine Verdickung oder ein Knoten in irgendeinem Bereich, vor allem in der Brust
○ Veränderungen der Darm- oder Blasenfunktionen
○ Ein störender Husten oder andauernde Heiserkeit
○ Ein Geschwür oder eine Wunde, die nicht heilt
○ Ungewöhnlicher Ausfluß oder ungewöhnliche Blutungen
○ Eine Veränderung an einer Warze oder einem Muttermal
○ Schwierigkeiten beim Schlucken oder Verdauungsstörungen

Falls Sie irgend etwas Derartiges bei sich feststellen, sollten Sie Ihren Arzt aufsuchen und ihn um Hilfe und Rat bitten. Wenn Sie zur Gruppe der mittel- oder hochgefährdeten Menschen gehören, dann kann schnelles Handeln in diesem Fall sehr viel ausmachen. Viele Krebsarten sprechen, wenn sie frühzeitig entdeckt werden, auf eine Behandlung sehr gut an.

Zweitens: Beginnen Sie unbedingt Ihre Gewohnheiten zu ändern. Dabei ist entscheidend, welches Organsystem betroffen ist. Wenn Sie z. B. rauchen, dann wird es jetzt höchste Zeit, diese Gewohnheit ganz aufzugeben oder zumindest zu modifizieren; wenn Sie Probleme mit dem Magen, der Verdauung, dem Darm oder der Blase haben, sollten Sie jetzt Ihre Eßgewohnheiten ändern; wenn Sie viele Sexualpartner haben und chronische Absonderungen aus Scheide oder Penis bei sich feststellen, sollten Sie Ihre Einstellung zu intimen Beziehungen und Ihr Selbstbild kritisch überprüfen.

Menschen, die dieser Kategorie zuzuordnen sind, müssen begreifen, daß sie Hilfe benötigen. Ihr Arzt ist die erste Person, die Sie aufsuchen sollten, und wieder kann schon allein der Umstand, daß Sie über Ihre Probleme sprechen, hilfreich sein. Auch Literatur über die Auswirkungen von Ernährung,

Alkohol und Tabak auf Ihre Gesundheit kann Sie bei Ihren Bemühungen, etwas an Ihren Gewohnheiten zu ändern, einen Schritt weiterbringen. Suchen Sie eine Ernährungsberaterin auf oder jemanden, die oder der Erfahrung mit krebserregenden Substanzen hat, es kann von unschätzbarem Wert für Sie sein. Lernen Sie in einem Kurs Entspannungstechniken, wie Meditation, autogenes Training oder Yoga, um sich «aufzulockern» und Ihre Verspannungen zu mildern. Mit einem Psychologen, Verhaltenstherapeuten oder Psychiater zu sprechen, hilft Ihnen vielleicht, sich selber besser zu verstehen und Wege zu finden, Ihre bisherigen Gewohnheiten erfolgreich zu bekämpfen. Der springende Punkt ist, daß Sie die Verantwortung für sich selbst übernehmen: Tun Sie, was Sie wollen, und suchen Sie auf, wen Sie wollen, wichtig ist nur, daß es Ihnen weiterhilft.

Vorsichtshalber sei darauf hingewiesen, daß ein Hilfsangebot Ihnen gelegentlich auch einmal einen Nutzen bringen kann. Ich selbst habe – wie sicherlich auch viele meiner Kollegen – Fälle erlebt, in denen ich Patienten zur medizinischen Behandlung geschickt hatte und später feststellen mußte, daß das durch den praktischen Arzt verordnete Medikament von dem Patienten in einem solchen Ausmaß mißbraucht worden war, daß er oder sie abhängig wurden. Niemandem konnte direkt ein Fehler angelastet werden; jeder «Helfer» war der Überzeugung, er oder sie hätte die richtige Maßnahme ergriffen, und der Patient dachte, es sei ganz in Ordnung, abhängig zu werden.

Falls sich eine Präventivmedizin für Krebserkrankungen weiter etabliert, sollten Sie wissen, worauf es hierbei ankommt. Bedenken Sie, daß die meisten Mediziner dazu ausgebildet sind, mit bereits bestehenden Problemen fertig zu werden. In der aktuellen medizinischen Praxis nehmen präventive Maßnahmen generell und krebsvorbeugende Maßnahmen im speziellen einen verschwindend geringen Raum ein. Nur wenige Ärzte haben Zeit genug, sich Patienten zu widmen, deren medizinische Probleme feststehen, die aber mit ihren Gedanken über das, «was sein könnte» alleingelassen werden. Ich glaube wirklich, daß hier auch eine der Ursachen für die stark zunehmenden Todesfälle bei Krebserkrankungen und Herzleiden liegt. Die Zahl der Opfer zu reduzieren erfordert umfangreiche vorbeugende Maßnahmen, welche zum großen Teil außerhalb der gängigen medizinischen Praxis angesiedelt sind. Ich bin auch überzeugt, daß das steigende Interesse an alternativer Medizin teilweise der Tatsache zuzuschreiben ist, daß die Schulmedizin sich noch nicht genügend auf eine Auseinandersetzung mit der besonderen Art von vorbeugender Um-Schulung eingestellt hat, die Menschen mit einer Neigung zu Krebserkrankungen oder anderen Leiden erwarten. Zahlreiche Patienten suchen bei harmlosen Beschwerden Hilfe bei der alternativen Medizin: Verstopfung, Leibschmerzen, Rückenschmerzen, Verspannungen usw. Sie wissen, daß ihre Hausärzte viel zu tun haben, daß die Krankenhäuser mit *wichtigen* Dingen wie Herzoperationen, Lebertransplantationen und Unfällen beschäftigt sind, und deshalb sind sie auf der Suche nach einfachen «Volks»-Heilmitteln und mitfühlenden Zuhörern. Es ist durchaus möglich, beides zu finden.

Ich meine, Praktiker und Patienten sollten sich viel mehr, als das im Augenblick der Fall ist, wechselseitig um Hilfe bemühen. Krebsvorbeugung bietet hierzu ganz konkrete Möglichkeiten. Denken Sie immer daran, daß Selbsthilfe innerhalb der Vorbeugung einen hohen Stellenwert einnimmt, im deutlichen Gegensatz zu der völlig unbedeutenden Rolle, die Sie als Patient spielen, wenn Sie zur Behandlung einer Krebserkrankung im Krankenhaus landen. Wenn Sie Wert auf Ihre Entscheidungsfreiheit legen, dann handeln Sie jetzt, solange Sie noch in der Lage dazu sind.

Menschen mit hohem Krebsrisiko

Alle Warnsignale, die in den Abschnitten über ein geringes oder mittleres Krebsrisiko angeführt worden sind, gelten auch für Menschen mit hohem Risiko. Sie haben mit Sicherheit inzwischen erkannt, daß der Unterschied zwischen den drei Risikostufen im wesentlichen ein gradueller ist. Wenn Sie nicht sicher sind, wo Sie sich einordnen sollen, beschäftigen Sie sich noch einmal genau mit den allgemeinen Verhaltensmustern, die ein hohes Risiko beinhalten, und wenn Sie dabei das Gefühl haben, daß diese Verhaltensmuster auf Sie zutreffen, dann können Sie davon ausgehen, daß Sie selbst ebenfalls einem hohen Risiko ausgesetzt sind. Aber ganz gleich, wie hoch Ihr Risiko auch sein mag, auf keinen Fall ist es gesund, *chronisch* schlechte Gewohnheiten nicht zu beachten. Wenn Sie wirklich den für ein hohes oder geringes Risiko entscheidenden Faktor suchen, dann achten Sie auf *chronische* Verhaltensweisen. Nachdem wir das geklärt haben, können wir einen Blick auf das Modell werfen, das meiner Erfahrung nach für die Selbsthilfe und die Verminderung des Krebsrisikos den größten Nutzen bringt.

Vorbeugende Maßnahmen: Die Sechs-Schritte-Strategie

Wenn wir etwas gegen ein bestehendes hohes Risiko unternehmen wollen, dann ist es notwendig, sechs wesentliche Veränderungen zu erreichen:

1. Verändern Sie Gewohnheiten, durch die Sie sich krebserregenden Substanzen aussetzen, merzen Sie sie möglichst insgesamt aus.
2. Finden Sie neue Wege, auf die «Stimme» Ihres Körpers

zu achten. Wenn Sie sie nicht mehr wahrnehmen, weil Sie sie so lange ignoriert haben, sollten Sie wenigstens wieder mit dem «Hören» beginnen.

3. Lernen Sie, sich selbst mehr Zeit zuzugestehen.

4. Verbessern Sie die Arbeitsweise desjenigen Organs, auf das Sie am ehesten fixiert sind.

5. Lernen Sie, bessere Beziehungen zu anderen Menschen aufzubauen, um sich selber realistischer einzuschätzen, und achten Sie darauf, Ihre körperlich-seelischen Systeme bewußter zu nutzen.

6. Lernen Sie, mit normalem Stress und Ärger in einer gesunden Art und Weise fertig zu werden.

Folgen Sie diesen Ratschlägen, so kommt das einer Generalüberholung Ihrer Persönlichkeit und Ihres Körpers gleich. Ich bin mir jedoch völlig im klaren darüber, daß nicht jeder dieses Ziel erreichen kann, und deshalb werde ich schrittweise alles Notwendige erklären, und hoffe, daß Sie mir so lange wie möglich auf diesem Weg folgen werden. Wenn Sie die ersten drei Schritte schaffen, wird Ihnen das bereits helfen, Ihr hohes Risiko auf ein mittleres Niveau zu senken. Es liegt ganz bei Ihnen.

Das Grundmuster, um das es hier geht, ist ganz einfach: Eine Zeitlang sind Sie mit Problemen in Ihrem Leben in der Form umgegangen, daß Sie Ihre körperlich-seelischen Systeme in ein ungesundes, emotional einengendes Muster zwängten und in kritischen Situationen Gleichgültigkeit und Hilflosigkeit an den Tag legten. Ihre Seele wurde praktisch aller Lebendigkeit beraubt und kann sich aus diesem Zwang nicht mehr befreien. Hier müssen sowohl psychologische als auch verhaltensmäßige Veränderungen einsetzen.

Wenn Sie nun gemäß Schritt 1 Ihre Gewohnheiten ändern wollen (vielleicht versuchen Sie, mit dem Rauchen aufzuhören), was würde dann geschehen? Die Antwort lautet: Sie würden sich zunehmend des inneren Zustandes Ihres Körpers bewußt werden, Panik, Erschrecken, vielleicht auch ein wenig Hoffnung erfüllte Sie. Sie würden sich darauf konzentrieren, irgendwie den Tag zu überstehen, und sich darüber Gedanken machen, was Sie ohne Ihre alte Gewohnheit anfangen sollten. All diese Entwicklungen führen genau zu dem Ausgangspunkt, den Sie erreichen müßten, um mit Schritt 2 weiterarbeiten zu können, nämlich mit Hilfe Ihres Verstandes Signale aus Ihrem Inneren wahrzunehmen.

Schritt 3 brächte Sie dazu, mehr Rücksicht auf Ihre Organe und Ihre innere Verfassung zu nehmen, und würde Sie ermutigen, bessere Methoden für den Umgang mit ihnen zu entwickeln. Sie müßten sich auf das, was Sie fühlen, konzentrieren und dementsprechend handeln. Das wiederum würde emotionale und physiologische Probleme aufwerfen, die Sie in Schritt 5 und 6 in Angriff nehmen müßten. Jeder Schritt löst den Impuls für den nächsten aus, bis Sie schließlich zu dem Punkt gelangen würden, wo Sie Ihre zwischenmenschlichen Aktivitäten verbessern müßten, um mit den Emotionen und Gefühlen fertig zu werden, die in Schritt 5 und 6 freigesetzt wurden.

Ich möchte Ihnen zur Illustration ein kurzes Beispiel geben und dann mit einer ausführlichen Fallbeschreibung fortfahren, um zu zeigen, wie das alles in der Praxis aussehen kann.

Wir gehen von der Annahme aus, daß wir es mit einem Menschen zu tun haben, auf den alle unsere Bedingungen für ein hohes Risiko zutreffen; seine Probleme liegen im Bereich der Verdauungsorgane und zeigen sich als chronische Verstopfung. Die vorbeugenden Schritte 1 und 2 bestehen darin, daß wir uns zunächst mit der Verstopfung beschäftigen und sie mit stressauslösenden Ereignissen in Zusammenhang zu bringen versuchen. Wir helfen dem Betreffenden, a) diejenigen mit Stress verbundenen Situationen herauszufinden, die die normale Entspannung des Schließmuskels blockieren, und b) die verschiedenen miteinander konkurrierenden Körpergefühle zu erkennen, die automatisch der Entleerung vorausgehen (Beschwerden, ein zu voller Darm etc.). In Schritt 3 lernt der Patient, optimale Voraussetzungen zu schaffen, wie eine ruhige und störungsfreie Umgebung; er wird wieder fähig, sich richtig zu entspannen, und kann alle diese Veränderungen in sein tägliches Leben einbauen. Diese drei Schritte lösen ohne Zweifel Ängste, Verstimmung, ja sogar Ablehnung des ganzen Vorgehens aus, was wiederum in Schritt 4 aufgearbeitet wird. Der Betreffende lernt schließlich, sich nicht mehr so sehr dem Druck von Zeit und Ärger zu unterwerfen, sondern mehr auf die natürlichen Anzeichen von Spannung und Unbehagen im Darm zu achten und auf sie zu reagieren. Wenn jemand erst einmal den inneren Kampf wahrnimmt, dann sollte er als nächstes lernen, sich auch damit zu befassen und andere psychologische Zwänge nicht mehr zu beachten; wenn er sich Zeit für sich selbst nimmt, ist das möglich. In Schritt 5 und 6 lernt der Betreffende dann, diese Konflikte einzeln zu lösen und die notwendigen Bezüge aufzubauen, die erforderlich sind, um die Veränderungen auf Dauer fest zu verankern. Ärger führt dann nicht mehr zu einer völligen Blockade der Darmaktivitäten, sondern Gefühle oder Ärger werden in anderer Form gezeigt und richten sich gegen eine andere Person. Das heißt, durch eine solche befreiende Aktion wird der sympathische Teil des zentralen Nervensystems von der Last befreit, die Arbeit des Darms ständig vor allen möglichen belanglosen Störungen zu bewahren.

Wie diese Sechs-Schritte-Strategie in der Praxis aussieht, läßt sich am besten am Beispiel einer bestimmten Person veranschaulichen; wir wollen uns deshalb näher mit Allan befassen, einem vierzigjährigen Ingenieur, der Probleme mit dem Rauchen hat und eine ganze Menge von Burts charakteristischen Merkmalen zeigt.

Allan war eindeutig ein Mensch mit hohem Risiko. Seit Jahren rauchte er, trotz einer periodisch immer wieder auftretenden Infektion der Bronchien, die durch das Rauchen und seine allgemein geringe Abwehrkraft verursacht wurde. Seine Bronchitis brach jeden Winter aus, und es dauerte mehrere Monate, bis sie sich besserte. Und obwohl er ständig kurz davor stand, das Rauchen aufzugeben, schaffte er es nie. Da er teilweise an Schlaflosigkeit litt, rauchte er oft achtzehn bis zwanzig Stunden am Tag. Seine Rauchgewohnheiten bildeten gewissermaßen das Zentrum seines Lebens. Er war verheiratet, hatte drei Kinder, arbeitete sehr hart, war relativ erfolgreich und schien ein sehr friedfertiger, ruhiger Mensch zu sein. Nur wer auf seine Rauchgewohnheiten achtete, konnte die innere Spannung spüren, unter der er stand. Ursprünglich war er zu mir gekommen, um sich mit meiner Hilfe das Rauchen abzugewöhnen, aber wir konnten mehr als das erreichen.

Schritt 1: Gewohnheiten aufbrechen

Nachdem ich einiges über Allan und seine Umwelt wußte, fingen wir an, uns mit bestimmten Atemgewohnheiten zu beschäftigen, die ich für risikoreich hielt. Seine wesentlichen Fehler beim Rauchen waren, daß er a) niemals Pausen einlegte und b) auch dann rauchte, wenn sein Körperzustand eindeutig forderte, es zu unterlassen – wenn er Husten hatte, wenn er die Treppe heraufrannte, um rechtzeitig zu einer Verabredung zu kommen usw. Außerdem hatte ich das Gefühl, daß durch sein Rauchen eine Barriere zwischen ihm und seiner Frau entstanden war. Sie klagte darüber, daß er nach Rauch «stank» und sie sich dadurch derart abgestoßen fühlte, daß ihr Zusammenleben, vor allem ihre Sexualität, oft beeinträchtigt wurde. Unmittelbar nach dem Samenerguß hatte Allan fast immer den Wunsch zu rauchen; dadurch fühlte sie sich dem Druck ausgesetzt, möglichst schnell zum Orgasmus zu kommen, was wiederum zur Folge hatte, daß kaum andere körperliche Kontakte stattfanden.

Ich sah keinen Grund, warum Allan abrupt mit dem Rauchen aufhören sollte. Erstens hatte er nichts, womit er es ersetzen konnte, zweitens wußte er nicht, warum er eigentlich rauchte («automatisch», sagte er, «ich habe immer geraucht»), und drittens befand er sich nach seinen eigenen Aussagen in völliger Unkenntnis darüber, was er eigentlich mit seinem Zigarettenrauchen tat, d. h. daß er damit Nervosität, Ärger, Furcht usw. ausdrückte. Wenn er sich voll darauf konzentriert hätte, mit dem Rauchen aufzuhören, dann hätte er mit Sicherheit wieder angefangen, sobald er sich nicht länger mit mir getroffen hätte und der Druck, aufhören zu müssen, entfallen wäre. Deshalb machten wir zunächst einige Experimente, um seine Gewohnheiten aufzubrechen und im einzelnen zu untersuchen.

Als erstes ließ ich ihn auf einem Stuhl in meinem Büro Platz nehmen und bat ihn, eine Minute lang nicht zu rauchen. Eine Weile saß er lächelnd da, entspannt und ein bißchen verwirrt, aber dann begann er Anzeichen von starker Unruhe zu zeigen: Er fuhr nervös durch seine Haare, sagte, daß seine Hände sich ganz feucht anfühlten, blickte dauernd auf seine Uhr usw. Bei unserem ersten Versuch stritt er ab, daß er sich unbehaglich fühlte (sein Desinteresse an seinem Körper wirkte sich aus), aber als wir das Experiment fortführten, begann er zuzugeben, daß er es als eine ungeheure Belastung empfand. «Diese eine Minute erscheint mir so unendlich lang. Ich weiß nicht, was ich mit mir anfangen soll. Ich weiß nicht, was ich mit der Stille anfangen soll. Ich habe das Gefühl, als ob ich eigentlich noch etwas anderes tun sollte.» Was mir noch auffiel, war die Art und Weise, in der er auf ein Zeichen meiner Zustimmung wartete, bevor er zugab, was er fühlte. Er hatte «erwartet», daß ich genauso denken und die Dinge sehen würde, wie er es tat, und stellte dann ganz erleichtert fest, daß es durchaus in Ordnung war, wenn er zugab, sich angespannt zu fühlen, daß diese Anspannung tatsächlich eine ganz normale Reaktion war.

Als nächstes schlug ich vor, zu bestimmten Zeiten auf das

Rauchen zu verzichten, vor allem immer dann, wenn er etwas physisch Anstrengendes tat (wobei er sich sonst stets über das Bedürfnis seines Körpers nach zusätzlicher frischer Luft hinwegsetzte). Dadurch sollten die schlimmsten Stressauswirkungen verringert werden. Außerdem schlug ich vor, auch nach dem Geschlechtsverkehr eine bestimmte Zeitlang nicht zu rauchen – damit wollte ich einmal erreichen, daß er sich mehr auf die Bedürfnisse seiner Frau einstellte, und zum anderen, daß auch seine Wünsche allmählich über den bloßen sexuellen Akt hinausgingen. Als letztes empfahl ich ihm, zur Übung pro Stunde wenigstens eine Minute lang nicht zu rauchen, so daß er sich an die unguten Gefühle gewöhnen konnte, die dann in ihm aufstiegen.

Dieses scheinbar simple Programm bewirkte eine ganze Menge. Am Anfang hatte ich das Gefühl, daß Allan seiner Idee, um Hilfe zu bitten und mit dem Rauchen aufzuhören, äußerst zwiespältige Gefühle entgegenbrachte. Vordergründig behauptete er zwar, mit dem Rauchen aufhören zu wollen, aber er ging mit einer eher trotzigen Haltung an die Sache heran – als ob er sagen wollte: «Unterstehen Sie sich, mich zum Aufhören zu zwingen!» Als ich ihm aber beruhigend versicherte, daß wir Schritt für Schritt vorgehen würden, daß es wichtiger sei, die Art seines Rauchens zu verändern, als einfach völlig aufzuhören, da war er offensichtlich eher zur Zusammenarbeit bereit.

Was erreichten wir nun in Schritt 1? Einen Anfang machte Allan damit, daß er feststellte, es sei eine große Entlastung, während einer körperlich anstrengenden Arbeit nicht zu rauchen. «Ich kann an einer Sache arbeiten, ohne daß mir Rauch in die Augen kommt. Es scheint so einfach, so logisch, aber ich wäre nicht alleine darauf gekommen. Es ist viel weniger anstrengend, Treppen heraufzulaufen oder einen Zug gerade noch zu erwischen, wenn man nicht dabei raucht.» Es war ein kleiner, aber wichtiger Erfolg, weil Allan in der Lage war, dieses neue Verhalten schnell zur Routine werden zu lassen.

Was seine Sexualität betraf, so gab er zu, daß er sich doch recht beschämt fühle über das, was er seiner Frau angetan habe (indem er sie dem Druck aussetzte, «das Ganze schnell hinter sich zu bringen»). Inzwischen aber hatte er festgestellt, daß seine Frau durch sein verändertes Verhalten nach dem Geschlechtsverkehr viel ansprechbarer und auch viel zärtlicher war, was er sehr mochte. Er ging von sich aus noch einen Schritt weiter und duschte regelmäßig, bevor er mit seiner Frau schlief, dadurch, so drückte er es aus, «roch ich angenehmer». Er stellte fest, daß er, wenn er nicht so auf das Rauchen fixiert war, viel mehr Zeit hatte, um *bewußt* über die Liebe, seine Frau und andere Dinge nachzudenken, und daß er auch intensiver an dem Glücksgefühl nach dem Geschlechtsverkehr teilhaben konnte. «Früher», so berichtete er, «wollte ich natürlich auch mit meiner Frau schlafen, aber nachdem ich gekommen war, griff ich sofort zur Zigarette und vergaß meine Frau.» Nun begann er tatsächlich, sexuell aktiver zu werden; er empfand zunehmend Freude an den Gefühlen, die dem eigentlichen Koitus folgen, und merkte, daß sie ein sehr wichtiger Teil des sexuellen Zusammenseins sind. Nachdem sich das erst einmal so eingespielt hatte, konnte er sich gar nicht mehr erklären, warum er in der Vergangenheit in solchen Situationen geraucht hatte: «Die Empfindungen von Freude und Liebe sind so überwältigend, daß ich sie nie wieder durch Gedanken an das Rauchen beeinträchtigen möchte.»

Bei weitem die größte Bedeutung für den Erfolg unseres Programms aber kam der Nichtraucher-Minute zu, die ich ihn gebeten hatte einzuhalten. Damit erreichten wir aber bereits Schritt 2 unseres Programms:

Schritt 2: Auf Körpersignale achten

Ich wollte in diesem Experiment versuchen, Allan soweit zu bringen, daß er anfing, auf die «Botschaften» seines Körpers zu «hören». Zuerst einmal mußte er sich mit den inneren Spannungen und Zwängen auseinandersetzen, die er durch sein Rauchen verdeckte. Als zweites mußte er sich den außerhalb seiner Person in der Umwelt und seinem engeren Umfeld liegenden Quellen dieser Spannungen zuwenden. Drittens mußte er anfangen, «hinzuhören» und auf das Unbehagen zu achten, das sein Körper empfand, während er rauchte.

Das erste und dritte Ziel erreichten wir sehr schnell. Allan konnte sich schon bald wortreich dazu äußern, was in ihm vorging. «Richtig. Ich warte darauf, daß eine Sitzung beginnt. Ich greife nach einer Zigarette, dann fällt mir ein, daß ich ja eine Minute warten soll. Mein Fuß fängt an, auf den Boden zu klopfen, ich bin ungeduldig, ich möchte eine Zigarette. Ich wundere mich, warum mein Fuß so klopft, warum ich so in Panik gerate. Ich merke, daß mein Atem schwer geht. Meine Kehle ist ausgetrocknet, und ich beginne zu keuchen. Ich versuche, tief durchzuatmen, um ruhiger zu werden (genau das würde ich auch tun, wenn ich rauchte). Die Luft ist zwar gut, aber es bereitet mir Schmerzen. Die Minute ist vorbei; Gott sei Dank.»

Diese Erfahrungen, speziell das Gefühl der Anspannung, mit einer Situation wie einer Sitzung in Verbindung zu bringen, fiel Allan sehr viel schwerer. Er dachte über die Frage nach, sah etwas verwirrt aus und sagte dann: «Es war doch niemand dabei, über den ich mich hätte ärgern können. Es war nur eine ganz normale Sitzung; ich war überhaupt nicht nervös.» Aber bald begann er, gewisse Zusammenhänge zu sehen. Es ging nicht um die Menschen in der Sitzung (er war mit allen gut Freund), sondern um die Tatsache, daß er plötzlich vor so vielen Menschen sprechen sollte. Er fühlte sich linkisch, befangen und zunehmend schlechter – dumm, das gerade mir gegenüber zuzugeben. Aber es entsprach der Wahrheit, und als ich mir die Aufzeichnungen zu seinen in den unterschiedlichsten Situationen eingehaltenen Nichtraucher-Minuten ansah, wurde deutlich, daß er fast ständig ein leichtes Gefühl von Unsicherheit und Unzulänglichkeit hatte. Allan war sehr beunruhigt, als er das Ausmaß seiner Unsicherheit erkannte, und hatte eine ausgesprochen schlechte Woche, weil er sich für «gestört» hielt. Ich beruhigte ihn jedoch und versicherte, daß es ganz normal sei, sich unsicher zu fühlen, anormal sei es eher, solche Gefühle vor sich selber und anderen zu verstecken; dadurch isoliert sich ein Mensch und distanziert sich von den anderen. Wenn er seine Ängste nicht mitteilt oder sie nicht zugibt, hat er auch keine Möglichkeit, über sie nachzudenken, keine Grundlage für Diskussionen, keine Gelegenheit, von anderen Menschen andere mögliche Methoden zu lernen, mit solchen Ängsten fertig zu werden.

Das ist ein sehr wichtiger Punkt. Allan stammte aus einer Familie, in der es verpönt war, über Gefühle zu sprechen und sie zu zeigen, und er meinte, daß das seine Entwicklung in diesem Bereich blockiert habe. Weil er keine andere Art zu «sein» kannte, bemerkte er sein Defizit noch nicht einmal. In anderen Bereichen – Konversation, Denken, allgemeine Verhaltensweisen – hatte er sich ganz normal wie jeder andere Mensch auch entwickelt, ohne zu wissen, daß emotional normal entwickelte Menschen wirklich etwas empfinden, sich über ihre Gefühle unterhalten, mit Emotionen experimentieren, und zwar in der gleichen Weise, wie er sich vielleicht über das Wetter oder mathematische Probleme unterhielt. Ich habe sehr häufig festgestellt, daß Krebskranke, soweit es ihre Gefühle betraf, in einer Art kindlichem Denken steckengeblieben waren; wenn sie sich aber erst einmal von ihren Fesseln befreit hatten und erkannten, daß ihnen das gleiche Recht auf freie Gefühlsäußerungen und das Experimentieren mit Emotionen zustand wie allen anderen Menschen auch, dann entwickelten sie sich schnell zu offeneren, sich selbst erforschenden Menschen. Allan hielt es für «unmännlich» und «blöd», Ärger oder Furcht zu zeigen, und zunächst war er gar nicht in der Lage zu erkennen, daß diese Haltung sich entwickelt hatte, weil es ihm nie erlaubt worden war, Angst zu haben oder «unmännlich» zu sein und dadurch herauszufinden, was alle diese Gefühle überhaupt bedeuteten. Um das genauer zu untersuchen, gehen wir weiter zu Schritt 3.

Schritt 3: Sich selbst mehr Zeit zugestehen

Zu Hause hatte man Allan nie Zeit zugebilligt, um über seine Gefühle zu sprechen. Folglich gestand er sich selbst ebenfalls keine Zeit zu, über seine «Schwäche», wie er Gefühle nannte, nachzudenken, und auch anderen Menschen, etwa seiner Frau, billigte er diese Zeit nicht zu. Auch für Krankheiten oder Zärtlichkeiten hatte er nie Zeit haben dürfen, und folglich versagte er sich selbst später ebenfalls die Zeit, auf seine Krankheiten oder sein Bedürfnis nach Zärtlichkeit zu achten. Seine Sicht der Realität war sehr stark durch ganz vernunftgeprägte Pflichten bestimmt: Er leitete eine Firma, erledigte zu Hause bestimmte Arbeiten, kümmerte sich um seine Familie, und alles machte er gut. Aber ein Bereich fehlte: Er hatte nie gelernt, wie man die schwierige Aufgabe bewältigt, sich um sich selbst zu kümmern.

Dadurch, daß er nun immer klarer seine körperlichen Beschwerden zur Kenntnis nahm und sich seiner ständigen inneren Spannung bewußt wurde, benötigte Allan Zeit, um in alledem einen Sinn zu finden, um seine Gefühle zu ordnen und auszuprobieren. Als eine hilfreiche Methode schlug ich ihm vor, sich an jedem Wochenende eine halbe Stunde freizuhalten, sich in seinem Zimmer einzuschließen, sich ruhig irgendwo hinzusetzen und nichts zu tun, als über sich selbst nachzudenken. Das erste Mal schaffte er es nicht. «Es war soviel rund ums Haus zu erledigen, ehrlich, ich hatte solche Schuldgefühle, weil ich mich selbst so wichtig nahm.»

Beim zweitenmal konnte er es einrichten, aber er war nicht in der Lage, sich auf sich selbst zu konzentrieren; statt dessen kamen ihm hundert andere Dinge in den Sinn, über die er nachdachte. Beim drittenmal aber funktionierte es. «Ich merkte plötzlich, wie müde ich war. Ich hatte geraucht, meine Lungen taten weh, ich hatte gerade einen Bericht fertiggestellt, ich war verpflichtet, zum Abendessen zu meinen Eltern zu gehen, und auf einmal war mir alles zuviel. Ich spürte, wie mein Kopf explodierte. Ich fing beinahe an zu schreien.»

Im Grunde bemitleidete Allan sich selbst, und es war sehr wichtig für ihn, daß er dazu ermutigt wurde. Denn oft liegt unmittelbar hinter der kühlen Fassade eine unüberwindbare Mauer von Selbstmitleid und dahinter wiederum viel ziellose Wut. «Langsam begann mir klarzuwerden, wie bedrückt ich über meine eigene Situation war: Ich arbeite hart, ich habe Probleme mit meiner Lunge, ich mache nie Urlaub, gönne mir nie eine Freude, habe Übergewicht. Aber wenn ich zu lange darüber nachdenke, dann gerate ich innerlich so in Rage, daß ich um mich schlagen könnte.»

Diese ganze Entwicklung führte dazu, daß Allan mehr auf sich «hörte» und brachte ihn dazu, seine eigene, ganz «persönliche» Zeit für sich zu beanspruchen. Es war eine einfache Konditionierung von Verhaltensweisen, und er hatte sich bald daran gewöhnt, täglich mindestens eine halbe Stunde für sich selber freizuhalten.

Schritt 4: Die Funktionen des betroffenen Organs verbessern

Inzwischen war Allan auf dem Wege der Besserung. Auf der *somatischen* Ebene begann er, sich in seinem Körper wohler zu fühlen; dadurch, daß er weniger rauchte, besserte sich auch seine Bronchitis, durch den engeren Kontakt zu seiner Frau und seine besseren allgemeinen Atemgewohnheiten erhielt er eine Vorstellung davon, wie ein Leben mit einem wirklich gesunden Atmungssystem aussehen konnte.

Auf der *psychologischen* Ebene fühlte er sich sehr unruhig. Er hing noch an seinen Rauchgewohnheiten, aber er beobachtete sich bereits aufmerksamer. Auch den Zusammenhang zwischen seiner Nervosität und dem Rauchen begann er wahrzunehmen.

Nachdem alle diese neuen Einsichten erreicht waren, wollten wir seine Atemtechnik verbessern. Ich schlug vor, daß er sich jetzt doch eigentlich gut die Zeit nehmen könnte, um jeden Tag ein paar Übungen zu machen, und zwar im Zusammenhang mit seiner täglichen «privaten» halben Stunde. Ich begründete diesen Vorschlag damit, daß er sich langsam etwas mehr um seinen Körper kümmern und auf seine Körpersignale achten müsse. Seine Lunge schmerzte? «Gut», sagte ich, «dann wollen wir etwas dagegen tun, indem wir sie durch Atemübungen reinigen. Wir werden bestimmte Übungen durchführen, die ihre Effizienz steigern. Gleichzeitig werden Sie sich durch Diät fithalten und Ihr Gewicht reduzieren.» Derartig festgenagelt, wagte Allan nicht zu widersprechen. Und so wurde aus seiner halben Stunde eine ganze Stunde pro Tag, die nur ihm selbst gehörte. Seine Atmung besserte sich schnell, sein Gewicht sank, er fühlte sich wohler und war stolz, es ganz alleine geschafft zu haben. Sobald er dieses neue Verhalten als festen Bestandteil seines Lebens übernommen hatte, ermutigte ich ihn, eine Sportart zu betreiben, um seine Atmung und die Funktion seiner Lunge mit dem übrigen Körper optimal zu koordinieren. Dadurch besserte sich seine Bronchitis weiter deutlich. Während er alle diese neuen Entwicklungen noch recht beängstigend fand (er hatte Sorge, daß seine Familie oder seine Arbeit zu kurz kommen würden), zeigte seine Lungenleistung so spürbare Fortschritte, daß er schließlich allen Vorschlägen zustimmte. Außerdem hatte er, während er seine Übungen absolvierte, über sich selber nachdachte oder Sport trieb, keine Zeit zu rauchen. Dadurch war die Anzahl der Stunden am Tag, in denen er nicht rauchte, erheblich angestiegen.

Schritt 5: Zwischenmenschliche Beziehungen verbessern

In diesem Stadium hatte sich an Allans Art, mit Emotionen oder Stress umzugehen, noch nichts geändert. Er sprach immer noch nicht offen mit seiner Frau und machte immer noch einen recht unbeteiligten Eindruck. Damit standen wir jetzt vor dem Problem, daß tatsächlich etwas geschehen mußte, um seine Kontakte zu anderen Menschen zu verbessern. Als erstes schlug ich ihm vor, mit seiner Frau Gespräche über seine Gedanken und Gefühle während der Stunde, die er alleine war, zu beginnen. Er fand das sehr schwierig, und so bestellte ich die beiden einige Male zusammen zu mir, um ihm zu helfen, seine Nervosität zu überwinden.

Dabei zeigte sich, wie sehr Allans Frau das Bedürfnis hatte zu reden. Sie war voller Verlangen, sich zu öffnen, in seiner Anwesenheit aber scheu und ein bißchen ängstlich. Er hatte nicht nur bei sich selbst alle emotionalen Erfahrungen blokkiert, sondern unbeabsichtigt auch bei ihr jegliche Gefühlsäußerung verhindert. Als ihr nun plötzlich die Möglichkeit gegeben wurde, über Gefühle zu reden, brach eine ganze Flut von Gedanken und Einsichten aus ihr heraus, über die sie nie mit irgend jemandem hatte reden können. Allan war offensichtlich überrascht, aber auch sehr erfreut, und nach zwei Sitzungen voller wechselseitiger Entdeckungen überließ ich die beiden sich selbst.

Aber alle diese Errungenschaften waren weitgehend verbaler Natur. Wie ging Allan mit der Tatsache um, daß er als erwachsener Mensch mittleren Alters nicht das geringste darüber wußte, wie man richtig wütend ist? Wie konnte er jetzt plötzlich lernen, bei Ärger seine Emotionen auch auszudrükken, nachdem vierzig Jahre lang das Gegenteil von ihm erwartet worden war?

Die Antwort war und ist, daß man am besten nach dem Prinzip von Versuch und Irrtum mit einem sehr nahestehenden Menschen übt, bis es richtig gelingt. Niemand ist zu alt zum Lernen, und Allan begann seine Versuche zuerst mit mir, dann mit seiner Frau. Eine Episode möchte ich in diesem Zusammenhang erzählen:

Er war zu einem Termin bei mir bestellt und mußte warten. Als er dann zu mir hereinkam, rauchte er und fing sofort an, seinen Rauch in alle Richtungen zu blasen. Ich merkte, daß er zornig war. Deshalb sagte ich zu ihm: «Sie sind ärgerlich.»

«Nein, das bin ich nicht», sagte er wütend.

«Ich weiß, daß Sie es sind, Allan, warum drücken Sie also nicht Ihre Zigarette aus und schreien mich an?» Er weigerte sich, aber ich bestand darauf. Er war ganz sicher wütend genug, aber er wußte einfach nicht, wie man jemanden anschreit. Während er mich dann schließlich doch versuchte anzuschreien, konnte er mich dabei nicht ansehen; sein Verhalten widersprach ja seiner verbindlichen Versicherung, durchaus nicht ärgerlich zu sein. So übten wir, bis er richtig schreien konnte, und das half ihm sehr. Er war ganz erleichtert, daß es mir nichts ausmachte, wenn er schrie; er fand richtig Spaß daran, zu schreien und wütend zu sein, auch wenn er sich wie ein Idiot dabei vorkam.

Ich konnte ihm zwar helfen, seinen Ärger herauszuschreien, aber ich konnte nichts tun, um ihm beizubringen, wie man weint, sich trösten läßt usw. Ich hätte mir jedoch gar keine Sorgen darüber zu machen brauchen, seine Frau brachte ihm das bei. Eines Tages bemerkte sie, daß er verstimmt war, und trieb ihn so lange in einen echten Erregungszustand hinein, bis er völlig zusammenbrach.

Es ist unvorstellbar, wie viele Menschen in dieser Welt nicht wissen, wie man richtig wütend ist, schreit, weint oder lacht, und die Hilfe brauchen, um all das zu lernen. Ein großer Teil meiner Arbeit besteht darin, Menschen mit den Grundlagen ihrer emotionalen Existenz bekannt zu machen. Das hilft ihnen nicht nur, ihr Verhältnis zu ihren jeweiligen Partnern zu verbessern, sondern ist auch absolut lebensnotwendig für die ordnungsgemäße Arbeitsweise ihrer Körperfunktionen. In Allans Fall zeigte die Tatsache, daß er seinen Ärger erkennen und darüber sprechen konnte und daß er auch wirklich wütend *sein* konnte, die beginnende Entwicklung neuer körperlich-seelischer Muster. Vorher liefen seine körperlich-seelischen Funktionen etwa folgendermaßen ab:

Innere Not		*körperlich-seelischer Zustand*		*Verhalten*
Angst Anspannung Sorge	} →	hochgradige Erregung hochgradiger Stress	→	rauchen

Die neue Abfolge sah so aus:

Innere Not		*körperlich-seelischer Zustand*		*Verhalten*
Angst Anspannung Sorge	} →	hochgradige Erregung hochgradiger Stress	→	sich aufregen darüber reden beruhigt sein

In der Gegenüberstellung wird deutlich, daß die frühere Abfolge seinen inneren körperlich-seelischen Zustand keineswegs verbessserte, während die geänderte Abfolge das tut. Rauchen verhindert lediglich, daß ein Mensch «hochgeht», und verschafft ihm weniger Erleichterung. Allans neue Gewohnheiten waren ein wesentlich gründlicheres und natürlicheres Mittel, sich mit seinem inneren Zustand auseinanderzusetzen. Babys und Tiere reagieren genauso, und auch wir Erwachsenen sollten lernen, uns in regelmäßigen Abständen so zu verhalten. Zu weinen oder unseren Ärger mit jemandem zu teilen ist physisch sehr viel besser, führt zu einem gesunderen Körper, zu gesunderen Beziehungen und zu einer gesunderen Seele, als das je durch Rauchen möglich ist.

Indem Sie Ihre Gefühle ausdrücken, werden nicht automatisch alle Probleme gelöst. Zunächst führen offen gezeigte Gefühle sehr häufig dadurch zu Problemen, daß – wenn bestimmte Dinge erst einmal ausgesprochen sind – Sie und alle Betroffenen mit dem fertig werden müssen, was da zum Vorschein kommt. Wenn man beginnt, seine Gefühle offen auszusprechen, tut man das häufig sehr wenig durchdacht; man ist zu böse, zu erregt und will eigentlich überhaupt nicht auf intellektueller Ebene diskutieren. Sie brauchen Übung und oft auch einen Menschen, der Sie führt; vielleicht kann Ihnen ein Psychologe an diesem Punkt weiterhelfen. Außerdem würde ich Ihnen nicht raten, herumzulaufen und «alles heraushängen zu lassen», wie Jugendliche sagen würden; um Ihre Emotionen effektiv ausdrücken zu können, ist es erforderlich, daß Sie lernen, wie Sie das richtige Gefühl in der richtigen Umgebung zum Ausdruck bringen. Wie man erst lernen muß, einen Golfschlag richtig auszuführen, so braucht man auch hier ein bestimmtes Wissen, wann man vorsichtig und wann man besser hart zuschlägt. Sie müssen auch lernen, bei wem Sie Ihre Gefühle zeigen können und bei wem nicht: Es bringt nichts, jedermann etwas über Ihren Chef vorzuweinen. Um all das zu lernen, brauchen Sie Zeit und Geduld und Übung. Denken Sie, während Sie üben, stets daran, daß Sie Dampf aus ihrem inneren Druckkochtopf ablassen. Vielleicht mögen Sie das, was da herauskommt, nicht besonders, aber ein solches Ventil ist lebensnotwendig für ein harmonisches Leben und natürlich auch für harmonische Intimbeziehungen. Lebensgefährten sollten einen wesentlich größeren Anteil ihrer gemeinsamen privaten Aktivitäten darauf begründen, daß sie die geheimen Winkel ihrer Seelen und ihrer Gefühle erforschen; das ist es, was Liebe vor allem bedeutet.

Allan und seine Frau leisteten wirklich ein hartes Stück Arbeit, um ihre Gewohnheiten aufzubrechen und ihre intime Beziehung zu vertiefen. Nachdem ich ihnen beiden erklärt hatte, wie wichtig es war, ihr emotionales Leben zu aktivieren, knieten sie sich voll in diese Aufgabe hinein. Ich war sicher, daß durch die Verbesserung ihrer Beziehung auch Allans innerer Druck geringer werden würde; er würde allgemein weniger unter Spannung stehen. Das führte zusammen mit dem Spaß, den er an seinen neuen Atemgewohnheiten fand, dann auch dazu, daß er das Rauchen einschränkte. Er hörte nicht völlig auf, aber er rauchte nur noch dann, wenn er wirklich Verlangen danach hatte. Noch wichtiger aber war, daß er anfing, für sich selbst und seine Gesundheit mehr Verantwortung zu übernehmen.

Schritt 6: Normalen Stress bewältigen

Allans neue Verhaltensweisen bewährten sich wirklich gut, bis ihn ein unerwarteter Schicksalsschlag traf: Seine Firma geriet in Schwierigkeiten, und es begann eine wirklich kritische Zeit für ihn. Er fiel prompt wieder in seine alte freundliche Unverbindlichkeit und sein gewohntes Kettenrauchen zurück. Glücklicherweise rebellierte seine Frau. Sie drohte, ihn zu verlassen, wenn er nicht wieder zu dem «neuen Menschen» zurückfand, der er geworden war. Konfrontiert mit den Drohungen seiner Frau und der Krise im Betrieb, kam er erneut zu mir und bat um Hilfe. Mein Rat an ihn lautete: «Man sollte sich nie der Hoffnung hingeben, daß es keine Krisen im Leben gibt. Sie tauchen immer irgendwann plötzlich auf. Aber wenn Sie eine offene, tragende Beziehung zu Ihrem Partner aufgebaut haben, dann wird Ihnen das in einer Krise Kraft geben. Wenn Sie für eine gute Koordination im körperlich-seelischen Bereich gesorgt haben, wenn Sie fit und gesund sind, dann wird auch Ihr Körper mitspielen. Wenn Sie die neue Art, Ihre Gefühle auszudrücken, beibehalten, dann wird Ihnen das ebenfalls helfen. Versuchen Sie, Ihren neu erlernten Verhaltensweisen zu vertrauen; rauchen Sie, wenn Sie nicht anders können, aber behalten Sie alle anderen Gewohnheiten bei. Setzen Sie Ihre Übungen fort, reden Sie mit sich selber, halten Sie an Ihrer persönlichen Freizeit fest, zeigen Sie auch weiterhin Ihrer Frau, was Sie fühlen, weinen Sie. Wenn Sie so mit Aufregungen umgehen, dann stärkt das Ihre Kraft, mit allem fertig zu werden.»

Das ist meiner Meinung nach der Kernpunkt des ganzen Programms: Wenn Stress-Situationen entstehen, *brauchen* Sie einen gesunden vertrauensvollen Umgang mit sich und anderen, ein intaktes körperlich-seelisches System und stabile Durchhaltestrategien. Der *schlechteste* Zeitpunkt, das alles aufzugeben, sind völlig normale Krisensituationen. Neue Verhaltensweisen zu lernen, bedeutet ja nicht, in Zukunft keine Probleme mehr zu haben. Ändern wird sich jedoch die Art und Weise, in der Sie Ihre Probleme lösen und wie diese sich auf Sie auswirken.

Allan war nicht so schnell überzeugt, und es dauerte ein paar Monate, bis er sich wieder stabilisiert hatte. Aber dann war er bald wieder auf der Höhe und sehr viel klüger. Ich bin sicher, daß eine Krise sich nie wieder derart traumatisch auf ihn auswirken wird. Vielleicht traf ihn diese schwierige Situation zu bald nach seinem Umlernprozeß?

Das ist also das Sechs-Stufen-Modell zur Vorbeugung. Ich konnte Allan nicht garantieren, daß er niemals an Krebs erkranken würde, aber ganz sicher war, daß er sich ernstlich bemühte, jeden nur möglichen Schritt zu unternehmen, um sein Risiko deutlich zu verringern. Was auch immer in Zukunft geschieht, er hat sehr viel bessere Chancen, damit fertig zu werden, als früher.

Ich möchte an dieser Stelle ausdrücklich darauf hinweisen, daß sehr viel weniger Menschen an Krebs erkranken würden, wenn die Öffentlichkeit besser über Risiken und vorbeugende Maßnahmen, die in viel jüngeren Jahren durchgeführt werden könnten, informiert wäre. Nachfolgend will ich ein paar Anregungen für vorbeugende Maßnahmen geben, die meiner Meinung nach eine große Hilfe wären, um Menschen auf Krebsrisiken aufmerksam zu machen und um Ihnen zu zeigen, wie solche Risiken möglichst geringgehalten werden können.

Krebsvorbeugung in unserer Gesellschaft

Die Gesellschaft tut inzwischen schon eine ganze Menge, um die Öffentlichkeit über Krebsrisiken aufzuklären. Die von Bürgerinitiativen, Vertretern der Medizin und anderen angeführte Kampagne gegen das Rauchen ist vielleicht die bekannteste Form, in der das geschieht, bei weitem aber nicht die einzige. Maßnahmen der Lebensmittelkontrollbehörden haben dazu geführt, daß heute die Gefahr, Karzinogene mit der Nahrung aufzunehmen, geringer geworden ist. Kampagnen gegen die Risiken radioaktiver Strahlung aus Atomkraftwerken und anderen möglichen Strahlungsquellen haben die allgemeine Aufmerksamkeit sowohl auf die Gefahr gelenkt, die solche Strahlungen mit sich bringen, als auch auf die Notwendigkeit, die Arbeiter besser als bisher zu schützen. In ähnlicher Weise tragen Umweltgruppen, die sich mit der Verschmutzung unseres Lebensraumes beschäftigen, dazu bei, die Öffentlichkeit über Risiken aus diesen Bereichen aufzuklären.

Dieses allgemeine Interesse an krebserregenden Substanzen und der Versuch, die Gefährdung der Menschen zu verringern, ist ein ganz wichtiger und notwendiger Bestandteil der Krebsvorbeugung. Laufende Untersuchungen über langfristige Auswirkungen zum Beispiel von Zigarettenrauch und schädlichen Emissionen auf den Menschen helfen, die Kenntnisse und das Bewußtsein im Hinblick auf die Luft, die wir alle einatmen, zu erweitern und zu schärfen.

Bessere Untersuchungstechniken wie der Pap-Abstrich zur Früherkennung von Zervikalkrebs packen das Problem von einer anderen Seite her an, sind aber ebenso effektiv im Rahmen der Bemühungen, Krebsrisiken zu verringern. Ihr Ziel ist es, Krebs oder Gewebeveränderungen möglichst frühzeitig zu entdecken, so daß die notwendige Behandlung schneller und gezielter erfolgen kann. Auch das Interesse an Gesundheit und physischer Fitness verändert allgemein das Krebsrisiko. Gekoppelt mit einem zunehmenden Bewußtsein für Ernährungsfragen und Essensgewohnheiten, führt das dazu, daß wir Krebs und natürlich auch viele andere Leiden immer besser bekämpfen können.

Wir können aber noch mehr erreichen. Wenn Sie das Modell, das in diesem Buch vorgestellt wurde, ansehen, dann wird deutlich, daß die Gefährdung durch Karzinogene nur einer von drei Faktoren ist, die notwendig sind, um Krebs entstehen zu lassen. Gewohnheiten, die dazu führen, daß Beschwerden übergangen und die Abwehrkräfte geschwächt werden, spielen eine ebenso wichtige Rolle, und bei Menschen mit sehr hohem Risiko kommen zusätzlich noch ihr psychologischer und emotionaler Status ins Spiel.

Wenn wir die Öffentlichkeit genauso über diese anderen vorhandenen Faktoren informieren könnten, wie sie über die Gefahren krebserregender Substanzen informiert worden ist, dann wäre ihre Einstellung zu Krebs noch sehr viel mehr von dem Bemühen um die eigene Sicherheit und Gesundheit geprägt. Ich weiß aus meiner klinischen Erfahrung mit Menschen wie Allan, daß viele Raucher durch die Propaganda gegen das Rauchen kaum beeinflußt werden. Ein anderer

Weg, Menschen zu Veränderungen zu ermutigen, wäre, sie zum Nachdenken darüber anzuregen, wie sie die *Art* ihrer Rauchgewohnheiten und allgemein die Fürsorge für ihre Lungen verbessern könnten (statt als einzige Lösung ein striktes Rauchverbot zu propagieren).

Wir sollten den Menschen auch noch bewußter machen, welche Rolle bei der Entwicklung von Krebs scheinbar geringfügige, aber reizauslösende Gewohnheiten spielen, wie chronische Verstopfung, Verdauungsstörungen, Infektionen des Blasen-, Darm- und Genitalbereichs, chronische Lethargie, das ständige Verdrängen von Gefühlen und schlechte zwischenmenschliche Kontakte. Wir können uns derart daran gewöhnen, daß wir sie kaum noch für wichtig halten. Solche Gewohnheiten spielen aber eine entscheidende Rolle, wenn sie in Zusammenhängen vorkommen, wie sie in diesem Buch beschrieben wurden. Karzinogene plus einige dieser Gewohnheiten, das ergibt schon beinahe so etwas wie ein Rezept für das Entstehen einer Krebserkrankung.

In der Praxis sollten der Öffentlichkeit zwei zusätzliche Denkimpulse zum Thema Krebs vermittelt werden. Der erste würde die Menschen anregen, *andere* (oben beschriebene) schädliche Gewohnheiten, die empfänglich für eine Krebserkrankung machen können, bewußt zur Kenntnis zu nehmen. Es ist dringend nötig, daß wir den Menschen sagen, was alles passieren kann, wenn sie weiterhin mit chronischer Lethargie, chronischer Verstopfung oder chronischem Stress leben. Die Menschen sollten wissen, daß man etwas tun kann, um diese Leiden zu beheben. Professionelle Hilfe schließt Verhaltenstherapie, Psychotherapie und Beratung in ganz praktischen Dingen ein. Je früher Sie beginnen, desto besser sind die Ergebnisse. Ich meine, daß wir in unserer Gesellschaft Psychologen und Psychiater genauso in Anspruch nehmen sollten wie praktische Ärzte – als Helfer, die Sie bei kleinen Leiden des täglichen Lebens aufsuchen. Das weitverbreitete Stigma, als «beschränkt» zu gelten, hat verhängnisvolle Folgen gehabt;

die Arbeit von Psychologen und Psychiatern wäre sehr viel einfacher, wenn «normale» Menschen sie konsultierten, lange bevor ihre «normalen Probleme» zu Zwangsneurosen werden. Die Wohltaten von Psychologie und Psychiatrie sollten nicht allein den seelisch Kranken vorbehalten sein. Ganz abgesehen davon, daß vielleicht mehr gestörte Menschen außerhalb von Einrichtungen für Geisteskranke leben als in ihnen, braucht man in einer westlichen Industriegesellschaft des ausgehenden 20. Jahrhunderts von Zeit zu Zeit praktischen Rat. Genauso wie Sie einen technischen Experten fragen, wenn es um Ihren Computer oder Ihr Auto geht, sollten Sie auch einen Psychologen aufsuchen können, der Ihnen über ein oder zwei Hürden hinweghilft.

Zweifellos wäre es hilfreich für Sie, unbefangener psychologische Hilfe in Anspruch zu nehmen. Wenn die Informationen dieses Buches aber einer breiten Öffentlichkeit zugänglich und bekannt wären, würde sich meiner Meinung nach herausstellen, daß es mehr noch darauf ankommt, die Zusammenhänge, die zu einer Krebserkrankung führen, zu verstehen. Wenn Sie jemanden kennen, der Ihrer Ansicht nach gefährdet ist, dann würden Sie sicher eher versuchen zu helfen, wenn Sie mehr Informationen hätten. Die meisten Menschen machen sich Sorgen über die Rauchgewohnheiten von Personen, die ihnen nahestehen; sie kritisieren sie, bitten sie, ganz aufzuhören oder zumindest weniger zu rauchen usw. Wenn aber die Öffentlichkeit auch über andere Möglichkeiten informiert wäre, könnte vielleicht mehr vorbeugende Arbeit in den Familien geleistet werden, was sicherlich die beste Art der Vorsorge wäre.

Das führt mich zum zweiten Denkanstoß: Jeder sollte wissen, daß es bestimmte Krisenzeiten im Leben gibt, in denen «normaler» Stress größere Auswirkungen hat als in anderen Zeiten. Wenn wir wissen, wann solche Zeiten sind, kann uns das helfen, gegebenenfalls besser auf uns selbst und andere aufzupassen. Ich habe betont, wie wichtig es ist, durch zwischenmenschliche Beziehungen gesunde körperlich-seelische Systeme zu entwickeln. Viele der beschriebenen schädlichen Gewohnheiten sind erlernte Verhaltensmuster, die der einzelne von dominierenden Menschen in seinem Leben übernommen hat. Wenn Menschen, ob Mediziner oder nicht, den Einfluß, den zwischenmenschliche Nähe auf diese körperlich-seelischen Systeme hat, klarer erkennen könnten, dann wäre es vielleicht möglich, für eine bessere «emotionale Hülle» in solchen Krisenzeiten zu sorgen. Lassen Sie mich einige dieser angesprochenen Lebensphasen genauer beschreiben.

Kritische Lebensphasen

Geburt bis späte Kindheit

Das heranwachsende Kind muß lernen, seine körperlich-seelischen Verhaltensweisen in die seiner Umwelt zu integrieren. Als Eltern haben wir die Aufgabe, einen stabilen Rahmen zu schaffen, in dem das notwendige experimentelle Lernen stattfinden kann. Das emotionale Leben des Kindes erfordert das gleiche experimentelle Lernen wie die Beschäftigung mit der Mathematik, der Sprache oder einem Musikinstrument. Eltern können auch lernen, ein Auge auf die Entwicklung schlechter körperlicher Gewohnheiten zu haben, zwar noch nicht, wenn das Kind zwei oder drei Jahre alt ist, aber später, wenn es zur Schule geht, d. h. vor allem im Alter von etwa sieben bis zehn Jahren. Wir sollten uns bewußt sein, daß Kinder ihre emotionalen Nöte anders zum Ausdruck bringen als Erwachsene; ein zehnjähriger Bettnässer, eine Neunjährige mit Verstopfung, ein Siebenjähriger, der unfähig ist zu weinen

– sie alle senden Signale aus über das, was in ihrem Inneren vorgeht.

Wir müssen als Eltern selber sehr achtsam mit uns sein, um das Kind dazu erziehen zu können, auch mit sich achtsam umzugehen. Wir müssen dem Kind Zeit geben, aufgeregt, müde, weinerlich oder zornig zu sein, damit es lernt, sich selbst ebenfalls diese Zeit zuzubilligen. Ein Kind, das schlafen will, wenn es müde ist, oder einen Mantel anzieht, wenn es friert, lernt, die Widerstandskraft des Körpers zu erhalten, es lernt gesunden Selbstschutz.

Schließlich sollten wir auch aufpassen, daß Kinder nicht zu stark auf uns fixiert sind; wir sollten ihr individuelles Recht respektieren, selber auf ihre körperlich-seelischen Systeme aufzupassen, mit ihnen zu experimentieren und sie zu formen. Wenn ein Kind in der Schule durch irgend etwas, das wir für unwichtig halten, unter Stress gerät, dann sollten wir es zu gesunden körperlich-seelischen Aktionen (darüber reden/weinen/damit fertig werden) ermutigen, die es ihm ermöglichen, normal und vor allem vertrauensvoll heranzuwachsen. Wir dürfen unsere Kinder nicht dazu zwingen, zu früh erwachsen zu werden.

Die Gefahr in diesem Zeitabschnitt liegt darin, daß schädliche Gewohnheiten angelegt werden, die das Kind später nur schwer erkennen und verändern kann.

Jugendzeit

Das ist in westlichen Industriegesellschaften eine schwierige Zeit. Soziale und psychologische Anforderungen an die Heranwachsenden stehen oft nicht mit dem Tempo seiner oder ihrer eigenen emotionalen und physischen Entwicklung in Einklang. Schlimmer noch, es ist *die* Zeit im Leben, in der es oft besonders «in» ist, zu rauchen, zu trinken, sich wahllos in sexuelle Abenteuer zu stürzen und dadurch aufkommende innere Fragen und Unruhegefühle mit einem oberflächlichen, gelangweilten und «coolen» Verhalten zu verdecken. Jugendliche laufen leicht Gefahr, sich ihren Eltern emotional zu entfremden, «abzutauchen» und die Verbindung zu Leitfiguren zu verlieren. Allzu häufig verlassen sich Eltern darauf, daß Jugendliche als Ersatz für die verlorene Beziehung zu den Eltern schon die richtigen Kontakte zu anderen finden werden. Sehr oft glückt das aber nicht, und statt dessen lernen die jungen Menschen Einsamkeit, Isolation, emotionale Sterilität und Gleichgültigkeit kennen. Oft versuchen Jugendliche mit diesen Gefühlen fertig zu werden, indem sie rauchen, trinken, wahllos Sex haben usw., also genau die Ventile wählen, die häufig zu Mißbrauch führen und sich leicht zu den von uns besprochenen schädlichen Gewohnheiten verfestigen.

Wir wissen auch, daß Krebs begünstigende Gewohnheiten vor allem in der späten Jugendzeit bis zum frühen Erwachsenenalter angelegt werden. Folglich sollten wir dieser Periode noch viel mehr Aufmerksamkeit schenken, als wir es bisher tun. Wir sollten den Jugendlichen sachlich und offen sehr viel detailliertere und wirklichkeitsnähere Informationen über die Gefährdung durch Rauchen, Trinken und wahllosem Sex geben. Wir sollten sie über persönliche und sexuelle Hygiene unterrichten, darüber, wie man das Rauchen durch gesundes Lungentraining ausgleichen kann. Wir könnten ihnen eine bessere Kenntnis ihres eigenen Körpers vermitteln, und wir könnten versuchen, unsererseits mehr über die Probleme der Jugendlichen zu erfahren. Wir sollten die Bedeutung dieser Wachstumsperiode nicht unterschätzen und uns als Eltern verantwortlich dafür fühlen, daß der Übergang vom Kind zum Erwachsenen ohne Bruch verläuft. Vor allem sollten wir versuchen, Kontakt zu unseren Jugendlichen zu behalten, so daß die Entwicklung gesunder körperlich-seelischer Beziehungen nicht schon im frühen Teenageralter abbricht.

Erwachsenenalter

Das frühe bis mittlere Erwachsenenalter ist die Zeit, in der die Arbeit im Beruf und die zwischenmenschlichen Beziehungen besondere Bedeutung haben. Verhaltensweisen zur Bewältigung von Situationen, wie sie in diesem Kapitel beschrieben wurden, verfestigen sich in dieser Zeit leicht mit all den oben angesprochenen Folgen. Die meisten Hinweise in diesem Kapitel wenden sich an Menschen dieser Altersgruppe. Junge Erwachsene, die einem hohen Risiko ausgesetzt sind, erkranken eher an Leukämie, Lymphdrüsenkrebs und Krebs der Fortpflanzungsorgane. Brust-, Lungen- und Magenkrebs gefährden insgesamt gesehen die Altersgruppe der Erwachsenen am stärksten, wobei Lungen- und Magenkrebserkrankungen vorrangig bei den über Vierzigjährigen auftreten.

Ruhestand und Alter

Die Risiken, auf die vorbeugend in dieser Altersgruppe besonders geachtet werden sollte, entsprechen den in diesem Kapitel beschriebenen. Zusätzlich ist es wichtig, sich mit Problemen zu befassen, die speziell aus dem Ruhestand oder aus dem Verlust des Partners resultieren. Es ist eine Zeit, in der wir den Menschen helfen könnten, bessser auf sich zu achten. In Anlehnung an die alten Philosophen könnten wir ältere Menschen ermutigen, sich selber, ihre Gewohnheiten und Beziehungen viel gründlicher zu erforschen, als sie das je zuvor getan haben. Tatsächlich können auch viele Menschen im Ruhestand gar nicht mehr verstehen, wie sie während der vorhergehenden Jahre leben konnten, ohne sich um eine gesunde Lebensführung zu kümmern. Die Vorstellung, im Alter eine zweite Kindheit zu erleben, ist eigentlich sehr wirklichkeitsnah und meiner Ansicht nach auch sehr gesund. In der Zeit zwischen Jugend und Ruhestand sind Sie unter Umständen derart von Beruf und Familie in Anspruch genommen, daß Sie überhaupt keine Zeit finden, um in Ruhe über andere Fragen und Gefühle nachzudenken. Wir sollten unsere alten Menschen ermutigen, sich fit zu halten, ihre Gefühle immer wieder neu zu erproben, mehr Selbstvertrauen zu haben usw. Unserem Tun sind hier keine Grenzen gesetzt.

In der Regel sind wir viel zu stark auf die Zusammenhänge zwischen Karzinogenen und Krebs fixiert und berücksichtigen nicht genug die anderen beteiligten Faktoren. Wir sollten einen Teil unserer Energie darauf verwenden, die Menschen über die Beziehungen von Psyche und Krebs zu informieren und sie darauf hinzuweisen, welche Bedeutung scheinbar harmlose Gewohnheiten im Hinblick auf ein Krebsrisiko haben können. Außerdem haben wir unser Augenmerk bis jetzt fast ausschließlich auf Krebserkrankungen in höheren Altersgruppen gerichtet, und unsere Bemühungen um Vorbeugung haben sich darauf konzentriert, die Früherkennung auszubauen, bessere Untersuchungseinrichtungen zu schaffen usw. Das ist oft eine medizinische Notwendigkeit, aber Krebs entsteht früher im Leben und die am meisten gefährdete Altersgruppe ist die zwischen Jugend und frühem Erwachsenenalter. Wir sollten unsere Anstrengungen viel direkter auf eine früher einsetzende Vorbeugung richten und junge Erwachsene sehr viel deutlicher auf mögliche Risiken aufmerksam machen, als das heute der Fall ist. Kurze Hinweise auf Zigarettenpackungen reichen nicht aus.

Kapitel 6

Krebs überleben

Zum Abschluß wollen wir uns der Frage zuwenden, wie man eine Krebserkrankung überleben kann. Wenn jemand tatsächlich Krebs hat, dann empfindet er oder sie die Diagnose zunächst als einen derart betäubenden, lebensvernichtenden Schlag, daß es ihm oder ihr sehr schwierig erscheinen wird, zu diesem Zeitpunkt auch nur darüber nachzudenken, welche Bedeutung die Psychologie oder seelische Faktoren für das Überleben haben könnten. Der erste Impuls des Betroffenen ist, voller Schrecken vor dem «Gewächs» zurückzuweichen und so schnell wie möglich von ihm befreit zu werden. Es scheint ihm erfolgversprechender zu sein, die Geschwulst durch irgendeine geeignete physikalische Methode herausschneiden, zerstören, abtöten zu lassen, als sich über ihr Vorhandensein auf psychologischer Ebene Gedanken zu machen. Der Tumor wird als etwas Fremdes empfunden, als Eindringling, als Fremdkörper oder gefährlicher Keim, ohne jeglichen Bezug zu seelischen Faktoren oder schlechten Gewohnheiten.

Das sind völlig normale Reaktionen, aber sie werden begleitet von tödlichem Entsetzen, von hilfloser Angst, die, wenn man nicht aufpaßt, den Menschen unfähig machen können, die Tatsache seiner Krebserkrankung seelisch zu verkraften. In diesem Kapitel möchte ich untersuchen, was es in der Praxis tatsächlich bedeutet, Krebs zu haben, und welche Folgen eine Behandlung hat. Dadurch soll die Möglichkeit geschaffen werden, das in diesem Buch verwendete Modell auszubauen, so daß der Leser in der Lage ist, sich einen Rahmen zu schaffen, um über sein oder ihr eigenes Überleben nachzudenken. Wir wissen, daß Krebs eine ernstzunehmende *physische* Krankheit ist. Wir wissen, daß das Überleben eines Menschen von vielerlei Faktoren abhängig ist, z. B. wo die Krankheit sich im Körper entwickelt, ob sie sich schon ausgebreitet hat oder nicht, in welchem Stadium sie entdeckt wurde und ob sie behandelt werden kann. Wir wissen auch, daß viele dieser Faktoren außerhalb des Einflußbereichs der Patienten liegen. Aber ein ganz wichtiger Faktor tut das nicht, und das ist die Art, wie der Betreffende denkt und fühlt. Dieses Kapitel handelt davon, wie ein Krebspatient das Beste aus der ihm verbleibenden Gedanken- und Handlungsfreiheit machen kann. Sie werden hoffentlich erkennen, daß der einzelne in der Lage ist, eine ganze Menge zu bewirken.

Was es bedeutet, Krebs zu haben

Ein Teil der Probleme, die sich durch die Entwicklung von Krebs ergeben, resuliert daraus, daß es sich um eine so heimtückische und schleichende Krankheit handelt. Das gilt besonders für Frauen, die vielleicht nach vielen problemlosen Jahren eines Tages einen Knoten in der Brust entdecken oder bei denen durch einen Routine-Abstrich Krebs festgestellt wird. Das kann ein unerwarteter Schock sein, einem Alptraum gleich, der sich beim Aufwachen als Wirklichkeit herausstellt. Und die Bedrohlichkeit dieses Alptraums wird noch dadurch verstärkt, daß sich die Betroffene, nachdem sie die Diagnose erfahren hat, nicht anders fühlt als vorher. Wo bleiben der Schmerz oder andere deutliche Zeichen für eine ernsthafte Erkrankung? Hohes Fieber, ein gebrochenes Bein, sogar eine Angina sind aus der Sicht von Krebskranken klar abgegrenzte Krankheiten mit eindeutigen, feststellbaren Ursachen und Auswirkungen. Krebs dagegen, obwohl er viel bedrohlicher ist, zeigt sich normalerweise als relativ kleine, scheinbar unbedeutende Geschwulst, die im Fall von Brustkrebs zum Beispiel nur erbsengroß ist.

In den ersten Tagen, nachdem man von seiner Krebserkrankung erfahren hat, ist die psychologische Angst und das Entsetzen, tatsächlich «Krebs zu haben», wohl das Schlimmste, dem man sich gegenübersieht. Nur selten spürt man Schmerzen oder ernstliche Beschwerden. Aber parallel zu diesen Empfindungen sehen die Betroffenen sich nun mit verschiedenen Maßnahmen konfrontiert, die sie noch mehr beunruhigen. Wir wollen sie uns genauer ansehen.

Die Diagnose

Wie die meisten Menschen wissen, wird Krebs meist durch eine Biopsie diagnostiziert. Dabei handelt es sich um einen kleinen Eingriff, bei dem eine Gewebeprobe aus der Geschwulst entnommen und von Pathologen untersucht wird. Diese Spezialisten können dann gewöhnlich sagen, a) ob es sich bei der Gewebeprobe um gutartige Zellen oder um Krebszellen handelt und b), wenn die Zellen wirklich bösartig sind, bis zu welchem Stadium der Krebs sich bereits entwickelt hat. Die Diagnose wird so schnell wie möglich gestellt, um dem Patienten unnötige Angst zu ersparen und sofortiges Handeln zu ermöglichen.

Medizinische Maßnahmen

Vorausgesetzt, eine Krebsgeschwulst befindet sich an einer Stelle, die medizinischer Therapie zugänglich ist (durch Chirurgie, Medikamente oder Bestrahlung), dann gilt: Je eher ein Eingriff erfolgt, desto besser. Dafür gibt es einleuchtende Gründe. Wenn z. B. ein Tumor in der Lunge oder der Brust entfernt werden kann, dann ist es unter Umständen möglich, dieses Organ beinahe wieder in den Zustand zurückzuversetzen, in dem es sich vor der Entwicklung der Geschwulst befand. Durch die Entfernung wird einem weiteren Wachstum

Einhalt geboten. Schnelles Eingreifen kann außerdem verhindern, daß Krebszellen gestreut werden, die sich möglicherweise in anderen Bereichen des Körpers festsetzen.

In dieser Phase der Krebsbehandlung sind derartige Überlegungen äußerst wichtig. Ziel der heutigen medizinischen Krebsbehandlung ist, eine Krebserkrankung so zu behandeln, daß sie nicht zum Tode führt. Wenn das nicht zu erreichen ist, wird zumindest angestrebt, Zeit zu gewinnen, dem Krebs soviel Schaden wie möglich zuzufügen und das Leben des Patienten soweit wie möglich zu verlängern. Es ist wichtig, sich diese Überlegungen zu vergegenwärtigen, weil sie als Richtschnur für Ärzte und anderes medizinisches Personal dienen, in welcher Weise bei der Behandlung eines krebskranken Menschen Prioritäten gesetzt werden. Es ist auch wichtig, sich klarzumachen, daß eine Reihe rein medizinischer Faktoren Grenzen (oder einen Rahmen) dafür setzen, wieweit der Patient als Individuum behandelt wird; er oder sie ist in den Augen des medizinischen Personals zu diesem Zeitpunkt hauptsächlich ein akutes medizinisches Problem.

Zu Beginn können sowohl die Lage einer Geschwulst als auch ihre Größe das behandelnde Team vor Probleme stellen. Eine erbsengroße Geschwulst in der Brust ist nicht so unmittelbar lebensbedrohend wie eine gleich große Geschwulst, die die Kehle blockiert oder die, z. B. bei einem Gehirntumor, eine Arterie zusammendrückt. Eine kleinere Geschwulst in einem inoperablen Bereich des Körpers führt zu anderen Komplikationen: In einigen Bereichen des Körpers sind Operationen einfach nicht möglich, weil anderenfalls lebensbedrohende Schäden verursacht würden, ganz abgesehen von der Krebserkrankung selbst. Auch kann die Wirkung von Röntgenstrahlen durch Knochen oder Organe abgeschwächt werden, weil der Tumor nicht optimal erreichbar ist. Und schließlich sind bestimmte Körperbereiche so schlecht mit Blutgefäßen versorgt, daß krebszerstörende Medikamente kaum dorthin gelangen können. Ein anderes Problem besteht darin, daß viele der verfügbaren Medikamente Krebszellen zwar sehr effektiv zerstören, auf dem Weg zu der vorhandenen Geschwulst durch das körpereigene Immunsystem in ihrer Wirkung aber abgeschwächt oder verändert werden können und damit an Effektivität verlieren. Außerdem reagieren verschiedene Menschen unterschiedlich auf das gleiche Medikament, was für Ärzte eine zusätzliche Schwierigkeit darstellt.

Alle diese Probleme sind überaus kompliziert und kommen unausweichlich auf Ärzte zu, die Krebspatienten behandeln. Chirurgen, um nur ein Beispiel zu nennen, müssen wissen, ob sie alle Krebszellen herausgeschnitten haben oder nicht. Außerdem müssen sie Sorge tragen, daß durch die Einschnitte in den Körper nicht versehentlich Krebszellen gestreut werden. Schließlich stellt sich auch die Frage, wieviel Gewebe ein Chirurg entfernen sollte; im Fall von Brustkrebs beispielsweise ist es vielleicht notwendig, die Lymphknoten und Muskeln in den Achselhöhlen zu entfernen, vor allem, wenn sich dort bereits Tochtergeschwülste gebildet haben. Trotz Biopsie und Röntgenstrahlen weiß der Chirurg bis zum Einschnitt und zur Entdeckung der Geschwulst teilweise noch nicht, was genau ihn erwartet. Dann ist er gezwungen, je nach Befund, lebenswichtige Entscheidungen sehr schnell zu treffen. Auch der Arzt, der dafür verantwortlich ist, daß der Patient Medikamente erhält, die eventuell nach der Operation noch zurückgebliebene Krebszellen bekämpfen, muß möglichst schnell die richtige Mischung und Dosierung speziell für diesen individuellen Fall finden; Zeitverlust kann zur Folge haben, daß Krebszellen wieder aktiv werden.

Medizinische Nachsorge

Schnelles und effektives Handeln ist oberstes Gebot für Ärzte eines Krebs-Teams. Innerhalb kürzester Zeit kann ein Patient sich im Operationssaal eines Krankenhauses wiederfinden, und wenn er nach der Narkose aufwacht, wird er sehr beunruhigt und möglicherweise verwirrt sein. Nicht alle Krebserkrankungen werden chirurgisch behandelt; unter Umständen werden zuerst Bestrahlung, Wärmebehandlung und Medikamente eingesetzt, aber was auch immer unternommen wird, es muß schnell geschehen. Erst nachdem dieser erste medizinische Angriff vorbei ist, kommt der Krebspatient dazu, sich über das, was bis dahin geschehen ist, klarzuwerden.

Es ist nicht einfach, sich auf diese neue Situation einzustellen. Die meisten Ärzteteams verlassen sich heute nicht auf eine Behandlungsmethode allein; es gibt verschiedene Folgebehandlungen, die das Leben des Patienten erneut belasten. Und natürlich muß der Patient immer noch mit den Folgen des ersten medizinischen Angriffs leben – mit dem kaum überstandenen Schrecken der Operation, dem teilweisen oder völligen Verlust eines Organs, den Nebenwirkungen von Röntgenstrahlen und Medikamenten usw. Jeder dieser Eingriffe wirkt sich in starkem Maße auch auf die Psyche des Krebskranken aus.

Es ist sicher hilfreich, über die Auswirkungen dieser Behandlung Bescheid zu wissen. Die meisten Menschen möchten nach einer solchen traumatischen Erfahrung so schnell wie möglich zum normalen Leben zurückkehren. Davon versprechen sie sich die Beruhigung, Sicherheit und Bequemlichkeit, die sie jetzt brauchen, um mit dem, was geschehen ist, fertig zu werden. Das ist bei Krebs aber nicht immer vollständig möglich; es hängt von der Krebsart und der verordneten Behandlung ab. Im Fall von Leukämie zum Beispiel wird der Patient bei einigen Behandlungsprogrammen eine Zeitlang in einem keimfreien Raum isoliert, um sein Immunsystem (das durch krebszerstörende Medikamente geschwächt ist) vor normalen Krankheitserregern und Infektionen zu schützen, die zum Tode führen könnten. Bestimmte chirurgische Eingriffe erfordern anschließend einen Prozeß des Umlernens beim Patienten; so wird zum Beispiel bei einigen Darmkrebserkrankungen eine Ausgangsöffnung (Stoma) geschaffen und ein Plastikbeutel angebracht, der als Ersatz für den entfernten Darm und den verschlossenen After dient.

In der Regel werden der Umfang des chirurgischen Eingriffs, die Häufigkeit und Intensität der Bestrahlung und die Art der verwendeten krebsbekämpfenden Medikamente durch die Art der Krebserkrankung und ihr Entwicklungsstadium bestimmt. Bei Brustkrebs beispielsweise gibt es drei mögliche Operationen: die einfache Entfernung des Krebs-Knotens, die Entfernung von Teilen der Brust und den radikaleren Eingriff, bei dem Brust, Lymphknoten in der Achselhöhle und Muskelpartien entfernt werden. Folglich ist auch die Heilung entweder ein komplizierter Vorgang oder relativ einfach, je nach der Art der durchgeführten Operation und dem Stadium der Krebsgeschwulst. Ähnlich ist auch bei Darmkrebs die Entfernung des Darms und der Verschluß des Afters nur in schweren Fällen angezeigt; die chirurgische Resektion eines Darmabschnitts ist eine einfachere, seelisch weniger belastende Operation, in der der von Krebs befallene Teil des Darms herausgeschnitten wird und die gesunden Abschnitte wieder miteinander verbunden werden. Im letzteren Fall ist es sehr viel einfacher, von der Krankheit zu genesen und mit ihr zurechtzukommen, als im ersteren.

Bestrahlungen und Medikamente nach der Operation sind zwar weniger entstellend als der chirurgische Eingriff, aber sie haben Nebenwirkungen, die oft Probleme bereiten. Haarausfall, Hautveränderungen, Schmerzen, Übelkeit, Erbrechen und Depressionen können im Verlauf solcher Behandlungen auftreten. Eine Krebserkrankung ist ein solch machtvoller Prozeß, daß auch starke Waffen nötig sind, um ihm Einhalt zu gebieten; die Strahlendosis muß deshalb weit oberhalb der normalen Toleranzgrenzen liegen, und krebsbekämpfende Medikamente können auf ihrem Weg durch den Körper zu der Geschwulst schwere Schäden hinterlassen. Die meisten Programme berücksichtigen das und begrenzen die Behandlung auf bestimmte Zeitspannen, damit der Körper zwischen den einzelnen Behandlungsabschnitten wieder zu Kräften kommen und sich erholen kann. Man sollte auch nicht vergessen, daß die Forschung ständig auf der Suche nach noch effektiveren Medikamenten mit weniger Nebenwirkungen ist. Schließlich hängt das Ausmaß der Nebenwirkungen vom Typ und von der Ausbreitung der Krebserkrankung ab: Medikamente, die zur Behandlung von Leukämie eingesetzt werden, haben zum Beispiel meist größere Nebenwirkungen als solche, die bei der Behandlung von Zervikalkrebs Verwendung finden.

Zu guter Letzt sei erwähnt, daß diejenigen, die die Behandlung überwachen, gewöhnlich auch empfehlen, Gewohnheiten durchgreifend zu ändern; so wird Patienten unter Umständen geraten, das Rauchen aufzugeben, ihre Ernährung umzustellen oder sich mehr Bewegung zu verschaffen. Das Vermögen des einzelnen, ein solches Programm durchzustehen, hängt weitgehend davon ab, welche Rolle die jeweilige Gewohnheit vor der Krebserkrankung in seinem Leben gespielt hat.

Veränderungen der Lebensumstände

Während dieser Zeit verändert sich das ganze Leben des Betroffenen. Spielte er früher eine aktive Rolle als Teil einer Familie und einer Gemeinschaft, so wird er jetzt zu einem Patienten, der mit der Angst vor dem möglicherweise drohenden Tod leben muß. Zwangsläufig sieht er sich plötzlich konfrontiert mit Menschen, die er gar nicht kennt, mit Maschinen, die furchterregend wirken können, und mit Ereignissen, auf die er praktisch keinen Einfluß hat. Es hilft, wenn man weiß, welche Auswirkungen derartige Erfahrungen haben können und wie sie unter Umständen die Behandlung beeinflussen.

Obenan in der Rangfolge steht – nach Forschungsergebnissen über die Erfahrungen von Patienten – der plötzliche Verlust des Kontaktes zur Familie, vor allem der Verlust von körperlichen und emotionalen Kontakten. Das «physische» Fehlen vertrauter Menschen in der neuen Umgebung (die Besuchszeiten ausgenommen) führt häufig zu einem Gefühl der Einsamkeit. An zweiter Stelle steht die Sorge der Betroffenen, wie Familie und Freunde mit der Situation fertig werden. Für viele Patienten können derartige Überlegungen geradezu zwanghaften Charakter annehmen und alle Aufmerksamkeit von dem, was mit ihnen im Krankenhaus geschieht, abziehen.

Von nächstwichtiger Bedeutung ist der Umstand, daß man plötzlich von Ärzten und Krankenschwestern abhängig ist. Das kann, muß aber nicht unbedingt eine belastende Erfahrung sein, je nachdem, wie geschickt das medizinische Personal für Wohlbefinden und Pflege sorgt und wieviel Zeit ihm dafür zur Verfügung steht. In der Geborgenheit ihrer Familie haben krebsgefährdete Menschen (wie wir früher gesehen haben) meist recht wirkungsvolle Methoden, um auf ihre Bedürfnisse aufmerksam zu machen und mit Stress und Aufregung fertig zu werden. Nun sehen sie sich im Krankenhaus plötzlich sehr beschäftigten, professionellen Menschen gegenüber, die nur teilweise auf ihre emotionalen Bedürfnisse eingehen. Manchmal können Einstellung und Verhalten von Ärzten und Krankenschwestern an sich schon dem Patienten viel Leid zufügen, nicht unbedingt dadurch, daß diese es in irgendeiner Form an Pflege fehlen lassen, sondern mehr dadurch, daß der Krebspatient keinerlei Erfahrungen im Umgang mit medizinischem Personal hat. Dieses Problem findet übrigens heute in Krankenhäusern bedeutend mehr Beachtung, und einige Abteilungen achten speziell auf derartige Bedürfnisse ihrer Patienten.

Manchmal tragen Ärzte und andere im Krankenhaus beschäftigte Menschen auch durch ihre eigenen privaten Gefühle zu solchen Ängsten bei; wenn sie emotional nicht in der Lage sind, mit Abhängigkeit fertig zu werden, fühlen sie sich durch die Bedürfnisse ihrer Patienten ständig belästigt, sind verärgert und reagieren schroff, abwehrend, kalt oder distanziert. Andere sind vielleicht voller Wärme und Fürsorge, solange alles ohne Störungen abläuft und sie sich der Aufgabe voll gewachsen fühlen, aber sie können ganz plötzlich die Bedürfnisse des Patienten unbeachtet lassen oder nicht auf sie eingehen, wenn diese einen Rückfall erleiden und sie das Gefühl haben, mit ihren Bemühungen gescheitert zu sein. Andere Ärzte verhalten sich genau umgekehrt und sind besonders fürsorglich, wenn plötzlich Probleme auftauchen. Man sollte sich immer vor Augen halten, daß ein Krankenhaus eine komplexe psychologische Welt mit eigenen Regeln ist und Angehörige medizinischer Berufe den gleichen Ängsten und Befürchtungen unterliegen wie normale Menschen.

Der Kampf gegen eine Krebserkrankung kann den Arzt oder die Ärztin genauso belasten wie den Patienten oder die Patientin, und das hat Einfluß auf die Beziehung zwischen den Beteiligten. Man sollte auch nicht vergessen, daß bis vor ganz kurzer Zeit die meisten Ärzte ihren Patienten noch nicht einmal die Krebsdiagnose mitteilten und erst jetzt die psychologischen Aspekte einer Krankheit allgemein als wichtige Faktoren für das Überleben des Patienten angesehen werden. Das gleiche gilt für die Anerkennung des Patientenrechts auf Information über medizinische Maßnahmen.

Ich habe hier beschrieben, was geschieht, wenn bei Ihnen eine Krebserkrankung festgestellt wird. Es kann ganz plötzlich geschehen und Sie total umwerfen, völlig verwirrt und schockiert zurücklassen. Wenn der erste Druck etwas nachgelassen hat und Sie Zeit zum Nachdenken finden, dann ist es natürlich sehr wichtig, daß Sie die zur Verfügung stehende Zeit bestmöglich nutzen. Wir wollen uns jetzt ansehen, was Sie tun können.

Nachdenken über die Krebserkrankung

Wenn sie endlich wieder ein bißchen Zeit für sich selbst haben, neigen viele Krebskranke dazu, sich auf eine der beiden folgenden Weisen zu verhalten: Die erste Möglichkeit ist, daß sie sich ganz darauf konzentrieren, «durchzukommen», wieder «in Ordnung» zu sein, und sich selbst immer wieder beruhigen, um ihre Fassungslosigkeit im Griff zu behalten. Diese Haltung äußert sich in unterschiedlicher Form: In vielen Fällen zeigen die Betroffenen die Art von maskenhaft freundlicher Gleichgültigkeit, über die wir in Kapitel 3 gesprochen haben. Einige Menschen verharmlosen einfach das, was ihnen widerfahren ist. Sie beruhigen sich selbst mit Gemeinplätzen, die ihnen oft unabsichtlich durch medizinische Betreuer, Verwandte oder andere Patienten geliefert werden: «Oh, es war nur ein ganz kleiner Knoten», oder: «Sie haben alles entfernt, keine Sorge, alles läuft wieder ganz normal.» Andere Betroffene gewöhnen sich ein Lächeln oder einen matten Gesichtsausdruck an und tun das Ganze mit einem hilflosen Achselzucken ab. «Für mich ist das Leben vorbei, alles ist nur eine Frage der Zeit», sagen sie vielleicht und verzichten damit sowohl auf eine realistische Einschätzung heutiger Behandlungsmöglichkeiten, als auch auf jeden Gedanken an die Rolle, die sie selbst bei der Genesung spielen könnten. Alle diese Reaktionen dienen dazu, ihr inneres Entsetzen und ihre Angst zu verdrängen.

Als zweite Möglichkeit können an Krebs Erkrankte bewußt alle Aufmerksamkeit auf Dinge lenken, die außerhalb ihrer selbst liegen, und dadurch verhindern, daß sie ständig über ihr Schicksal nachdenken. So machen sie sich vielleicht Sorgen über Vorfälle in der Familie, über den Zustand ihrer Wohnung, ihres Gartens, ihrer Arbeitsstelle – alles wichtige Fragen, denen man nicht ausweichen kann, aber sie dürfen nicht zwanghaft werden und die notwendigen Gedanken über sich selbst und die Krebserkrankung ersetzen. Krebskranke können auch bereitwillig und bis ins kleinste Detail über ihre Behandlungsmethoden oder ihre Reaktionen diskutieren, ohne tatsächlich die Gefühle zu durchleben, die die Worte begleiten sollten. Dabei wird auch deutlich, daß zumindest ein Teil dieser Verhaltensweisen, mit denen die Patienten auf die Behandlung und auf die deutlich zu spürenden Nebenwirkungen reagieren, für einige vielleicht die einzige Möglichkeit ist, ihre Not auszudrücken. Vor allem Unwohlsein, Erbrechen und andere somatische Reaktionen können teilweise eine emotionale Antwort auf die Situation sein. Von Erbrechen und Übelkeit weiß man sehr wohl, daß sie Symptome intensiver Angstgefühle sind, die in dieser gesellschaftlich und medizinisch anerkannten Weise zum Ausdruck gebracht werden. Viele Patienten entwickeln auch eine Aversion gegenüber allem, was mit dem Krankenhaus zusammenhängt: Ärzte, Krankenhausgerüche, Injektionen usw. Auch das ist, genau wie Übelkeit und Erbrechen, ein Ausdruck von Angst.

Verstehen Sie mich hier bitte nicht falsch. Ich will nicht einen einzigen Augenblick lang die *Realität* medikamentöser Nebenwirkungen herunterspielen; sie sind beträchtlich und können sehr ernste Folgen haben. Die Sorgen über das Wohlergehen der Familie und über mögliche Nebenwirkungen der Therapie sind Schlüsselprobleme im Erfahrungsbereich des Krebskranken, auf die man eingehen muß, die aber nicht die gesamte verfügbare Zeit und alle emotionalen Ventile blokkieren sollten. Wir wollen sehen, was außer diesen Problemen noch berücksichtigt werden sollte.

Zeit finden

Es ist unbedingt notwendig, daß Krebskranke in der Lage sind, sich im Verlauf des Tages (oder in ihrem Bewußtsein) Raum zu schaffen, um über sich selber nachzudenken, sich Gedanken zu machen über das, was sich ereignet hat und was nun weiter geschehen soll. Praktisch fast alles, was ich in diesem Kapitel erörtern möchte, erfordert, daß die Betroffenen sich Zeit nehmen, darüber nachzudenken und es auf ihre eigene Situation zu übertragen. Das Überleben hängt teilweise davon ab, ob man fähig ist, sein Leben und seine körperlich-seelischen Systeme so zu organisieren, daß mit ihrer Hilfe die Geschwulst bekämpft werden kann. Der oder die Kranke mag sich selbstsüchtig oder hilflos dabei vorkommen, aber Sie werden sehen, daß es viele Möglichkeiten gibt, diese schwere Aufgabe zu meistern.

Der Krebserkrankung auf den Grund gehen

Der wichtigste Teil meiner Aussagen zur Frage der Überlebensmöglichkeiten bei Krebs betrifft die Fähigkeit des Erkrankten, den Tatsachen klar ins Auge zu blicken und darüber nachzudenken, was er oder sie tun kann. Wenn Kranke vorzugsweise an Krebs als an etwas denken, das völlig unabhängig von der Art und Weise existiert, in der sie als körperlich-seelische Einheit leben, dann werden sie meiner Ansicht nach gar nicht alle ihnen zur Verfügung stehenden Reserven nutzen. Falls Sie an Krebs erkrankt sind, dann ist es sehr viel nützlicher, über Krebs im Zusammenhang mit der Lebensweise nachzudenken, die Sie geführt haben, ehe Sie von der Erkrankung wußten. Wenn Sie sich das in diesem Buch beschriebene Modell genau angesehen haben, wissen Sie, was das bedeutet.

Beginnen Sie damit, daß Sie die Geschwulst als Ergebnis

der in Kapitel 3 diskutierten, wechselseitig sich beeinflussenden Gewohnheiten betrachten. Wenn sich Krebs entwickelt, dann ist das gewissermaßen der letzte Versuch des Körpers, mit einer Situation fertig zu werden, mit der er lange Zeit gezwungen war zu leben. Wie bei einem schlecht gewarteten Motor in einem alten Auto haben sich schließlich Schäden entwickelt, die zum Zusammenbruch führen. Die Jahre, in denen der Körper (wenn auch unwissentlich) mißbraucht und mißachtet wurde, haben sich letzten Endes gerächt.

Eine Krebserkrankung zeigt an, daß der Schaden, der z. B. durch Karzinogene angerichtet wurde, nicht länger durch das Abwehrsystem des Körpers eingedämmt werden kann. Das zentrale Nervensystem ist vielleicht zu häufig übergangen worden, und die Krebszellen, die anfangs noch in Schach gehalten werden konnten, gewinnen jetzt die Oberhand und beginnen, normale Zellen anzugreifen. Dadurch, daß sie sich ausbreiten, bilden sie eine Gewebsmasse, die sich zum Beispiel als Knoten in der Brust oder als Geschwulst im Darm zeigt. Bleiben Krebszellen in diesem Stadium unbeachtet, dann zerrütten sie das Immunsystem immer weiter, indem sie seine örtlichen Beobachter zwingen, Krebszellen als Teil des Körpers zu akzeptieren. Wieder können Sie die Macht der Gewohnheit erkennen: Wenn das lokale Immunzentrum nicht aufhört, Warnsignale oder Hilferufe an seine Steuersysteme zu schicken (d. h. an andere Bereiche des Immunsystems und darüber hinaus an das zentrale Nervensystem und das endokrine System), die angeforderte Hilfe jedoch ausbleibt, zu spät kommt oder zu schwach ist (dadurch daß sie beispielsweise durch Stress oder andere Einflüsse auf die Körpersysteme verzögert oder abgeschwächt wird), dann nimmt dieses lokale Immunsystem an, daß sein Verhalten ganz falsch ist. Reagiert der Körper auf die Hilferufe überhaupt nicht, dann *gewöhnt* sich das lokale Zentrum Schritt für Schritt daran, das mühevolle Aussenden von Signalen zu unterlassen; schließlich erlaubt es Krebszellen ungehindert weiter in den Körper vorzudringen, und so entwickeln sich dann Metastasen. Wenn sich die Krebszellen erst einmal bis in die Lymphdrüsen und in die Blutbahn ausgebreitet haben, können sie auf dem schnellsten Weg jedwede Stelle des Körpers erreichen.

Nun stellen Sie sich vor, was geschieht, wenn eine Geschwulst mit Erfolg beseitigt wird, ehe dieses Spätstadium eintritt. Der Knoten ist weg, der Schaden behoben und das Organ ist in seinen normalen Zustand zurückversetzt, abgesehen von der Narbe, die bald verheilt sein wird. Was geschieht, wenn einige Krebszellen übriggeblieben sind und/oder Sie ihre alten Gewohnheiten wiederaufnehmen? Wenn Sie also, etwas drastisch formuliert, sobald die Narbe verheilt ist, die Zigarette wieder hervorholen und Ihre Gefühle erneut auf Eis legen? Wenn alle Krebszellen entfernt werden konnten und Sie zu Ihren alten Gewohnheiten zurückkehren, ist es natürlich durchaus möglich, daß der ganze Prozeß von vorne beginnt. Wenn aber Krebszellen zurückbleiben *und* Sie Ihre alten Gewohnheiten wiederaufnehmen, kann dieser Prozeß sowohl neu einsetzen als auch zusätzlich durch die im Körper verbliebenen Krebszellen erheblich beschleunigt werden.

Wenn Sie mit Strahlen oder Medikamenten behandelt werden, hilft das, die Geschwulst unter Kontrolle zu halten. Aber Sie können nicht ständig medikamentös behandelt werden; Sie brauchen Unterbrechungen, um sich zu erholen, auch wenn Sie vielleicht während dieser Zeit einer gewissen Gefährdung ausgesetzt sind.

Was bedeutet das alles für jemanden, der überleben möchte? Wenn Patienten sich einer Krebsbehandlung unterziehen, sollten sie diese Behandlung auch dadurch unterstützen, daß sie auf diejenigen ihrer Gewohnheiten achten, die das Entstehen einer Geschwulst in erster Linie ermöglicht haben. Das hilft nicht nur, die Betroffenen während der Behandlungspausen zu schützen, sondern es beseitigt die Bedingungen, die diesen Prozeß immer wieder neu auslösen könnten, und es erschwert den noch verbliebenen Krebszellen weiterzuwachsen. Außerdem glaube ich, daß eine gründliche und schnelle Verbesserung des allgemeinen psychologischen und körperlich-seelischen Status die Gefahr der Metastasenbildung verringert; und es ist durchaus möglich, daß irgendwelche noch vorhandenen Zellen durch ein wieder gesundetes und erneut wirksames Immunsystem ausgeschaltet werden.

Das sind die Punkte, mit denen sich Krebskranke so bald wie möglich auseinandersetzen sollten. Eile ist geboten, weil die Zeit begrenzt sein kann und die verhaltensändernden Bemühungen, die der einzelne zu leisten hat, genauso schnell erfolgen müssen wie irgendeine medizinische Behandlung. Je schneller Sie handeln, desto eher helfen Sie Ihrem Körper, Ihre Krebserkrankung zu bekämpfen. Und damit bin ich beim letzten Punkt dieses Abschnittes.

Wer überlebt Krebs?

Im Laufe der Jahre haben sich immer mehr Hinweise darauf gefunden, daß Menschen, die eine Krebserkrankung tatsächlich überleben, bestimmte charakteristische psychologische Merkmale zuzuordnen sind. Diese Beobachtungen lassen sich bezeichnenderweise sehr gut in das in diesem Buch skizzierte Modell einordnen und mit den oben beschriebenen Verhaltensweisen im Hinblick auf Krebs in Einklang bringen.

Das am deutlichsten übereinstimmende Ergebnis sowohl laufender Forschungen als auch klinischer Erfahrungen ist, daß Überlebende bereit sind, gegen die Krebserkrankung zu *kämpfen*. Diese Menschen sagen sich: «Ich habe einen furchtbaren Schock erlitten. Aber ich will leben, und ich werde alles andere ausschalten und zu jeder Änderung bereit sein, die notwendig ist, um den Kampf zu gewinnen.» Andere Forschungen zur Psychologie von Überlebenden ergaben, daß solche Menschen dazu neigen, sich mit Problemen auseinanderzusetzen, und daß sie einen starken Überlebenswillen zeigen. Sie raten einer Untersuchung zufolge allen Betroffenen: «Bleiben Sie tätig, bleiben Sie aktiv, und verschaffen Sie sich über alles, was mit Ihnen geschieht, soviel Informationen, wie Sie können.»

Mehrere gründliche Untersuchungen in verschiedenen Zentren haben uns einen guten Einblick in das verschafft, was tatsächlich die Psychologie eines Menschen ausmacht, der überlebt. Nach den Ergebnissen eines britischen Teams neigen langfristig überlebende Patienten zwar anfangs gewissermaßen als Abwehrreaktion dazu, ihre Erkrankung zu leugnen («Ich will nicht daran denken»), bekommen sich aber bald in den Griff, stellen sich der Existenz ihrer Krebserkrankung und beginnen zu kämpfen. Ein israelisches Team stellte fest, daß diese anfängliche Verweigerung im Grunde das beste Hilfsmittel für den Patienten ist, sich so schnell wie möglich wieder auf die Rückkehr zur «Normalität» zu Hause bei der Familie einzustellen. Die Betroffenen gewinnen so vermutlich Zeit, um ihre Gedanken zu sammeln und wieder sicherer zu werden, ehe sie sich der Situation stellen.

Alle Anzeichen weisen also sehr stark in die Richtung, die wir diskutiert haben: Menschen, die überleben, gewinnen so schnell wie möglich ihre Sicherheit zurück, verschaffen sich möglichst viele Informationen über ihre Lage und werden dann selber im Kampf gegen ihre Krebserkrankung aktiv. Damit steht der Wert einer positiven Einstellung zum Überleben fest, und wir können nun untersuchen, welche Anforderungen die schwere Aufgabe zu kämpfen tatsächlich stellt.

Die Psychologie des Überlebens

Es ist nicht ganz richtig, sich das Überleben einer Krebserkrankung als «Kampf» vorzustellen. Dieser Ausdruck weckt Assoziationen, wie zum Beispiel die eines Boxers, der auf jemanden einschlägt. Ein derartiges Gefühl zu entwickeln ist zwar ein wichtiger Bestandteil der Genesung, aber es ist für manche Menschen schwierig, sich vorzustellen, auf etwas «einzuschlagen», das sich a) in ihrem eigenen Körper befindet und bei dem b) der gesamte Kampf von Medizinern geführt zu werden scheint. Krebspatienten sind dazu verurteilt, bei ihrer Behandlung eine außerordentlich passive Rolle zu spielen, was das Gefühl von Hilflosigkeit, dem sie ohnehin schon ausgesetzt sind, noch vertieft.

Was wir mit dem Begriff «kämpfen» im Zusammenhang mit dem Überleben einer Krebserkrankung meinen, kann durch unser Modell deutlich gemacht werden, weil in ihm diejenigen Stellen beschrieben werden, an denen Krebspatienten vom Wege abkommen, und wir so erkennen können, wo die Betroffenen die Sache in die Hand nehmen müssen.

Vieles von dem, was im letzten Kapitel gesagt wurde, trifft auch auf die Aufgabe zu, von einer Krebserkrankung zu genesen. Es ist unumgänglich, die Gewohnheiten, die zu der Krebserkrankung geführt haben, zu identifizieren und zu ändern, die psychologischen Rahmenbedingungen, die solche Gewohnheiten unterstützen, zu modifizieren und die persönlichen Beziehungen des Betroffenen neu zu regeln, um das Erlernen besserer Verhaltensweisen zu erleichtern. Krebskranke sind außerdem besonders schweren Belastungen ausgesetzt: dem Entsetzen darüber, an Krebs erkrankt zu sein, und der Notwendigkeit, mit dem Schock der Operation oder anderer aggressiver Behandlungsmethoden fertig zu werden. Wenn wir alle diese Anforderungen berücksichtigen, können folgende Ratschläge sich als hilfreich erweisen:

1. Bauen Sie stützende Beziehungen auf.
2. Regeln Sie Ihr Zusammenleben mit der Familie, mit Freunden und Verwandten.
3. Versuchen Sie, den Schock zu bewältigen.
4. Akzeptieren Sie die körperlichen Veränderungen.
5. Ändern Sie schlechte Gewohnheiten.

6. Ändern Sie Ihre psychologischen Bewältigungsmuster.
7. Konzentrieren Sie sich auf Ihr Überleben.

Als nächstes wollen wir die Punkte der Reihe nach untersuchen und genauer ausführen, was jeweils geschehen sollte, wie es geschehen sollte und wie Ihnen geholfen werden kann, wenn Sie es nicht alleine schaffen.

1. Bauen Sie stützende Beziehungen auf

Die meisten Forschungsarbeiten über Menschen, die Krebs überleben, haben sich auf die psychologischen Eigenschaften der Überlebenden konzentriert – ob er oder sie kämpft oder aufgibt und «hilflos» wird. Ein weiterer wichtiger Faktor ist den meisten Ärzten aus ihrer klinischen Erfahrung bekannt: Für diejenigen Menschen, die tiefe menschliche Beziehungen aufbauen können, ist die Wahrscheinlichkeit zu überleben größer als für Menschen, die dazu nicht in der Lage sind. Meiner Meinung nach ist der Aufbau einer funktionierenden persönlichen Beziehung der Schlüssel zum Überleben (vorausgesetzt, alle anderen Faktoren sind identisch). Das ist einer der Gründe, warum ich diesen Punkt an die erste Stelle meiner Liste von Ratschlägen zum Überleben plaziere.

Warum sind Beziehungen so wichtig? Aus zwei Gründen: Sie werden sich erinnern, daß ein Charakteristikum besonders krebsgefährdeter Menschen ihre Unfähigkeit ist, enge zwischenmenschliche Beziehungen zu entwickeln, und daß sie dazu neigen, sich von anderen entfernt oder distanziert zu fühlen. Es liegt nahe, daß diese Kontaktschwäche (die einen Mangel an Erfahrungen zur Folge hat) die Unfähigkeit des Betroffenen verstärkt, Gefühle zum Ausdruck zu bringen, und das wiederum treibt ihn, um sich emotional zu beruhigen, in die Abhängigkeit von schlechten Gewohnheiten. Wenn Sie Ihre Beziehungen verbessern, tun Sie einen Schritt in die richtige Richtung hin zu einer Modifizierung der gesamten Krebskette; intensivere Beziehungen, eine verbesserte Fähigkeit, Gefühle zu äußern, das sind Veränderungen, die das Bedürfnis, sich im Übermaß in schlechte Gewohnheiten zu flüchten, verringern. Aber noch ein anderer Gesichtspunkt spielt eine Rolle: Wenn Sie von Ihrer Krebserkrankung erfahren und das Trauma zum Beispiel einer Operation erleben, dann rufen diese beängstigenden Geschehnisse in Ihnen ein starkes Bedürfnis nach Trost und Beruhigung hervor. Eine Operation löst ebenso wie eine schwere Krankheit bei jedem Menschen eine entscheidende Lebenskrise aus, und die meisten Männer und Frauen haben – oft zum erstenmal – das Bedürfnis, wieder getröstet zu werden wie ein Kind. Ich habe große, vierschrötige «Macho»-Männer gesehen, die dankbar waren, wenn im Grunde völlig Fremde ihnen vor der Operation die Hand hielten. Ich erinnere mich, wie dankbar ich selbst nach einem Autounfall war (nicht, daß ich etwa groß, vierschrötig oder ein «Macho» wäre), als ein Mann, ebenfalls ein Unfallopfer, meine Hand im Krankenwagen hielt.

So liefert eine Krebserkrankung paradoxerweise die gesellschaftlich anerkannte Berechtigung, den Trost und die Nähe in Anspruch zu nehmen, die Sie auch als gesunder Mensch eigentlich brauchen. Diesen Vorteil sollten Sie nutzen, das ist ganz natürlich, wird erwartet, und darüber hinaus gibt es viele Menschen in Ihrer Umgebung, die Ihnen helfen können – wenn Sie danach Ausschau halten.

Es ist aber wichtig für uns, dabei die individuellen Umstände zu beachten. Für manche Krebskranken kann es schwierig sein, eine enge Beziehung zu vertiefen; manchmal stellt die Familie trotz großer Verbundenheit vielleicht selber Ansprüche und schafft damit Ängste, die das Bedürfnis des Krebskranken nach Trost in den Hintergrund drängen. Ein «stoischer» Krebskranker beispielsweise kann unfähig sein, den Menschen, die ihm am nächsten stehen, seine verborgenen Bedürfnisse zu zeigen. Das trifft vor allem auf erwachsene Männer zu, die sich als «Familienvorstand» verpflichtet fühlen, Beruhigung und Trost zu *spenden*, aber nicht zu empfangen. Nach der Behandlung nach Hause zurückzukehren schafft zwar dadurch, daß man seine frühere Rolle wieder übernehmen kann, ein Gefühl der Beruhigung, entspricht aber nicht immer dem, was für das Überleben nötig wäre. Einer der entscheidendsten Tests war bei meinen Patienten die Frage nach ihrer Fähigkeit (oder Unfähigkeit), von einer Rolle in eine andere zu wechseln, von einem Zuwendung «Gebenden» zu einem Zuwendung «Nehmenden» zu werden.

Eine «stützende Beziehung» ist idealerweise eine Beziehung, in der Sie sich überwiegend geborgen fühlen. Sie sollten auch wirklich physischen Trost erhalten, indem Sie umarmt und berührt werden und sich umsorgt fühlen. Ihr Partner sollte Sie wirklich «kennen» und Ihre Bedürfnisse verstehen. Vor allem aber sollte Ihr Partner Ihnen in einer idealen Beziehung die Möglichkeit geben, alle Ihre Tränen, Ihre Traurigkeit, Ihren Zorn oder Ihre große Angst herauszulassen. Schließlich gibt Ihnen eine wirklich stützende Beziehung auch Hoffnung für die Zukunft, ermutigt Sie, an sich selbst zu glauben, und unterstützt Sie vor allem dabei, die Veränderungen zu erreichen, die Sie brauchen, um am Leben zu bleiben. Das verlangt einen hohen Grad an Reife und Entwicklungsfähigkeit beim Partner; ein wirklich stützender Partner wird mit Ihnen wachsen und sich verändern, wenn Sie lernen, den Krebs zu bekämpfen.

Sie sollten sich im klaren darüber sein, daß nur sehr wenige Menschen das Glück haben, in einer solchen in jeder Hinsicht idealen Art von Beziehung zu leben. Nur selten ist eine einzige Person allein in der Lage, alle diese stützenden Aufgaben zu übernehmen. Sehr viel wahrscheinlicher ist, daß nur begrenzt Unterstützung gewährt werden kann. Ich habe dennoch den «idealen» Typ näher beschrieben, um Ihnen zu zeigen, was erstrebenswert ist. Es brauchen nicht alle diese Eigenschaften in einer Person vereinigt zu sein. Sie können (und sollten) jeweils einige der benötigten Eigenschaften bei einer Anzahl verschiedener Menschen finden. Solange Sie wissen, wo Sie nach dem Ausschau halten können, was Sie brauchen, ist es gleichgültig, wie Sie es bekommen oder zusammenfügen. Entscheidend ist, daß Sie, wenn Sie überleben wollen, stützende Beziehungen brauchen, und es liegt an Ihnen und an denen, die sich um Sie kümmern, dafür zu sorgen, daß Sie sie auch bekommen.

Manche Menschen erhalten vielleicht einen großen Teil der Unterstützung, die sie brauchen, von der Familie. Ich habe Familien erlebt, die sich zusammenfanden, um einem Krebskranken zu helfen, und ich habe Ehemänner und Ehefrauen erlebt, die durch die Krebskrankheit ihres Partners so tief betroffen waren, daß sie geradezu vorbildlich Trost spendeten und Unterstützung leisteten. Aber ich habe auch das Gegenteil erlebt. Wenn Sie also zu Hause keine Hilfe erhalten können, versuchen Sie es anderswo – bei Freunden, Verwandten oder bei wem immer Sie sich sonst geborgen fühlen.

Sich zu einer Religion zu bekennen oder einen anderen inneren Halt zu haben, bedeutet eine weitere Hilfe. Für manche Menschen kann ihr Glaube das entscheidende psychologische Moment sein, vor allem, wenn gleichzeitig ein persönlicher Kontakt zu einem Priester oder zu anderen Gläubigen besteht. Dabei spielt es keine Rolle, *was* Sie glauben und zu welcher Religion oder Überzeugung Sie sich bekennen; die *Beziehung* und der *Halt*, den Sie bekommen, sind das Lebenswichtige daran. Ich habe sogar Menschen erlebt, die fest überzeugt waren von der Macht eines Heilkrautes oder von einem Mantra. Ihnen wurde mehr durch die *Kraft* ihres Glaubens geholfen als durch seinen Inhalt.

Wichtig ist auch, daß Sie sich darauf konzentrieren, diejenigen Kontakte aufzubauen, die Sie vor allem benötigen. Ein tröstender Ehepartner ist etwas sehr Schönes, aber wenn sie oder er Ihnen zum Beispiel nicht erlaubt zu weinen, dann sollten Sie entweder etwas an dieser Haltung ändern oder jemand anderen finden, der Sie weinen läßt. Der Glaube an eine Religion oder an eine spezielle Ernährungsweise wird Ihnen vielleicht in gewisser Hinsicht helfen, aber er muß durch andere Kontakte ergänzt werden, damit Sie auch die Möglichkeit haben, Zorn, Furcht usw. zu äußern. Wenn Sie Ihren Glauben auf eine einzige Quelle des Heils ausrichten, ergibt sich eine Gefahr: Sie sollten ganz sicher sein, daß dieser Glaube Sie nicht veranlaßt, gerade die Dinge zu vermeiden, die wichtig für Ihr Überleben sind. So bestand ein großer Teil der Arbeit, die ich geleistet habe, auch darin, Menschen beizubringen, in einer *konstruktiven* Weise selbstsüchtig zu sein, und gelegentlich habe ich festgestellt, daß das für tief religiöse Menschen schwierig ist, weil Sie gelernt haben, *nicht* selbstsüchtig zu sein. Es gibt auch einige Praktiker, und zwar sowohl in der Schul- als auch in der alternativen Medizin, die jeweils nur eine einzige Heilmethode oder ein ganz bestimmtes Glaubensdogma bei Krebserkrankungen propagieren, andere wichtige Aspekte der Genesung aber ignorieren oder vernachlässigen und damit ihre Patienten ermuntern, das gleiche zu tun.

Wenn Sie für sich selbst die Verantwortung übernehmen, werden Sie mit Sicherheit irgendwo – zu Hause, im Krankenhaus oder durch andere Kontakte – die Art von Hilfe finden, die Sie benötigen. Denken Sie aber immer daran, daß Sie bei jeder Art von Hilfe sicher sein müssen, die oben aufgeführten Komponenten in Ihrer (Ihren) Beziehung(en) zu finden. Das braucht sicherlich viel Zeit; machen Sie sich keine Sorgen, denken Sie nur immer an das, was Sie tun sollen. Der größte Teil der nun folgenden Ausführungen wird sich auf diese schwierige Aufgabe beziehen.

2. *Regeln Sie Ihr Zusammenleben mit der Familie, mit Freunden und Verwandten*

Entscheidend für diesen Punkt ist, daß Sie sich innerlich über Ihre Gefühle klarwerden. Um das zu erreichen, sollten Sie bestehende Beziehungen zu Menschen Ihrer Umgebung radikal überprüfen. Das mag einem Leser, der nicht an Krebs erkrankt ist, seltsam vorkommen; aber es geht um den Krebskranken, und hier kommt zur Sprache, was im Hinblick auf Familie und Freunde geschehen sollte. Vielen Krebskranken ist durchaus bewußt, daß sie sich viel zu sehr um ihre Familie sorgen und erst an zweiter Stelle um sich selbst. Darum folgt nun ein kleiner Exkurs über die Selbstsucht, der Überlebenswilligen eine Hilfe sein soll, ihre Prioritäten richtig zu setzen.

Eine Anmerkung zur Selbstsucht

Wir haben als Heranwachsende alle gelernt, uns in unserem persönlichen Leben Gedanken über andere Menschen zu machen. Die Medien z. B. fordern uns auf, für Arme, Hungernde und Bedürftige in der Welt einzutreten. Grundsätzlich legen gewisse moralische Wertvorstellungen unserer Gesellschaft nahe, selbstlos zu sein und anderen, die weniger haben oder weniger fähig sind als wir selber, etwas abzugeben, was ja durchaus richtig ist. Es schadet uns nicht, etwas abzugeben und selbstlos zu sein, wann und wo es uns möglich ist.

Auch innerhalb der Familie kommen Eltern nicht umhin, in ihrer Sorge um die Kinder und bis zu einem gewissen Grade auch anderen gegenüber selbstlos zu sein. Aber in welchem Ausmaß sollten Sie selbstlos sein? Wo verläuft die Grenze? Sollten Sie grundsätzlich und immer selbstlos sein? Krebskranke haben offenbar in der Regel ein schlechtes Gespür für ihre eigenen Bedürfnisse, haben wenig Erfahrung, wo die Grenzen der Selbstlosigkeit zu ziehen sind, und befinden sich gewöhnlich in dem Glauben, daß sie eigentlich immer selbstlos sein sollten. Sie fühlen sich ausgesprochen schuldig, wenn sie diese Regeln durchbrechen, werden anschließend jedoch ärgerlich oder zornig, weil sie derartige Schuldgefühle haben und nicht die Zuwendung erhalten, die sie benötigen. Das führt zu einem Teufelskreis, in dem noch mehr Selbstlosigkeit praktiziert wird, um den Zorn zu kompensieren usw. usf.

Kinder haben das natürliche Recht, überwiegend selbstsüchtig zu sein. Wenn ein Kind Schmerzen hat oder etwas möchte, dann ist es völlig darauf ausgerichtet und jammert und quengelt so lange, bis auf seine Bedürfnisse eingegangen wird. Bei einem normal heranwachsenden Kind wird diese ausgeprägte Selbstsucht schrittweise dadurch ins rechte Lot gebracht, daß es lernt, zu warten und über andere Menschen und deren Bedürfnisse nachzudenken. Diese Entwicklung führt schließlich zu dem ganz gesunden Verhalten, daß der Mensch von Fall zu Fall bewußt entscheidet, wann und wo er selbstsüchtig oder selbstlos sein sollte. Voraussetzung für eine erfolgreiche Beziehung zwischen Erwachsenen ist, daß ein Paar über seine jeweiligen selbstsüchtigen Wünsche nachdenken, sie diskutieren und Wege finden kann, um angemessen auf sie zu reagieren. In einer guten Beziehung ist kein Raum für reine Selbstsucht oder reine Selbstlosigkeit; beides ist gleichermaßen wichtig. Verschiedene Grade von Selbstsucht zu entdecken bzw. herauszufordern, sollte einen wichtigen, ständig sich entwickelnden Teil der Beziehung ausmachen.

Wenn Ihnen aber als Kind beigebracht wurde, niemals selbstsüchtig zu sein, oder wenn man Ihnen Ihre selbstsüchtigen Bedürfnisse ausgetrieben hat, dann haben Sie eine negative Einstellung gegenüber Ihren eigenen Bedürfnissen entwickelt. Wenn außerdem – wie es bei den meisten Krebskranken der Fall ist – die Äußerung emotionaler Bedürfnisse verpönt war, ignoriert wurde oder als «selbstsüchtig» abgelehnt wurde, dann können sich echte Probleme entwickeln. Sie fühlen sich nicht berechtigt, Ihre Emotionen und Bedürfnisse zu äußern (um etwas handhaben zu können, muß es zunächst einmal ausgedrückt sein), sondern konzentrieren sich nur darauf, Ihren eigenen Gefühlen aus dem Wege zu gehen und statt dessen die Ihrer Mitmenschen im Auge zu haben. Indem Sie sich so verhalten, sind Sie aber unter Umständen voller Groll, fühlen sich in Ihren eigenen Rechten beschnitten oder nicht beachtet. Krebskranke fühlen sich einsam und isoliert, weil sie dazu erzogen worden sind, selbstlos in bezug auf ihre eigenen Emotionen zu sein; dadurch sind bei ihnen solche Gefühle weggeschlossen wie ein schuldbehaftetes Geheimnis.

Wenn Sie anfangen, all das zu entwirren, können weitere Probleme auftauchen, und es ist gut, wenn Sie und die Menschen Ihrer Umgebung wissen, welche das sind. Falls Sie Emotionen abblocken und «selbstsüchtige» Gedanken bestrafen, wenn Sie tatsächlich anfangen wollen, selbstsüchtig zu sein (was unumgänglich für Ihr Überleben ist), dann haben Sie keine Vorstellung davon, wie Sie diese Sache richtig anfangen sollen. In der ersten Zeit sind Sie entweder überzeugt, zu selbstsüchtig zu sein, oder Sie empfinden Ihr Handeln als zu selbstlos, oder Sie pendeln ständig zwischen den beiden Extremen hin und her. Haben Sie Geduld! Wenn Sie in einer guten Beziehung leben, wird Ihr Partner Verständnis aufbringen. Wichtig ist, daß Sie über Ihre eigenen Bedürfnisse nachdenken, vor allem über Ihre Emotionen und schlechten Gewohnheiten. Sie müssen damit rechnen, daß Sie sich wegen Ihrer «Selbstsucht» sehr schuldig fühlen werden; stehen Sie es durch!

Wenn ich sage, daß Sie das Zusammenleben mit Ihren Freunden und Ihrer Familie regeln müßten, meine ich damit, daß Sie sich genau wie früher um sie kümmern können, sich aber auch Zeit für sich selber nehmen sollten. Gehen Sie das Ganze langsam an, und lassen Sie der Familie Zeit, sich auf die veränderte Situation einzustellen; gewöhnen Sie sie daran, Sie zu den festgesetzten Zeiten nicht zu stören; wenn es sein muß, schließen Sie sich ein. Allmählich sollten Sie die Zeit, die Ihnen gehört, ausdehnen. Das ist ganz wichtig – wenn Sie wirklich selbstlos sein wollen, dann sollten Sie auch auf lange Sicht an

Ihre Familie denken. Die hat mehr davon, wenn Sie sich erholen und möglichst lange bei ihr sind. Falls Sie das wollen, fangen Sie an zu lernen, selbstsüchtig und egozentrisch zu sein; dadurch, daß Sie an sich selber denken, helfen Sie auf Dauer Ihrer Familie.

3. Versuchen Sie, den Schock zu bewältigen

Wenn Sie sich soweit Klarheit verschafft haben, können Sie sich weiteren Dingen zuwenden, bei denen Sie selbstsüchtig sein sollten. Oben auf der Liste stehen alle Gefühle, die Sie in bezug auf Ihre Krebserkrankung und die Behandlung empfinden. Es ist absolut notwendig, daß Sie sie «herauslassen». Was das bedeutet? Zweierlei: Sie müssen diese Gefühle für sich akzeptieren, d. h., Sie müssen akzeptieren, daß Sie durcheinander und verängstigt sind. Es wäre unnatürlich, in dieser Situation gleichgültig oder stoisch zu sein; niemand sollte einen Schock dadurch zu bewältigen versuchen, daß er alle seine Gefühle unterdrückt. Wenn Sie wollen, können Sie vor Fremden oder Außenstehenden gleichgültig oder unbeteiligt sein, aber fangen Sie an, vor sich selber Ihre Bestürzung zuzugeben.

Als zweites sollten Sie irgendeinem Menschen offenbaren, wie es in Ihnen aussieht. Sie sollten weinen oder vor Angst aufschreien; empfinden Sie Mitleid mit sich selbst, fühlen Sie sich nutzlos, überflüssig, aggressiv oder zornig. Zeigen Sie jemandem Ihre innere Qual, irgendeinem Menschen – ganz gleich, wem.

Es gibt eine fast magische Formel, um Stress zu bewältigen, der Tiere konsequent folgen: Wenn sie gekämpft haben, zeigen sie ihre Erregung, laufen dann weg, um ihre Wunden zu lecken (oder lecken zu lassen) und kommen so wieder zu Kräften. Versuchen Sie, diese Stadien nacheinander zu durchleben, etwas auszulassen wäre unnatürlich.

Wenn ein Mensch eine seelische Erschütterung erleidet,

fühlt er sich hilfloser und verwundbarer als in normalen Zeiten. Es ist natürlich, daß er sich dann besonders bedürftig fühlt, nach Trost und Zuwendung geradezu hungert. Auch der Wunsch, wieder wie ein Baby umsorgt zu werden, ist natürlich. An Krebs zu erkranken, ist mit der schwerste Schock, den ein Mensch im Leben erfahren kann, und folglich werden solche elementaren Empfindungen auch besonders intensiv wahrgenommen. Was sollten Sie also erwarten? Was durchlebt jemand, der einen Schock erleidet? Diese Fragen haben durchaus ihre Berechtigung, denn viele Krebskranke erregen sich, nachdem sie zeit ihres Lebens alle Gefühle zugedeckt hatten, beinahe ebenso über ihre eigenen Ängste wie über die Krebserkrankung oder die Operation. Sie fürchten, daß diese Gefühle tief in ihrem Inneren sie überwältigen und, «was Gott verhüten möge», zu einem Zusammenbruch führen könnten. Es ist deshalb hilfreich, wenn ein Krebskranker weiß, was ihn bei einem Schock erwartet, so daß er, anstatt gegen die Flut von Verzweiflung anzukämpfen, mit ihr schwimmt und nicht solche Angst hat, völlig außer Kontrolle zu geraten.

Reaktionen auf den Schock

Die einschneidendste Folge eines Schocks ist das Gefühl, *orientierungslos* zu sein, das Gefühl, die Welt sei außer Kontrolle geraten. Ihr Bewußtsein ist noch auf die alltägliche Routine eingestellt, auf eine festgelegte Abfolge von Handlungen und Ereignissen. Ein Schock bedeutet einen massiven Einschnitt in dieses gewohnte Leben und zwingt Ihre Aufmerksamkeit in eine Richtung, die Sie nur schwer mit Ihrem gewohnten Bewußtseinszustand vereinbaren können.

Um diese Situation zu bewältigen, frieren Ihre emotionalen Reaktionen gewöhnlich regelrecht ein. Das Bewußtsein mancher Menschen ist derart ausgeschaltet, daß sie einer Ohnmacht nahe sind; die meisten wirken völlig ausdruckslos oder zeigen stark verlangsamte Reaktionen. Das Bewußtsein, das von Natur aus gut für die Bewältigung von Schockerlebnissen ausgerüstet ist, isoliert Ihre Schock-Reaktionen eine Zeitlang, läßt Sie weiter in gewohnten Bahnen denken und konfrontiert Sie erst nach und nach mit der neuen Realität. Vielleicht haben Sie schon einmal ein Unglück erlebt, ganz gleich wie belanglos, und dabei festgestellt, daß die Erinnerungen daran Ihnen immer wieder unaufgefordert «in den Sinn kamen». Durch diese schrittweise Konfrontation, die schrittweise Anpassung an das Geschehene, sollen Sie sich an das *Gefühl* des Schocks gewöhnen. Ihr Bewußtsein bereitet sich derweil auf die nächste Phase, die *Regression*, vor.

Sobald Sie beginnen, über den Schock nachzudenken, führt Ihr Bewußtsein allmählich einen Zusammenbruch nach Plan herbei: Vorstellungen und Empfindungen wallen in Ihnen, und Ihre Emotionen reagieren, indem sie zu natürlichen, mehr kindlichen Formen der Bewältigung zurückkehren (Regression). Erinnern Sie sich, daß sich der gesunde Erwachsene normalerweise sehr kontrolliert verhält. Er oder sie ist aber durchaus in der Lage, ja sogar darin geübt, außer Fassung zu geraten, wenn es nötig ist. Gesunde Erwachsene praktizieren solche Gewohnheiten mit Partnern und engen Freunden, wenn sie in Tränen ausbrechen oder einen Wutanfall bekommen. Solche Situationen bilden die Grundlage für eine gute intime Beziehung.

Um zu überleben, braucht der Körper den schrittweisen Zusammenbruch in die sogenannte *konstruktive Regression*. Er kann mit dem Schock nur fertig werden, wenn Sie die Tränen fließen, sich trösten lassen usw. Es bedeutet nicht, daß Sie hilflos oder hyperaktiv werden und überall herumerzählen, wie durcheinander Sie sind; es bedeutet auch nicht, daß Sie schlaff und müde werden und halbherzige Tapferkeit demonstrieren. Konstruktive Regression bedeutet, daß Sie *wirkliche* Emotionen zeigen, *wirkliche* Tränen, *wirkliche* Not. Je besser Sie weinen und sich trösten lassen können, desto schneller kommen Ihr Körper und Ihre Seele wieder in Ordnung.

Suchen Sie also den körperlichen Kontakt zu Menschen, bei denen Sie sich geborgen fühlen, lassen Sie sich an den Händen halten, sich umarmen, streicheln, beruhigen. Das alles verringert den Druck, dem der Körper ausgesetzt ist, und die nächste Phase, die Genesung, kann beginnen.

Die *Genesung*, die nächste Station im Verlauf einer normalen Schockbewältigung, ist ein langwieriger Prozeß. Unter der Voraussetzung, daß die vorhergehenden Stadien durchlebt worden sind, beginnt der Körper sich zu regenerieren und das Geschehene zu bewältigen. Wenn Sie Ihren Tränen freien Lauf lassen, verringern Sie dadurch beispielsweise Ihre innere Spannung, was zu erholsamem Schlaf und seelischer Entspannung führt. Auf diese Weise kommt Ihr Körper wieder zu Kräften, und Ihre Seele bereitet (zunächst in Träumen) Ihr Bewußtsein nach und nach darauf vor, das Geschehene zu akzeptieren. Nach dem Aufwachen können Sie dann in besserer Verfassung fortfahren. Allmählich werden Sie anfangen, Pläne zur Bewältigung Ihrer Situation, zu Ihrer Regeneration usw. zu machen. Der Regressionsprozeß kehrt sich langsam wieder um, bis Sie auf einmal spüren, daß Sie das Geschehen im Griff haben und Ihr Schicksal selber aktiv in die Hand nehmen können.

Krebskranke sollten bereit sein (und ermutigt werden), diese normale Kette von Schockreaktionen konstruktiv selbstsüchtig zu durchleben.

4. Akzeptieren Sie körperliche Veränderungen

Sie sollten sich die Schock-Reaktion als einen Vorgang vorstellen, der in zwei Etappen abläuft. Der normale anfängliche Schock, über den wir oben gesprochen haben, ist erst der eine Teil der in zwei Etappen ablaufenden Reaktion, mit der Krebskranke rechnen müssen. Der zweite Teil ist der Schock, der sich einstellt, wenn der Betroffene wirklich begreift, daß

Krebs in seinem Körper wuchert, und sich vor Augen führt, was alles auf ihn zukommt. Dazu gehört auch, mit der Operation fertig zu werden sowie Nebenwirkungen von Medikamenten und Bestrahlungen zu ertragen. Forschungen haben ergeben, daß viele Patienten in den Monaten (und Jahren) nach der Krebsbehandlung depressiv werden, sexuelle Schwierigkeiten haben und unter Ängsten leiden. Diese Folgen sind fast alle darauf zurückzuführen, daß die Betroffenen entscheidende körperliche Veränderungen zu verkraften haben.

Der vollständige oder teilweise Verlust eines Organs ist an sich schon eine traumatische Erfahrung. Das Wissen, daß dieser Verlust durch Krebs verursacht wurde, verstärkt unter Umständen das Trauma noch, was in einem gewissen Umfang auch davon abhängt, welchen Stellenwert das jeweilige Organ vorher für die Betroffenen besaß. Frauen mit Brust- oder Zervikalkrebs, bei denen relativ häufig radikale Operationen und Bestrahlungen notwendig sind, und Menschen, bei denen ein Stoma (Plastikbeutel zum Sammeln der Körperausscheidungen) nach dem Verschließen des Darmausgangs angebracht wird, leiden am meisten unter ihren körperlichen Veränderungen. Wir wollen einen kurzen Blick auf die jeweiligen psychologischen Probleme und auf mögliche Hilfsangebote werfen.

Brust- und Zervikalkrebs

Über die Reaktionen von Frauen auf diese Krebsart ist viel veröffentlicht worden, und es ist durchaus lohnend, nachzulesen, wie andere mit ihrer Situation fertig geworden sind. In zahlreichen Krankenhäusern treffen sich Frauen in Gruppen, um ihre Erfahrungen auszutauschen, und Untersuchungen haben gezeigt, daß solche Gruppen eine große Hilfe sein können. Manche Menschen mögen ihre Erfahrungen nicht in einer Gruppe äußern und schaffen es auch ganz gut alleine oder mit einzelnen Gesprächspartnerinnen. Dies ist eine Frage der persönlichen Entscheidung.

Psychologisch gesehen ergeben sich die Hauptprobleme aus der Art und Weise, in der die Betroffenen gefühlsmäßig auf ihre organischen Veränderungen reagieren. Bei Brustkrebs ist der Schaden äußerlich und sichtbar. Bei Zervikalkrebs ist er innerlich und natürlich nicht sichtbar. Zwei wichtige Gefühle sind beteiligt: die Reaktion auf die körperliche Entstellung und die Angst vor den Folgen, die sich im Hinblick auf die persönlichen und sexuellen Beziehungen ergeben könnten.

Das Gefühl, entstellt zu sein, kann dazu führen, daß sich starke Empfindungen von Selbstmitleid und evtl. auch Selbstekel einstellen. Bei vielen Frauen, die eine radikale Brustoperation durchgemacht haben, dauert es Monate, ehe sie sich überwinden können, ihre Narben zu berühren oder zu betrachten, geschweige denn, es irgendeinem anderen Menschen (auch nicht dem Partner) zu erlauben. Das ist eine ganz normale Reaktion, und vorausgesetzt, daß die Narbe gut gepflegt wird und die Heilung Fortschritte macht, besteht kein Grund zur Sorge. Mit der Zeit und mit der nötigen Geduld und Fürsorge können die meisten Menschen sich mit den physischen Folgen der Operation abfinden. Jemanden um sich zu haben, der Ihnen durch dieses Stadium hindurchhilft, kann sehr beruhigend wirken und wesentlich zur Entwicklung einer gesunden Einstellung beitragen.

Wenn sich Ihre Gefühle, häßlich und verabscheuungswürdig zu sein, nicht legen, kann das zu tiefer Verzweiflung führen. Nach meiner Erfahrung ist es sehr wichtig, daß Sie sich vorrangig Ihrem grundsätzlichen, tiefer liegenden Kummer zuwenden und sich mit ihm auseinandersetzen, anstatt sich zu stark auf die Narbe oder den Verlust einer Brust zu konzentrieren. Der Verlust der Brust und/oder die Narbe bedeutet ja nicht den Verlust von «Identität» als menschliches Wesen. Ebensowenig sollte er zu einem Statusverlust führen. Auf Verstümmelung und Verlust können sich sowohl die Frau als auch ihr Partner einstellen, vorausgesetzt, sie haben ihre Gefühle von Abscheu überwunden und die neue Situation akzeptiert. Das psychologische Trauma einer Brustkrebserkrankung kann gemildert werden, wenn sowohl die Betroffene als auch ihr Partner sich mit der Tatsache auseinandersetzen, daß sie sich beide durch das, was geschehen ist, verzweifelt und zurückgestoßen fühlen. Ein Gefühl von Abscheu ist etwas Natürliches, vorausgesetzt, es wird a) klar erkannt und zugelassen und b) aufgearbeitet. Lassen Sie mich dazu den Fall eines Paares, Bob und Rita, beschreiben.

Rita war von ihrem Hausarzt an mich verwiesen worden, weil sie 18 Monate nach ihrer Brustkrebsoperation an Depressionen litt. Schon bei unserem ersten Gespräch wurde klar, daß sie zwar nach außen die Tapfere spielte, im Grunde aber verzweifelt war, und zwar nicht so sehr wegen der Operation, sondern vielmehr, weil sie um die Beziehung zu ihrem Freund Bob fürchtete. Nach einigen Gesprächen bat ich sie, gemeinsam mit ihrem Freund zu mir zu kommen, weil ich das Gefühl hatte, daß einige klärende Worte ihnen vielleicht helfen könnten, sich wenigstens mit dem Problem auseinanderzusetzen, das in meinen Augen entscheidend für sie war. Beide hatten sich tapfer und mit großer Zärtlichkeit füreinander nach Ritas Operation der Situation gestellt, aber sie hatten sich nicht mit der Verzweiflung auseinandergesetzt, die jeder für sich empfand. Was Bob betraf, so schien er langsam das Interesse am Geschlechtsverkehr verloren zu haben. Er stand Rita zwar weiterhin sehr nahe und fühlte sich offensichtlich verantwortlich für sie, vermittelte ihr jedoch den Eindruck, innerlich mit anderen Dingen beschäftigt zu sein.

Hier lag das entscheidende Problem: Bob schüttete mir in den nächsten Wochen sein Herz aus und war ganz erleichtert, als er herausfand, daß er nicht dadurch zum «Schuft» geworden war, daß er den Geschlechtsverkehr vermied, weil er es nicht ertragen konnte, Ritas Narbe zu berühren. Als das erst einmal heraus war, konnte er die Gefühle der Qual und des Abscheus, die er nach der Operation Rita gegenüber empfunden hatte, teilweise noch einmal durchleben und die schweren Schuldgefühle, die er deswegen gehabt hatte, genauer ergründen. Ich ließ ihn reden und vertraute darauf, daß seine tiefe Liebe zu Rita siegen würde, wenn er sich seine Ängste erst einmal alle von der Seele geredet hätte. Ich ermutigte ihn in diesem Stadium noch nicht, seine Gefühle mit Rita zu besprechen, weil sie ohnehin genug Kummer hatte. Aber schon die Tatsache, daß er einen aufmerksamen Zuhörer gefunden hatte, war eine Hilfe für Bob, und er nahm die günstige Gelegenheit wahr, sich damit auseinanderzusetzen, daß er Rita emotional vernachlässigt hatte. Rita ihrerseits fühlte sich in ihrem Verhältnis zu Bob sicherer, spürte, daß er offener war, und gemeinsam begannen sie die Ereignisse der vergangenen achtzehn Monate noch einmal zu durchleben. Schließlich waren sie in der Lage, über ihre wirklichen Gefühle zu sprechen und zum erstenmal die Brust und die Narbe zu betrachten, um herauszufinden, was sie eigentlich die ganze Zeit gemieden hatten.

Nachdem sie sich mehr vertrauten und offen miteinander redeten, sahen Bob und Rita bald ein, daß ihre Praxis, unangenehme Gefühle mit höflichen und schonenden Floskeln zuzudecken, viel mehr Schmerzen verursachte als die eigentliche Krebserkrankung. Wenn Sie ein Gefühl des Abscheus vor sich selber und vor Ihrem Partner verstecken, frieren Sie es innerlich ein; solange es unausgesprochen bleibt, kann es nirgendwohin entweichen. Tauen Sie es auf, und Sie können beginnen, die wirkliche Lage zu ergründen. Meistens wird Abscheu durch primitive Ängste verursacht, undefinierbare Momente des Erschreckens, die als das gesehen werden sollten, was sie sind: kindische Angstgefühle, auf die man entsprechend reagieren sollte. Sie zu vertuschen bedeutet, ihnen einen unangemessenen Stellenwert einzuräumen. Eine Krebserkrankung ist bedrückend, operiert oder bestrahlt zu werden, ist unangenehm. Aber wenn das erst einmal vorbei ist, hat sich in Wirklichkeit nicht viel geändert. Ich erklärte Bob: «Was bedeutet eine Narbe zwischen Freunden? In jeder anderen Hinsicht ist Rita doch dieselbe Person geblieben, sie liebt wie vorher, atmet wie immer, denkt wie früher. Sie waren auf die Narbe fixiert, weil Ihnen nicht klargeworden ist, wie sehr Sie das ganze Geschehen erschüttert hat. Verlieren Sie ruhig die Fassung und lassen Sie Rita die Fassung verlieren, Sie werden bald merken, daß es gar nicht um die Narbe geht; das, was zwischen Ihnen steht, sind blockierte Gefühle. Sie sollten auch der Tatsache ins Auge blicken, daß Ihre eigenen Probleme dazu beigetragen haben, Ritas Erholung zu blockieren. Betrachten Sie das Ganze nicht nur als ihr Problem.»

Das wichtigste Ziel meiner Behandlung war, den beiden über diese Fixierung auf die Narbe hinwegzuhelfen. Ihre blockierten Emotionen hatten dazu geführt, daß sie die Brust in höflicher Form ignorierten, sie aus dem Liebesspiel und aus ihren Gesprächen ausklammerten. Das Öffnen der blockierten Ausgänge nahm der Narbe etwas von ihrem Gewicht, aber um grundsätzliche Änderungen zu erreichen, mußten sie sich auch anders verhalten. Ich forderte sie auf, die Narbe zu berühren und wieder so miteinander zu schlafen, als ob sich nichts geändert hätte. Diese einfache Handlung erbrachte tatsächlich den Beweis – die Narbe hatte keine Bedeutung. Dadurch, daß sie die Narbe in ihr normales Intimleben einbezogen und auch in ihrer normalen Umgebung die Gefühle aussprachen, die sie vorher in Verbindung mit der Narbe empfunden hatten, erreichten sie mehr als nur eine Verbesserung ihrer Beziehung. Wie ich früher ausführte, ist es durchaus möglich, daß Brustkrebs durch mangelnde Akzeptanz und schlechte Behandlung der Brust sowie durch gleichzeitige hormonelle Schwächen in Verbindung mit widersprüchlichen emotionalen Verhaltensweisen begünstigt wird. Nachdem Operation und Heilungsprozeß der Narbe überstanden sind, scheint es mir wichtig, daß die Brust nicht nur den ihr zukommenden Stellenwert erhält, sondern daß lange bestehende Probleme, die in der Persönlichkeit der Krebskranken liegen, ergründet und gelöst werden. Rita hatte solche Probleme, aber dadurch, daß sie wieder Vertrauen faßte und ihre Brust angemessen in ihr Leben einbezog, war sie in der Lage, ihre Schwierigkeiten aufzuarbeiten. Ich konnte ihr und Bob klarmachen, daß es für ihre Genesung unbedingt erforderlich war, diesen alten, seit langem bestehenden Problemen in ihrer Beziehung ganz besondere Aufmerksamkeit zu widmen. Mit der Zeit vermochten sie zu erkennen, daß die Narbe und die Schwierigkeiten, die sie verursacht hatte, nur ein ganz geringfügiges Problem waren gegenüber dem, was tatsächlich in Ordnung gebracht werden mußte.

Nicht jeder kann solche Gefühle erkennen, wenn er alleine vor dieser Aufgabe steht, aber wenn Sie einen Menschen haben, der Ihnen über diese Zeit hinweghilft, dann wird das mit Sicherheit dazu beitragen, daß Sie besser überleben. Letzten Endes muß sich eine Krebskranke bzw. ein Krebskranker dem stellen, was geschehen ist. Die Emotionen zu durchleben, die hier beschrieben wurden, ist eine gewisse Garantie dafür, daß Sie Ihrem Körper bei seinem Kampf helfen. Wenn Sie merken, daß Sie in Depressionen verfallen, sich zunehmend isoliert und einsam fühlen, wenn Sie oder Ihr Partner sich allmählich vor jeglichem intimen Miteinander zurückziehen, versuchen Sie, Hilfe in Anspruch zu nehmen, wann und wo Sie können.

Mit einem Stoma leben

Das Anlegen eines künstlichen Darmausganges mit einem Plastikbeutel ist eine der einschneidendsten Folgen der Krebschirurgie überhaupt, und die Veränderungen, die bewältigt werden müssen, sind beträchtlich. Wie bei Brust- und Zervikalkrebs ergeben sich – abgesehen von dem Schock der Diagnose und der Operation – Probleme durch Depressionen und Schwierigkeiten im Intimbereich. Viele Menschen berichten von sexuellen Problemen und machen sich Sorgen über das, was andere Menschen denken könnten.

Die erste und unmittelbare Folge des chirurgischen Eingriffs ist die Notwendigkeit, den Darm nun durch ein Loch in der Seite des Körpers entleeren zu müssen. Da Sie täglich dazu gezwungen sind, gewöhnen Sie sich glücklicherweise schnell daran. Eine Bekannte, die nun schon seit siebzehn Jahren ein Stoma hat, sagt heute: «Es geht schneller, ist sauberer und macht weniger Umstände als der Gang zur Toilette.» In den ersten paar Jahren brauchte sie allerdings viel Unterstützung, und ihre Ärzte halfen ihr, indem sie mit viel Geduld auf sie eingingen und ihr gelegentlich Beruhigungsmittel gaben, um ihr die Anpassung an die neue Situation zu erleichtern. Eine Hilfe bedeutete es für sie auch, daß sie sich dieser Operation in fortgeschrittenem Lebensalter unterzog, nachdem ihr Mann bereits gestorben war. «Ich merkte, daß ich mit der Situation fertigwerden konnte, wenn ich nicht gezwungen war, das Bett mit jemandem zu teilen. Nachdem mein Mann gestorben war, hatte ich mich mit fast sechzig Jahren ganz bewußt dafür entschieden, ohne Männer zu leben. Ich gebe zu, daß ich damals vielleicht einigen Dingen aus dem Weg gegangen bin, aber zum Teufel, ich wollte mein Alter genießen und die Krebserkrankung überleben. Das war eben meine Methode.»

Ich habe diese Frau hier nicht zitiert, um ihre Entscheidung besonders zu empfehlen, sondern um zu zeigen, daß sie auf ihre individuelle Art für ihr eigenes Wohlergehen sorgte. Sie trennte sich von ihrem damaligen Freund, zog mit einer Schwester zusammen und holte sich die Zuwendung, die sie brauchte, durch die Gesellschaft von Tieren und Freunden. Entscheidend war, daß sie sich nach dem anfänglichen Schock Klarheit darüber verschaffte, was sie tun wollte (oder mußte).

Auch anderen Menschen ist es gelungen, ihr Leben rund um ihr Stoma zu organisieren. Vorausgesetzt, die richtigen emotionalen Erfahrungen wurden durchlebt, können auch dabei Wunder an Anpassung vollbracht werden, wie Albert, ein achtundfünfzigjähriger Überlebender, berichtet: «Meine

Frau und ich waren nach meiner Operation zwei Jahre lang in einem ziemlich scheußlichen Zustand. Wir redeten nicht, taten nichts, es war schlimm. Ich haßte mich selbst dafür, daß ich diesen verdammten Beutel in meinen Gedärmen hatte, und weigerte mich, ihn auch nur anzusehen, nur sie ließ ich dran. Eines Abends hatten wir etwas zuviel getrunken, und sie war ein bißchen, na ja, scharf, und ich wurde ganz starr, aber plötzlich nahm sie die Sache in die Hand, und ich wurde zum erstenmal in meinem Leben verführt. Von da an taten wir es immer mal wieder, zwar ein bißchen heimlich, aber nach und nach merkten wir, daß das kein Weltuntergang war. Wissen Sie, man kann sich langsam daran gewöhnen.»

Die beiden sprechen immer noch nicht darüber, haben niemals ihre Probleme erörtert, aber trotzdem haben sie gelernt, besser miteinander zu leben. Albert fühlt sich nicht länger nutzlos und glaubt nicht mehr, daß sein Leben zu Ende ist.

Entscheidend in diesem Zusammenhang ist Ihre Fähigkeit, die Probleme in Angriff zu nehmen und die Scherben Ihres früheren Lebens wieder aufzusammeln. Sich zu lange von den Schwierigkeiten und dem Schock unterkriegen zu lassen und zu verlernen, sich selber zu helfen (oder, was häufig geschieht, sich von jemand anderem helfen zu lassen), das verursacht auf Dauer emotionale Schäden. Wie ich bereits früher gesagt habe, gibt es einen richtigen und einen falschen Weg, aus der Fassung zu geraten. Verzweiflung, Selbsthaß oder Trauer auszudrücken und dann «zusammenzubrechen» sind die wichtigsten Gefühle, die Sie am Anfang und während der ersten paar Monate nach der Operation oder Behandlung zeigen sollten. Danach müssen Sie einen Kompromiß finden zwischen Ihrer Verzweiflung und der Notwendigkeit, sich auf das einzustellen, was getan werden muß, damit Sie Ihr Leben weiterführen können.

Sie sollten eine gewisse Vorstellung davon bekommen,

welche Rolle der Zorn in den Monaten nach der Operation oder Behandlung spielt; das kann Ihnen und den Menschen Ihrer Umgebung helfen, vieles leichter zu bewältigen.

Eine Anmerkung zur Wut

Wenn der Körper eines Menschen ihn oder sie im Stich läßt, verunstaltet ist oder «häßlich» wird, dann reagieren sie auf diese neue Situation möglicherweise mit Wut und Bitterkeit. Das trifft besonders auf Krebskranke zu; viele meinen, daß sie dieses Schicksal nicht verdient haben, andere bedauern, daß sie bisher das Leben nicht in vollen Zügen genossen oder nicht genug nach ihren Bedürfnissen gelebt haben. Anfangs kann sich diese Mischung aus Feindseligkeit, Trauer und intensivem Selbstmitleid in Reizbarkeit anderen Menschen gegenüber äußern. Manchmal richten sich überraschende Wutausbrüche gerade gegen diejenigen Menschen, die dem Betroffenen am nächsten stehen. Dadurch entwickelt der Krebskranke unter Umständen starke Schuldgefühle mit dem Ergebnis, daß er krampfhaft versucht, überhaupt keine Empfindungen mehr zu zeigen, was wiederum starke innere Spannungen verursacht. Wenn dann ganz alltägliche Dinge passieren – eine Tür schlägt zu, ein Glas zerbricht, ein Verschluß läßt sich nicht öffnen –, dann kann der Druck unerträglich werden.

In solchen Zeiten können Familie und Freunde außerordentlich hilfreich sein. Wenn sie Verständnis dafür zeigen, daß reizbar und angespannt zu sein für einige Krebskranke die einzige Möglichkeit ist, ihre Fassungslosigkeit auszudrükken, und daß diese Menschen – ganz gleich, welche Formen ihre Feindseligkeiten auch annehmen – immer noch Liebe und Zuwendung brauchen, dann hilft das den Betroffenen, diese Zeit durchzustehen. Mit die schwierigste Aufgabe für Psychotherapeuten, Ärzte und Pflegepersonal im Umgang mit völlig verzweifelten Patienten ist, den Zorn und die Feindseligkeiten der Patienten nicht persönlich zu nehmen, sich nicht zurückzuziehen und nicht ebenfalls feindselig zu reagieren. Wenn Sie den Patienten zu verstehen geben, daß Sie ihre Verzweiflung *mitempfinden* und daß Sie in der Lage sind, ihre Reizbarkeit und schlechte Laune zu ignorieren, zeigen Sie ihnen, daß sie sich wirklich um sie *sorgen*. Auch ihre Hand zu halten oder freundlich auf sie einzugehen, wenn sie sich schuldig fühlen, und vielleicht über ihre Gefühle zu reden, kann den Betroffenen helfen zu begreifen, daß sie durchaus wissen, was in ihnen vorgeht. Wenn Sie ein Freund oder Verwandter eines Krebskranken sind und Unterstützung brauchen, gehen Sie zu jemandem, der oder die Erfahrung im Umgang mit Krebskranken und Krisen hat. Wenn Sie selbst an Krebs erkrankt sind und lernen möchten, sich besser verständlich zu machen, kann es sehr hilfreich sein, einen guten Psychotherapeuten, Sozialarbeiter, praktischen Arzt oder eine Krankenschwester zu fragen.

Mit Medikamenten leben

Das letzte Problem im Hinblick auf körperliche Veränderungen, das uns in diesem Abschnitt beschäftigt, ist die Frage, wie man mit den Nebenwirkungen der Anti-Krebs-Medikamente fertig wird. Lange Zeit wurden Krebskranke in ihrem Kampf mit den teilweise stark belastenden Nebenwirkungen dieser Medikamente allein gelassen. Sie litten unter Haarausfall, Verbrennungen und schmerzender Haut, Übelkeit, Erbrechen, Verstopfung und Durchfall.

Zum Glück werden diese Risiken heute zunehmend abgebaut; Forscher haben Medikamente mit weniger Nebenwirkungen entwickelt, und Psychologen und Psychotherapeuten sind auf der Suche nach Methoden, die die Nebenwirkungen erträglicher machen sollen. In zahlreichen Krebsabteilungen lernen Patienten heute eine Vielzahl von Möglichkeiten, um ihre Symptome so gering wie möglich zu halten, und auch im Hinblick auf ihre sonstigen Probleme finden sie sehr viel mehr Unterstützung als früher. Falls Sie derartige Schwierigkeiten haben, bitten Sie Ihren Arzt um Hilfe.

5. Ändern Sie schlechte Gewohnheiten

Es braucht wohl nicht betont zu werden, daß diese Aufgabe zusammen mit der folgenden die wichtigste Voraussetzung für das Überleben bildet. Alles, was bisher angesprochen wurde, hatte nur zum Ziel, Sie zu dem Punkt zu führen, an dem Sie in der Lage sind, genau die verhaltensmäßigen und psychologischen Muster zu ändern, die in erster Linie Ihr Krebsrisiko erhöhen. An dieser Stelle beginnt, wenn Sie so wollen, der Kampf tatsächlich.

Falls Sie überleben wollen, sollten Sie sich über Ihre risikoreichen Verhaltensmuster Klarheit verschaffen (wie in den vorangegangenen Kapiteln beschrieben) und diese dann so abändern, daß Ihr Körper in die Lage versetzt wird, den Chirurgen, Radiologen und anderen Ärzten bei ihrem Kampf gegen eventuell im Körper zurückgebliebene Krebszellen zu helfen.

So seltsam es klingen mag, aber viel zu viele Krebskranke geben ihre schlechten Gewohnheiten *nicht* auf, nachdem sie erfahren haben, daß sie an Krebs erkrankt sind oder waren. Ich habe Raucher gekannt, die wieder anfingen zu rauchen, sobald sie die beruhigende Mitteilung erhielten, daß keine Spuren von Lungenkrebs mehr vorhanden seien. Ich habe eine trotzige Reaktion darauf sogar notiert: «Sehen Sie, nicht einmal Krebs konnte mich so weit bringen, daß ich aufhöre.» Ein Teil des Problems besteht darin, daß in diesem Bereich keine ausreichende Beratung erfolgt; die meisten Menschen wissen zwar um die Zusammenhänge zwischen Rauchen und Lungenkrebs, aber nicht jeder ist vertraut mit den Zusammenhängen zwischen seinen schlechten Gewohnheiten und anderen Krebsarten. Nachdem Sie sich durch dieses Buch hindurchgearbeitet haben, sollte es Ihnen nicht mehr schwerfallen einzusehen, wie dringend notwendig Veränderungen sind.

Das Wichtigste dabei ist, Ihren allgemeinen gesundheitlichen Zustand zu verbessern. Abgesehen von den schlechten Gewohnheiten, die Sie vielleicht haben (wir kommen gleich darauf zu sprechen), ist es wichtig, daß Sie das, was Sie täglich tun, überprüfen, um sicherzustellen, daß Sie, wo immer es möglich ist, Ihre Gesundheit fördern. Gehen Sie die folgenden Richtlinien durch, die die grundlegenden Aktivitäten des Körpers kommentieren.

Atmen

Sorgen Sie dafür, daß Ihre Lunge viel frische Luft bekommt. Ganz gleich, ob jemand Lungenkrebs hat (hatte) oder nicht, Rauchen stellt eine dreifache Gefahr für jeden dar, der an irgendeiner Form von Krebs leidet. Erstens ist es gefährlich, weil Karzinogene in den Körper gelangen. Zweitens bedeutet es eine Gefahr für jeden, dessen Immunsystem generell geschwächt ist, was bei Krebskranken ja fast immer der Fall ist. Drittens, und das ist der wichtigste Punkt, schränkt die medikamentöse Behandlung von Krebs die Arbeit des Immunsystems beim Patienten ein. Diese Wirkung ist beabsichtigt, damit die Medikamente an der von Krebs befallenen Stelle ankommen, ohne von den Immunreaktionen des Körpers beeinträchtigt zu werden. Während der medikamentösen Behandlung reagiert der Krebskranke sehr empfindlich auf viele Substanzen, die ihm normalerweise nichts anhaben würden, und gerade Zigarettenrauch fügt dem Organismus in dieser Situation besonderen Schaden zu.

Wenn Sie das Rauchen nicht lassen können, suchen Sie Hilfe. Es ist außerordentlich wichtig, daß Sie in diesem Stadium im Hinblick auf Ihren Körper keine Fehler machen, professionelle Hilfe könnte lebenswichtig sein, und es ist vielleicht Ihre letzte Chance.

Auch Nichtraucher sollten sich aufmerksam um ihre Atmung bemühen. Achten Sie darauf, öffentliche oder private Orte zu meiden, an denen Sie Rauch, Abgasen oder anderen Reizstoffen in der Luft ausgesetzt sein könnten. Wenn

Sie wissen, daß Sie Krebs haben, sollten Sie sich ganz besonders um sich selbst kümmern. Handeln Sie entsprechend, selbst wenn Sie z. B. Ihnen sehr nahestehende Menschen bitten müssen, in Ihrer Gegenwart nicht zu rauchen. Sind die Menschen Ihrer Umgebung nicht zur Kooperation bereit, verlieren Sie nicht gleich den Mut, sondern bringen Sie ihnen bei, über Ihre Bedürfnisse *nachzudenken.* Kämpfen Sie für Ihren persönlichen sauberen Raum zum Atmen.

Essen und trinken

Über den Zusammenhang von Ernährung und Krebs ist schon sehr viel geschrieben worden, und ich möchte hier den Wert dieser Literatur oder irgendeiner besonderen Diät nicht kommentieren. Es handelt sich um ein Thema, über das sich jeder einzelne seine eigene Meinung bilden muß. Eines allerdings ist unbestreitbar: Sich gesund zu ernähren und *auf gesunde Weise* zu essen ist für Krebskranke von unschätzbarer Bedeutung. Grundsätzlich sorgt eine gesunde Ernährung für die notwendige Zufuhr von Energie, in Form von Nährstoffen, Vitaminen und Spurenelementen, wodurch dem Kranken geholfen wird, den emotionalen und körperlichen Schock von Operation, Bestrahlung und Medikamenten besser zu bewältigen. Spezielle Diäten unterstützen den Körper bei besonderen Auswirkungen der medizinischen Behandlung, und Sie sollten diesbezügliche Vorschriften von Ärzten und Diätassistentinnen sorgfältig befolgen. Nehmen Sie nach der Behandlung nicht wieder alle Ihre alten Essensgewohnheiten auf: Viele Menschen setzen sich Risiken aus, nicht nur durch das, *was* sie essen, sondern auch dadurch, *wie* sie essen. Ich denke hier an Menschen, die zuviel oder zuwenig essen, die zu schnell essen, zuviel Alkohol trinken, zuviel Zucker zu sich nehmen, bei denen starke Angstgefühle mit dem Essen verbunden sind usw. Sie sollten diese gute Gelegenheit nutzen, um zu lernen, wie Sie besser für sich selbst sorgen können. Ich möchte Ihnen als Beispiel Gwen vorstellen.

Gwen war eine achtunddreißigjährige Frau, der man eine Brust entfernt hatte. Sie erholte sich von der Operation und gewöhnte sich schnell an die neuen Lebensbedingungen, abgesehen von einem Problem: Die Ärzte hatten ihr geraten, ihre Ernährung umzustellen, wenn sie jedoch zu Hause ihre Diät einhalten wollte, ergaben sich Schwierigkeiten: «Ich stehe wirklich zu sehr unter Druck. Mein Mann erwartet seine gewohnte Mahlzeit, meine Kinder hassen es, Diät zu essen, und dann ist da noch meine Mutter, bei der wir zweimal die Woche essen; wenn ich nicht esse, was sie gekocht hat, ist sie eingeschnappt. Was soll ich denn tun? Ich habe erklärt, daß ich die Diät einhalten muß, aber keiner nimmt auch nur die geringste Notiz davon; sie haben einfach vergessen, daß ich Krebs hatte.»

Gwen hatte nicht die Zeit, um täglich zwei komplette Mahlzeiten zu kochen, und so sah sie sich sehr schnell genötigt, wie gewohnt zu essen, nur um die Familie bei Laune zu halten. Dies ist ein klassisches Beispiel für das, wovon ich hier spreche; Gwen mußte geholfen werden, sich gegen ihre Familie *durchzusetzen*, sie mußte lernen, für sich selbst einzustehen und sich selbst zu schützen. Das alles sollte aber möglichst ohne allzu einschneidende Veränderungen für die Familie erfolgen, weil entsprechende Auseinandersetzungen bei ihr sonst zu mehr Angstgefühlen geführt hätten, als sie ertragen konnte. So schlug sie mit meiner Unterstützung ihrem Mann und den Kindern vor, das Essen aufzuteilen, ließ die Familie essen, was sie wollte, und hielt selber ihre Diät ein. Die einzige, die sich als wirklich «stur» erwies, war Gwens Mutter. Sie weigerte sich zwei Wochen lang, mit ihrer Tochter zu reden, nachdem Gwen zum Essen zu ihr gekommen war und ihre eigene Mahlzeit mitgebracht hatte. Aber mit Geduld und viel gutem Zureden konnte Gwen ihrer Mutter klarmachen, wie lebenswichtig die Diät für ihre Erholung war, und dadurch gleichzeitig lernen, energischer und bestimmter aufzutreten, was ihr letzten Endes auch in anderen Bereichen half.

Verdauung

Ein gesunder Körper braucht neben ausgewogener Ernährung und körperlicher Bewegung täglich gründliche Entleerung. Um sicherzustellen, daß dieser Bereich Ihres Körpers ordnungsgemäß funktioniert, ist es notwendig, daß Sie sich genug Zeit nehmen und entspannt sind, wenn Sie auf der Toilette sitzen. Psychologische Behandlung und das Erlernen von Entspannungstechniken können zusammen mit Fürsorge und Aufmerksamkeit durch andere Familienmitglieder wahre Wunder wirken. Schieben Sie eventuelle Verdauungsstörungen nicht auf die lange Bank.

Schlafen

Was immer Sie über den Wert des Schlafens denken, Ihr Körper und Ihre Seele brauchen ihn. Wenn Sie unter Schlaflosigkeit oder Alpträumen leiden oder wenn Sie einen zu leichten Schlaf haben, suchen Sie Rat. Abgesehen von der Tatsache, daß Ihr Körper die Ruhe braucht, hängt Ihre Fähigkeit, mit dem Stress der Krebserkrankung seelisch fertig zu werden, davon ab, daß Sie ausreichenden Schlaf bekommen. Sie sollten versuchen, ungefähr acht Stunden pro Nacht zu schlafen: Vier Stunden braucht der Körper, und zwei bis vier Stunden benötigt Ihre Seele, um zu träumen. Im Traumschlaf (REM-Schlaf) arbeiten Sie die Erschütterungen und den Ärger des Tages auf und kommen wieder ins seelische Gleichgewicht.

Körperliche Bewegung

Mit einigen Ausnahmen (z. B. Knochenkrebs) sollte körperliche Bewegung eine zentrale Rolle in Ihrem Leben spielen. Sie hilft, Muskeln geschmeidig und leistungsfähig zu halten, steigert die Widerstandskraft und reguliert das Körpergewicht. Fragen Sie Ihren Arzt, welche Sportart für Sie am besten wäre, und setzen Sie den Rat in die Tat um. Es gibt unzählige mögliche Arten von Übungen für fast jeden Zweck und in jedem möglichen Schwierigkeitsgrad; versuchen Sie also nicht, sich herauszureden. Zeit für körperliche Bewegung zu veranschlagen ist auch wieder eine nützliche Erfahrung für Krebskranke: Es erfordert Selbstdisziplin, Selbstsucht und Selbstbehauptung. Unter Umständen entdecken Sie verborgene Talente, angenehme Unterhaltung, Freude an sozialen Kontakten, was wiederum hilfreich beim Kampf um das Überleben sein kann.

Andere körperliche Aktivitäten

Alles, was Sie tun, vom Zähneputzen bis zur Pflege Ihrer Haare, sollten Sie mit Sorgfalt und Überlegung verrichten. Krebskranke müssen lernen, Ihrem Körper jede nur mögliche Zuwendung zuteil werden zu lassen. Ein besonders wichtiger Bereich ist der Geschlechtsverkehr. Vermeiden Sie auf jeden Fall, sich Verletzungen oder Reizungen zuzuziehen, und sorgen Sie für absolute Sauberkeit. Auch wenn es Ihnen peinlich ist, sollten Sie in diesem Bereich auf Ihre Rechte pochen und alles zu Ihrem Schutz Notwendige tun.

6. Ändern Sie Ihre psychologischen Bewältigungsmuster

Sobald ein Mensch seine persönlichen Gewohnheiten ändert, führt das auch zu Veränderungen im körperlich-seelischen System. Der «Kampf» um das Überleben einer Krebserkrankung ist im wesentlichen eine Auseinandersetzung zwischen den alten schlechten Gewohnheiten und dem psychologischen Raster, in das sie eingepaßt sind, und den neuen, gesünderen Verhaltensweisen. Dieser «Kampf» bricht aus, wenn das innere Verlangen, *nicht* selbstsüchtig zu sein, den gesellschaftlichen oder familiären Forderungen nachzugeben und sich anzupassen, allzu drängend wird. Vielleicht möchten Sie sich lieber *nicht* an die gesunden neuen Gewohnheiten halten, den leichteren Weg wählen und die alten, vertrauteren Verhaltensweisen beibehalten. Schließlich folgt die Belohnung auf dem Fuß, wenn Sie rauchen, ungesund essen oder der Laune eines anderen nachgeben: Ihre innere Spannung verringert sich vorübergehend. Eine Veränderung Ihrer Lebensweise hingegen scheint manchmal wenig Lohn zu versprechen.

Gerade an diesem Punkt beginnen Vertrauen und Überlebenswille von Krebskranken oft zu erlöschen, der Patient, der seine Überlebenschancen verbessern möchte, es aber nicht schafft, befindet sich auf einem absoluten Tiefpunkt. Manche Menschen bemühen sich wirklich ernsthaft, beginnen auf sich zu achten, ändern ihre Gewohnheiten – geben dann aber einfach auf; die Anstrengung, alle diese Veränderungen durchzuhalten, ist offensichtlich zu groß für sie, und sie fallen zurück in ihre alten Gewohnheiten.

Während der Zeit, in der der Krebskranke besonders labil und verletzlich ist, beginnt er Erfahrungen mit seinen neuen Gewohnheiten zu sammeln. Er hat wenig bzw. gar keine Zeit, um einen entsprechenden psychologischen und emotionalen Rahmen zur Unterstützung der neuen Lernprozesse aufzubauen. Die Möglichkeit, besser, länger und gesünder zu leben, ist nur eine vage Aussicht für die Zukunft. Tatsächlich fühlt sich der Krebskranke dadurch, daß er die in diesem Kapitel beschriebenen Veränderungen vorgenommen hat, u. U. viel unglücklicher, schuldiger, sogar angespannter als je zuvor – vielleicht aber auch informierter, selbst wenn letztlich noch vieles ungeklärt bleibt. Manche Menschen glauben, daß Krebskranken solche seelischen Belastungen nicht mehr zugemutet werden dürfen und daß man sie in Frieden sterben lassen solle.

Dies alles sind sehr sensible Bereiche: In hoffnungslosen Fällen, in denen sich der Krebs schon stark ausgebreitet hat, und natürlich immer dann, wenn starke oder chronische Schmerzen das alltägliche Leben des Kranken beeinträchtigen, sollte natürlich anders vorgegangen werden. Hier zählt vor allem die Verbesserung der Lebensqualität sowie der Erhalt des bisherigen Familienlebens. Eine Krebserkrankung wirkt über die eigentlich Betroffenen hinaus und kann psychologisch und emotional auch für andere Familienmitglieder eine traumatische Erfahrung sein. In solchen Fällen ist es besser, die Dinge auf sich beruhen zu lassen.

Wo sehr gute Überlebenschancen bestehen, sieht die Sache allerdings völlig anders aus.

Wie aber können Sie durchhalten, wenn Sie überhaupt noch nicht wissen, welches Gefühl es ist, völlig gesund zu sein, wenn Sie, nachdem Sie Ihre ungesunden Gewohnheiten abgelegt haben, noch keinerlei positiven Effekt verspüren? In diesem Stadium zählt letztlich nur Vertrauen in sich selbst, Vertrauen zu Ihren Ärzten, der Glaube an irgend etwas, die Liebe zum Leben und die Hoffnung. Um dieses Stadium besser durchzustehen, sollten Sie etwas über die Psychologie der Hoffnung wissen und darüber, wie man sie nutzen kann. Hoffnung aufzubauen, hilft den Betroffenen, auf psychologischer Ebene auch die Geduld zu entwickeln, die nötig ist, um neue Gewohnheiten fest zu etablieren.

Die Psychologie der Hoffnung

Hoffnung zu haben ist nicht nur eine Frage von Vertrauen in das Schicksal, Gott, Glück, Astrologie oder in irgend etwas anderes. Es hat zwar mit all diesen Dingen zu tun, beinhaltet aber viel mehr. Hoffnungsvoll sein ist ein psychologischer Zustand, der über Leben und Tod entscheiden kann. Es bedeutet im weiteren Sinn die Fähigkeit, etwas zu finden, das, wenn man daran denkt, das Gefühl von Hoffnungslosigkeit mildert, sei es auch nur ein wenig; der Mensch findet etwas, für das es sich zu leben lohnt, woran er sich hält, etwas Kostbares oder Schönes.

Das meiste, was über Hoffnung und Hoffnungssymbole geschrieben worden ist, hat die altruistischen oder rational begreifbaren Formen, in denen Hoffnung erscheinen kann, betont: religiöses Vertrauen, transzendentaler Glaube, Liebe usw. Wenn es aber um das bloße Überleben geht, stellen Sie sich Hoffnung am besten als etwas vor, das einem Menschen irgendwie hilft.

In der Simonton-Klinik in Texas beispielsweise wurde Patienten geholfen, hoffnungsvoll zu sein, indem sie aufgefordert wurden, Bilder zu entwickeln, die ihnen das Gefühl vermittelten, ihre Krankheit besiegen zu können. Solche Bilder mögen Außenstehenden kindisch vorkommen (wie zum Beispiel die Vorstellung, daß die weißen Blutkörperchen wie Haie über die Krebszellen im Körper herfallen), aber sie haben für die Kranken die gleiche Bedeutung wie der Rettungsring für den Ertrinkenden.

‹Imagination› ist eine Technik, die von einigen Psychologen und Verhaltenstherapeuten angewendet wird. Stark vereinfacht geht es darum, zu lernen, durch das bewußte Herbeiholen ‹schöner› oder ‹gefahrloser› Gedanken (ganz gleich, wie naiv die Vorstellungen sind) schreckliche oder angsterregende Vorstellungen und Gefühle auszugleichen. Wie die Wiederholung eines Gebetes dienen solche Vorstellungen der mentalen Beruhigung und können für unterschiedlichste Zwecke genutzt werden. Die Techniken sind sehr leicht zu erlernen, und Sie sollten sie ruhig anwenden, wenn Sie spüren, daß Sie mutlos werden und nichts oder niemand sonst haben, an den Sie sich wenden könnten. Trotzdem sollten sie aber nur als eine Art Trick angesehen werden, der Ihnen vorübergehend hilft, und nicht als endgültige Lösung. Entscheidend bleibt nach wie vor, schlechte Gewohnheiten und das körperlich-seelische System hinreichend zu ändern, so daß das Überleben zu einer realen Möglichkeit wird.

Angenommen, ein Mensch hat genug Hoffnung, um weiterleben zu wollen, aber was dann? Die Änderung von Gewohnheiten wird schon an sich zu einer gewissen inneren Unruhe und Verängstigung geführt haben, und es ist wichtig, daß diese Ängste und Gefühle Beachtung finden. Sie geben

z. B. das Rauchen auf, wodurch Sie bislang Furcht und Angst zum Ausdruck bringen oder mildern konnten. Was fangen Sie aber mit Ihren Gefühlen an, wenn Sie nicht mehr rauchen? Diese Gefühle, die ja nicht sofort verschwinden, sollten als Anstoß dienen, um Ihr psychologisches und emotionales Grundmuster zu ändern. Stellen Sie sich Ihrer inneren Angst, stellen Sie sich der Tatsache, daß Sie sich selber wahrscheinlich erheblichen Schaden zugefügt haben: Sie versuchten Ihre Ängste mit einer Methode zu zerstreuen, die Ursache dafür war, daß Sie Beschwerden, Schmerzen und Müdigkeit einfach übergingen. Wenn Sie möchten und wenn es Ihnen hilft, ärgern Sie sich über sich selbst für jede Gelegenheit, bei der Sie nicht für Ihre emotionalen oder psychologischen Rechte eingetreten sind, und versuchen Sie zu begreifen, daß dadurch im Verlauf vieler Jahre die Entwicklung Ihrer Krebserkrankung gefördert worden ist. Neue und bessere Wege zum Abbau Ihrer Ängste zu finden, Ihren Gefühlen freien Lauf zu lassen, kreativ zu sein – das kann Ihr Leben retten.

All diese Gefühle zu empfinden, sollte Ihnen den notwendigen Anstoß geben, Ihr emotionales Leben umzustrukturieren. Mit ihrer Hilfe sollten Sie den psychologischen Rahmen verändern, in dem Sie leben, in dem Sie sich selbst sehen. Solche Änderungen bilden den letzten Schritt auf dem Weg zum Überleben.

7. Konzentrieren Sie sich auf Ihr Überleben

Ich möchte hier nicht in allen Einzelheiten darlegen, wie dieser letzte Schritt aussehen könnte; jeder Krebspatient, jede Krebspatientin ist ein Individuum, das sich notwendigerweise auf seine eigene Weise individuell mit den Dingen auseinandersetzt. Was für den einen gut ist, kann dem anderen schaden.

Darum folgen hier nur einige allgemeine Hinweise, wie Sie sich auf Ihr eigenes Überleben konzentrieren können.

Die Bedeutung von Beziehungen

Durch das ganze Buch hindurch haben Sie wahrscheinlich gemerkt, welch große Bedeutung ich Beziehungen beimesse. Der Grund dafür liegt darin, daß sich praktisch unsere gesamten Lernprozesse im Zusammenhang mit Beziehungen abspielen. Das Zusammenleben mit anderen Menschen befriedigt in einmaliger Weise alle unsere grundlegenden psychologischen Bedürfnisse. Aber es gibt viele unterschiedliche Arten von Beziehungen. Einige können uns verletzen und uns schaden, andere können nützlich und hilfreich sein. Wenn Sie überleben wollen, prüfen Sie Ihre Beziehungen unter diesem Aspekt sorgfältig. Schauen Sie sich nach anderen Menschen um, die Ihnen helfen können. Ich meine nicht, daß Sie ein Verhältnis beginnen sollten (obwohl auch das für einige Menschen eine Möglichkeit darstellt) oder überhaupt sexuelle Beziehungen, sondern ich meine eine Beziehung zu einem Freund, einem Verwandten, einem Arzt, einem Priester – zu irgend jemand, der oder die Sie wirklich dabei unterstützt, auf psychologisch gesündere Weise zu leben. Auch Psychotherapie bildet ihrem Wesen nach eine Beziehung, und möglicherweise sogar eine sehr wertvolle. Sie richtet im Idealfall schließlich ihr Augenmerk genau auf die Veränderungen, die Sie erreichen sollten.

Werden Sie aber auch aktiv, wenn Sie keine passende Beziehung finden können oder wenn Sie die Aufgabe allein bewältigen wollen. Letzteres bietet sich vor allem dann an, wenn Sie überhaupt nicht in der Lage sind, sich zu Hause anders als früher zu verhalten. Alleine sein, nachdenken, lesen, neue Dinge ausprobieren, all das kann ohne das Zutun anderer Menschen geschehen. Ich habe oft Patienten geraten, sich zurückzuziehen, um alleine bei ihrem Lieblingstier oder mit einem Teddybären im Arm zu weinen – entscheidend ist, daß es hilft. In ähnlicher Weise habe ich Patienten ermutigt zu lernen, richtig zu schreien, sich zu entspannen, Verstopfung zu vermeiden – alles, wenn nötig, in völliger Abgeschiedenheit.

Lernen Sie, emotional zu sein

Bei Ihren Bemühungen zu überleben sollten Sie Ihr Augenmerk besonders darauf richten, Ihre Verhaltensmuster bei der Äußerung von Emotionen zu ändern. Hören Sie auf, selbstzerstörerisch zu sein, und beginnen Sie, Ihren Körper dadurch besser zu behandeln, daß Sie Ihren Emotionen freien Lauf lassen. ‹Innerlich› sind Sie wahrscheinlich auf dem Entwicklungsstand eines Kindes oder Jugendlichen stehengeblieben; wie ein Kind oder Jugendlicher müssen Sie nun auch lernen, Emotionen zu äußern. Leben Sie nach Ihren Vorstellungen, machen Sie Fehler, und nehmen Sie es nicht so tragisch, wenn Sie sich dabei dumm, schuldig und ängstlich fühlen. Weinen, getröstet werden, glücklich, traurig, erregt, deprimiert, ärgerlich sein – das alles sind normale, gesunde menschliche Gefühle, die sie nicht nur empfinden, sondern auch äußern sollten. Lernen Sie, mit ihnen umzugehen; es hilft Ihrem Körper und trägt zu Ihrer Genesung bei. Je emotionaler Sie sind, desto besser sind die Chancen für Ihr Überleben.

Schlußwort

Ich habe in diesem Buch versucht, eine sehr weit gefaßte Sichtweise von Krebs und seinen Behandlungsmöglichkeiten zu entwickeln. Ich habe es «Psyche und Krebs» genannt, weil dieser Begriff die Vorstellung zu vermitteln hilft, daß die Art Ihrer Persönlichkeit, Ihrer Gefühle und Ihrer Verhaltensweisen in Zusammenhang steht mit einer möglichen Krebserkrankung. Wir haben über die Gesamtheit des menschlichen Organismus mit seinen vielen Funktionsebenen gesprochen und versucht darzustellen, was mit dem Zellgewebe geschieht, wie Nervensystem, endokrines System und Immunsystem zusammenarbeiten. Wir haben anschließend gesehen, wie sie durch die Art, in der ein Mensch lebt oder sich verhält, beeinflußt werden.

Mein Hauptanliegen aber war zu zeigen, welche Rolle das Individuum bei der Entwicklung von Krebs spielt, an welcher Stelle und in welcher Art er oder sie aktiv werden kann, um eine Krebserkrankung zu vermeiden. Ich hoffe, Sie stimmen mir inzwischen zu, daß wir es uns nicht länger leisten können, Krebs als ein Phänomen zu sehen, das uns aus heiterem Himmel überfällt, wie Malaria oder Pocken das vielleicht tun – durch Ansteckung mit einem einzigen kleinen Krankheitserreger. Krebs ist eng mit der Lebensweise von Menschen verbunden. Es steht jedem Menschen frei, sich zu entscheiden, ob und wie er oder sie raucht, liebt, ißt, trinkt oder sich sonst verhält. Ich hoffe aber, es ist klargeworden, daß der einzelne sich durch die Art seiner Entscheidungen und durch die Art, sie umzusetzen, bestimmt, ob er riskiert, an Krebs zu erkranken oder nicht. Ich hoffe auch, daß Sie diese Kenntnisse mit Erfolg anwenden, daß das, was Sie gelesen haben, Sie ermutigt, ab jetzt auf Ihre Gewohnheiten, auf Ihr Denken und auf Ihre Art, an Probleme heranzugehen, zu achten. Ich bin fest davon überzeugt, daß besser informierte Menschen ihr Krebsrisiko deutlich senken können. Wenn wir außerdem weiterdenken und Maßnahmen ergreifen, um unsere Kinder und Jugendlichen durch Aufklärung zu schützen, dann könnten wir anfangen, auf den Tag zu hoffen, an dem Krebs wieder eine seltene Krankheit wäre.

Ich hoffe auch, daß diese Darstellung dessen, was moderne Psychologie, Psychiatrie und benachbarte Disziplinen wie Psychoneuroimmunologie erreichen können, Menschen ermutigt, mehr Gebrauch von vorliegenden Gutachten zu machen. Krebs ist eine große gesundheitliche Gefahr, und ich meine, daß Fachleute für mentale Gesundheit viel stärker an der Vorbeugung und Behandlung beteiligt werden sollten, als das gegenwärtig geschieht. Außerdem sollten wir als Gesellschaft versuchen, unsere Vorurteile gegenüber psychologischer Hilfe zu überwinden. Nicht nur in dem Sinn, daß wir das Stigma beseitigen, das einer psychiatrischen oder psychologischen Behandlung immer noch anhaftet, sondern in dem tieferen Sinn, daß wir uns mehr mit uns selbst und unserem mentalen Zustand beschäftigen. Auf lange Sicht können dadurch Leben gerettet werden.

Anmerkungen

Diese Anmerkungen sollen dem Leser eine Vorstellung davon geben, wie ich jedes einzelne Kapitel aufgebaut habe und welchen Hinweisen ich im besonderen nachgegangen bin. Die vorgefundene Literatur hat sich meistens als sehr fachspezifisch erwiesen, aber gleichzeitig habe ich versucht, allgemeinverständliche Lesevorschläge zu machen, so daß auch der interessierte Laie eine Meinung zu diesem Thema entwickeln kann.

Eine große Anzahl von Büchern, die in das Gebiet der Krebserkrankung und ihre Behandlung einführen, sind seit geraumer Zeit auch für Laien erhältlich.* Ich fand in dieser Beziehung Bodley Scott (1981) und Rosenbaum (1983) empfehlenswert, aber es gibt daneben eine Menge vergleichbarer Literatur. Auch bin ich der Ansicht, daß der Laie die Fachliteratur nicht völlig ignorieren sollte; vielfach hilft ein medizinisches Lexikon, das Wesentliche zu verstehen. Wer sich vom medizinischen Jargon nicht beeindrucken läßt, wird überrascht sein, wieviel davon doch verständlich ist.

Einführung

Die besten Zusammenfassungen seit über dreißig Jahren zur Bedeutung der psychologischen oder emotionalen Faktoren in der medizinischen Geschichte von Krebs sind die von Le Shan (1959) und Kowal (1955). Le Shan ist leicht verständlich und hat einige faszinierende Zitate von früheren Autoren aufgenommen. Besonders interessierte Leser sollten bei Gendron (1701) und Burrows (1783) nachschauen. Zugleich liefern die beiden Rückblicke ein genaues Bild zur Entwicklung des Denkens über die Krankheit Krebs seit den Anfängen unseres Jahrhunderts.

Kapitel 1

Einen interessanten Einblick, wie sich das Verhalten von Ärzten und anderem Fachpersonal zu ihren Krebspatienten in den vergangenen

* Durch fehlende Übersetzungen trifft dies für deutsche Leser nur sehr bedingt zu. (Anm. d. Red.)

Jahren verändert hat, bieten die Dokumentationen von Oken (1961) und Novack u. a. (1979).

Bei der Beschreibung und Definition von Tumoren und Geschwüren habe ich mich auf Morehead (1965) und Walter und Israel (1979) verlassen. Trotz seines Umfangs und seines komplexen Inhalts ist das neuere Buch nicht schwer zu lesen. Die neuesten wissenschaftlichen Erkenntnisse zur Veränderung des Zellgewebes bei einer bösartigen Erkrankung sind zu verfolgen bei Alberts (1983), Berkman und Syme (1979), Berridge (1985), Land, Pavada und Weinberg (1983), Logan und Cairns (1982), Robertson (1983 a,b), Tabin u. a. (1982) und Weinberg (1983). Dieses Gebiet steht offensichtlich im Kreuzfeuer der Krebsforschung, es ist vielleicht das kontroverseste überhaupt. Ich selber habe versucht, eine Stellungnahme zu finden, die auf eine breite Zustimmung stoßen könnte.

Für den Bereich der Ursachenforschung von Krebs beziehe ich mich auf die folgenden Autoren: Barker (1984), Barker und Rose (1976), Bodley Scott (1981), Doll (1972), Doll und Peto (1981), Duff und Hollingshead (1968), Fraumeni (1975), Harnden (1983), Kelley (1983), Lips u. a. (1982), Osmond u. a. (1983), Rather (1978), Rubens und Knight (1980) und Whelan (1980).

Polakoff und Rosenbaum (1983) liefern dem Laien einen Führer durch das Gebiet der umweltbedingten und beruflichen Risiken einer Krebserkrankung.

Ich möchte auch Lektürehinweise geben, die zu den einzelnen Krebserkrankungen, welche in diesem Buch vorkommen, weitere wichtige und bewährte Informationen vermitteln. Folgende Auswahl habe ich zusammengestellt: Ames (1983), Beresford (1983), Blot u. a. (1983), Hill u. a. (1983), Keller (1983), Klauber (1978), Liddell (1973), McIntyre (1979), Najem und Molteni (1983), Palmer und Scott (1981), Reif (1983), Stemhagen u. a. (1983), Stocks und Davies (1960), Swerdlow (1983), Taylor (1984) und Wilkins, Reiches und Kruse (1979).

Die meisten Grundlagenlehrbücher der Medizin und der Psychophysiologie enthalten Informationen über Struktur und Funktion des zentralen Nervensystems, des endokrinen Systems und des Immunsystems. Detaillierte Beschreibungen über die Abhängigkeitsverhältnisse der wichtigsten menschlichen Kontroll- und Regulationssysteme sind schwer zugänglich und gewöhnlich sehr fachspezifisch gehalten. Ein ausgezeichnetes Werk zu diesem Gebiet mit ausdrücklicher Betonung auf die Form der Interaktion dieser drei Systeme ist das von Ader (1981). Aber auch die folgenden Bücher sind zu beachten: Ader (1980, 1983 a,b), Antonovsky (1980), Bartrop (1979), Bovbjerg, Cohen und Ader (1982), Cassel (1976), Engel (1977), Fabris und Garaci (1983), Mason (1976), Jemmott und Locke (1984), Macek (1982), Stoll (1979) und Tonegawa (1985). Ein ausgezeichneter und unentbehrlicher Bericht, welcher die neuesten Erkenntnisse der Abhängigkeit psychosozialer Faktoren vom Immunsystem beschreibt, ist die Arbeit von Jemmott und Locke.

In jüngster Zeit richtete sich das Interesse auch auf die Bedeutung der Peptide im Versorgungssystem innerhalb des Dreier-Systems. Psychologen und Psychiater haben sich verständlicherweise auf die Gehirnpeptide konzentriert, aber man kann davon ausgehen, daß lokale Peptide ähnliche Funktionen im gesamten Körper haben. Um einen Einblick in diesen Forschungszweig zu bekommen siehe Bloom und Polak (1981), Gregory (1982), Katzenellenbogen (1980), Krieger (1983), Polak und Bloom (1982), Polak und Van Noorden (1983) und Snyder (1984).

Kapitel 2

Bislang gibt es auf diesem Gebiet für den Laien noch keine adäquate Zusammenfassung, außer Cooper (1982), Locke (1983) und Murray (1980), die diese Lücke auszufüllen beginnen. Der Artikel von Locke ist auch für den Laien lesbar.

Um dieses Kapitel zu schreiben, benutzte ich wissenschaftliche Berichte, die nur auf sehr weit verstreuten Gebieten zu finden waren. Als nützlich haben sich folgende Autoren erwiesen: Achte und Pakaslahti (1981), Apfel (1982), Bahnson (1981), Bahnson und Bahnson (1969), Crisp (1970), Goldberg und Tull (1983), Holland (1981 a,b), Holland und Frei (1978), Jacobs und Charles (1980), Klein (1971), Krasnoff (1959), Lermer (1982), Levine, Silberfarb und Lipowski (1978), McKegney (1979), Miller, Ross und Cohen (1982), Miller und Spratt (1979), Morris u. a. (1981), Moss (1973), Plumb und Holland (1977), Rabkin und Struening (1976), Totmann (1979) und Trillin (1981).

Eine zusammenfassende Studie einer Untersuchung von Lungenkrebserkrankungen in Schottland ist nachzulesen bei Kissen (1963, 1967). Ähnliches dokumentieren Abse u. a. (1974). Die amerikanische Untersuchung über Gebärmutterhalskrebs wurde von Schmale und Iker (1966) festgehalten. Die Studien von Le Shan sind enthalten in Le Shan (1959, 1966, 1982). Die am Kings College Hospital durchgeführten Untersuchungen an Patientinnen mit Brustkrebs sind nachzulesen in den Artikeln von Greer und Morris (1975) und Greer, Morris und Pettigale (1979). Siehe dazu auch die Arbeit von Maguire und seinen Mitarbeitern (Maguire u. a., 1978, 1980). Der

Bericht über die individuellen Probleme von Menschen, die den Krebs besiegt haben, ist zu finden bei Leiber u. a. (1976). Greer und Silberfarb geben einen guten Einblick in den vergangenen und heutigen Forschungsstand.

Bahnbrechende Untersuchungen beschreiben die folgenden Arbeiten: Die Johns Hopkins-Studien sind in den fünf Bänden von Thomas u. a. (besonders in den Einzelbänden 4 und 5, 1976, 1982; siehe auch Thomas, Duszynski und Schaffer, 1979) enthalten. Die schwedische Untersuchung wurde aufgezeichnet von Hagnell (1966), und eine Zusammenfassung der Berkeley-Studie ist zu finden bei Holden (1978). Die Ergebnisse der jugoslawischen Untersuchung sind veröffentlicht bei Grossarth-Maticek und seinen Mitarbeitern (1983 a,b, 1985). Die Forschungen der Universitäten von Harvard und Pennsylvanien sind bislang noch unveröffentlicht, aber einige Berichte darüber wurden publiziert; siehe zum Beispiel Paffenberger u. a. (1977, 1978), Paffenberger, Kampert und Chang (1980) und Whittmore u. a. (1983, 1984). Die Kansas-Untersuchung ist nachzulesen bei Dattore, Shontz und Coyne (1980).

Eine nützliche Zusammenfassung der Untersuchungen zum Thema Krebs und Stress bei Tieren ist Riley u. a. (1981). Siehe auch Riley (1975) und Sklar und Anisman (1979, 1980).

Sinnvolle Bücher und Artikel über alternative Methoden der Krebsbehandlung habe ich gefunden bei Cade (1977), Cade und Coxhead (1979), Forbes (1984), Garner (1974), Griffin (1974), Issels (1970, 1971), Kinlen u. a. (1983), Kidman (1983), Magarey (1981, 1983), Meares (1979, 1980), Moss (1980), Simonton, Matthews-Simonton und Creighton (1982), Simonton (1983), Stefanson (1960) und Tropp (1980).

Kapitel 3

Um ein neues Modell zur Psychologie der Krebserkrankungen entwickeln zu können, habe ich mich von einer Anzahl von Autoren beeinflussen lassen. Grundlegend ließ ich mich leiten von den Möglichkeiten einer Allgemeinen Systemtheorie für Psychosomatische Medizin und von den Schriften Bertalanffys (1951, 1955, 1964, 1968), die auf der Basis dieser Theorie eine hervorragende Einführung in die Biologie und Psychologie geben. Seine Bücher haben auch den Vorteil, daß sie äußerst verständlich sind.

Die folgenden Bücher über Biologie, Psychologie, Psychiatrie und psychosomatische Medizin sind wesentlich fachspezifischer, eröffnen aber dennoch eine Vorstellung über den Forschungsstand zum Thema Krankheit in Abhängigkeit von den Faktoren Stress, Gesellschaft und Persönlichkeit: Ader (1980), Bonsdorf (1981), Changeux (1984), Creed und Pfeffer (1982), Cox (1978), Dohrenwend und Dohrenwend (1974), Dubos (1970, 1968), Fries (1980), Grenell und Gabay (1976), Hansell (1976), Hill (1976), Illich (1975), Kissen (1969), Lipowski (1977, 1984), Miller, Gallanter und Pribram (1973), Pribram (1972, 1970), Lowenthal und Haven (1968), Meerwein (1981), Meyersburg und Post (1979), Marmor (1983), Marmor und Woods (1980), Reed, McGee und Yano (1984), Schultz (1970), Schwartz und Weiss (1977), Sontag (1979), Syme (1974), Weiner (1982), Weiss u. a. (1981), Wilf u. a. (1983).

Wie auch immer wir die Wirkungen von Persönlichkeit, Stress oder Emotionalität, die vom Individuum ausgehen, definieren können, so ist doch gewiß, daß diese in einem Zusammenhang mit dem zentralen Nervensystem, dem endokrinen System und dem Immunsystem stehen. Ich habe versucht zu zeigen, wie diese drei Systeme mit der Entwicklung des menschlichen Verhaltens und der Krankheit Krebs in Beziehung zu setzen sind. Auf folgende Artikel habe ich mich dabei bezogen: Besedovsky u. a. (1979), Bieliauskas und Garron (1982), Cunningham (1981), Fox (1981), Jemmott und Locke (1984), Leibowitz und Hughes (1983), Maclean und Reichlin (1981), Minter und Kimball (1978), Murray Parkes, Benjamin und Fitzgerald (1969), Rogers, Dubey und Reich (1979), Sklar und Anisman (1981), Visintainer, Seligman und Volpicelli (1983) und Stein (1983).

Die Arbeiten über natürliche Zellzerstörungen sind bei Locke u. a. (1984) und Heisel u. a. (1985) dokumentiert. Die Studien der Columbus-Universität von Ohio sind beschrieben in dem Buch von Kiecolt-Glaser (1984a,b).

Ader und seine Mitarbeiter haben wohl das wichtigste Werk über die Beeinflussung des Immunsystems durch das zentrale Nervensystem verfaßt; im einzelnen siehe Ader (1983a,b), Ader, Cohen und Bovbjerg (1983) und Bovbjerg, Ader und Cohen (1982). Die entscheidende Bedeutung der Beziehungsstruktur in der Entwicklung und Regulation der drei Systeme ist genau und ausführlich in folgenden Arbeiten nachzulesen: Bartrop u. a. (1977), Butler, Suskind und Schanberg (1978), Cobb (1976), Hofer u. a. (1972), Hofer (1984), Schleifer u. a. (1983) und Vernikos-Danellis und Winget (1979). Weitergehende Arbeiten, die die Wichtigkeit dieser Beziehungsstruktur im Hinblick auf Verhaltensweisen und andere menschliche Funktionen analysieren, sind Argyle (1975), Davis (1971), Eibl-Eibesfeldt (1970), Morris (1982) und Scheflen (1976).

Die meisten von diesen Büchern sind leicht verständlich und zeigen, in welch feinsinniger Weise menschliche Interaktion körperliche Aktivitäten ausgestaltet.

Kapitel 4

Bei der Vorbereitung dieses Kapitels fand ich folgende wertvolle Arbeiten, die ich hier entsprechend den einzelnen Krebsarten aufliste:

Bei Lungenkrebs: Abse u. a. (1974); Blohmke, Engelhardt und Stelzer (1984), Cornea u. a. (1983), Eysenck (1980), Grossarth-Maticek u. a. (1983 a,b, 1985), Grossarth-Maticek, Jancovic und Vetter (1982), Kissen (1963, 1967, 1969), Lebovitz, Ostfeld und Moses (1972), Schmidt (1984), Thornton (1978), Wald u. a. (1980, 1983) und Wynder und Hecht (1976).

Bei Krebs des Verdauungstraktes: Burkitt (1971), Cotton (1981), Cummings (1978), Ellis (1983), Haenszel u. a. (1972), Harries, Baird und Rhodes (1982), Hirayama (1967), Holdstock u. a. (1984), Joossens und Geboers (1981, 1983), Ketikangas-Jarvinen und Loven (1983), Logan u. a. (1983, 1984), Lovett (1976), Macrae u. a. (1984), Merliss (1971), Mcdermott u. a. (1980), Riddell und Levin (1983), Sato u. a. (1959), Sherlock 1982, Stubbs (1983) und Whitehead und Bosmajian (1982).

Bei Brustkrebs: Anderson (1974), Baider und Sarell (1983), Barltrop und Kalache (1984), Bonadonna (1984), Becker (1979), Engelman und Craddick (1984), Faulder (1982), Fisher Redmond und Fisher (1980), Gorzynski u. a. (1980), Helmrich u. a. (1983), Jansen und Muenz (1984), Klein (1971), Magarey, Todd und Blizard (1977), Marshall und Funch (1983), Masters und Johnson (1966), Morris u. a. (1980), Morris und Greer (1982), Paffenberger, Kampert und Chang (1980), Renneker (1963), Reznikoff (1955), Roberts (1984), Seely und Horrobun (1983), Todd und Magarey (1978), Waaler und Lund (1983) und Wirshing u. a. (1981, 1982).

Bei Krebs des Fortpflanzungssystems: Asine, Shambaugh und Heise (1978), Cummings u. a. (1983), Garnick, Mayer und Richie (1980), Golden (1983), Hulka (1982), Kessler (1979, 1981), Lambert, Morisset und Bielmann (1980), Robinson (1985), Schottenfeld u. a. (1980) und Schottenfeld und Fraumeni (1982).

Bei Hautkrebs: Elwood u. a. (1984), Lee (1982), Lee und Strickland (1980), Mackie (1983), Mackie und Aitchison (1982) und Swerlow (1979).

Kapitel 5
Noch sehr wenig wurde bislang über die allgemeine Krebsvorsorge geschrieben. Rosenbaum (1983) und Whelan (1980) haben auf diesem Gebiet für den Laien nützliche Einführungen verfaßt.

Ich selber benutzte für dieses Kapitel folgende Literatur: Berkman und Syme (1979), Caplan (1974, 1981), Caplan und Killilea (1976), Coelho, Hamburg und Adams (1974), Frey (1984), Kaplan, Cassel und Gore (1977), Pearlin u. a. (1981), Revenson, Wollman und Felton (1983), Williams, Ware und Donald (1981) und Wortman und Lehman (1984).

Kapitel 6
Die folgenden allgemein einführenden Werke wurden von mir für die Zusammenstellung dieses Kapitels verwendet:

Baider und Sarell (1984), Brunquell und Hall (1984), Craig und Abeloff (1974), Eiser (1982), Falke und Taylor (1983), Foerster (1984), Goldberg (1983), Gordon (1980), Holland (1981 a,b), Holland und Mastrovito (1980), Holland und Rowland (1981), Honsalek (1983), Israel (1981), Langer, Janis und Wolfer (1975), Lipowski (1983 a,b), Louhivouri und Hakama (1979), Magni u. a. (1983), Maguire (1983), Massie, Holland und Glass (1983), Plumb und Holland (1977), Schmal u. a. (1983), Sellschop, Ludeke und Haertel (1981), Silberfarb (1982), Silberfarb und Greer (1982), Silberfarb, Maurer und Crouthamel (1980), Silberfarb, Philibert und Levine (1980), Silberfarb und Levine (1980), Sobel und Worden (1981), Wanlass und Prinz (1982), Wilson-Barnett (1984), Wirsching und Wirsching (1980), Worden und Weisman (1980) und Zimmermann, Drings und Wagner (1984).

Nützliche Hinweise, wie Frauen den Brustkrebs besiegt haben, finden sich bei: Baider und Edelstein (1981), Bloom (1982), Christensen u. a. (1982), Dean, Chetty und Forrest (1983), Derogatis, Abeloff und Melisaratos (1979), Downing und Windsor (1984), Ellisch, Jamison und Pasnau (1978), Engelman und Craddick (1984), Funch und Marshall (1983, 1984), Funch Mettler (1982), Golden (1983), Hertoft (1983), Hughes (1982), Jamison, Ellisch und Pasnau (1978), Maguire u. a. (1982), Maguire (1980 a,b), Messerli, Garamendi und Ramono (1980), Morris, Greer und White (1977), Sachs u. a. (1981), Schwartz (1988), Silberfarb (1978), Spiegel (1979), Spiegel u. a. (1981), Spiegel und Bloom (1983 a,b) und Wellisch, Jamison und Pasnau (1978).

Bei Krebs des Verdauungstraktes und seiner Heilung sind folgende Hinweise brauchbar: Devlin, Plant und Griffen (1971)

Keltikangas-Jarvinen, Loven und Moller (1984), Kuchenhoff u. a. (1981), Stodil (1983), Thomas, Madden und Jehu (1984) und Wirsching, Drurier und Hermann (1975).

Bei Gebärmutterhalskrebs geben Moth (1983) und Bertelsen (1983) nützliche Ratschläge.

Zur Wirksamkeit von Krebsbehandlungen siehe Allen (1978), Altamier, Ross und Moore (1982), Berg (1983 a,b), Bernstein (1978), Burish und Lyles (1981), Cotanch (1983), Forester, Kornfeld und Fleiss (1978), Katz, Kellerman und Siegel (1980), Maguire u. a. (1980), Meadows und Evans (1976), Meyerowitz, Watkins und Sparks (1983), Nerenz, Leventhal und Love (1982), Nesser u. a. (1980), Palmer u. a. (1980), Peck und Boland (1977), Redd und Andrykowski (1982), Silberfarb (1983), Silberfarb u. a. (1983), Weddington, Miller und Sweet (1984).

Bibliographie

ABSE, D. W., u. a. (1974): Personality and behavioural characteristics of lung cancer patients. *Journal of Psychosomatic Research*, 18, S. 101–113.

ACHTE, K., PAKASLAHTI, A. (Hg.) (1981): Psychosomatic factors in chronic illness. *Psychiatria Fennica Supplementum* Proceedings of the symposium sponsored by the Gyllenberg Foundation, Espoo, Finland, December 1980.

ADER, R. (1980): Psychosomatic and psychoimmunological research. *Psychosomatic Medicine*, 42, S. 307–321.

ADER, R. (Hg.) (1981): *Psychoneuroimmunology*. New York, Academic Press.

ADER, R. (1983 a): Behavioural conditioning and immunity. In: N. Fabris, E. Garaci, u. a. (Hg.): *Immuno Regulation* New York, Colin Plenum Publishing Corp.

ADER, R. (1983 b): Developmental psychoneuroimmunology. *Developmental Psychology and Biologie*, 16, S. 251–257.

ADER, R., COHEN, N., BOVBJERG, D. (1983): Immuno-regulation by behavioural conditioning. *Trends in Pharmacological Sciences*, 4, S. 78–80.

ALBERTS, B., u. a. (1983): *Molecular Biology of the Cell*. Garland.

ALLEN, J. O. (1978): The effects of cancer therapy on the nervous system. *Journal of Pediatrics*, 93, S. 903–909.

ALTAMIER, E. M., ROSS, W. E., MOORE, K. (1982): A pilot investigation of the psychological functioning of patients with anticipatory vomiting. *Cancer*, 49, S. 210–214.

AMES, R. G. (1983): Gastric cancer and coal mine dust exposure. *Cancer*, 52, S. 1346–1350.

ANDERSON, D. E. (1974): Genetic study of breast cancer: Identification of a high risk group. *Cancer*, 34, S. 1090–1097.

ANTONOVSKY, A. (1980): *Health, stress and coping*. San Francisco, Jossey-Bass.

APFEL, R. J. (1982): How are women sicker than men? *Psychotherapy and Psychosomatics*, 37, S. 106–118.

ASINE, A. J., SHAMBAUGH, E. M., HERSE, H. W. (1978): Survival for individuals with cancers of the genital organs. *U. S. Dept of Health, Education and Welfare*, S. 78–1543.

Argyle, M. (1975): *Bodily Communication*. London, Methuen.
Bahnson, C. B. (1981): An historical family systems approach to coronary heart disease and cancer. In: K. E. Schaeffer, u. a. (Hg.): *A new image of man in medicine*. New York, Futura.
Bahnson, C. B., Bahnson, M. B. (1969): Ego defences in cancer patients. *Annals of the New Academy of Science*, 164, S. 546–559.
Baider, L., Edelstein, E. L. (1981): Coping mechanisms of post mastectomy women. A group experience. *Israel Journal of Medical Sciences*, 17, S. 988–992.
Baider, L., Sarell, M. (1983): Perceptions and causal attributions of Israeli women with breast cancer concerning their illness, the effects of ethnicity and religiosity. *Psychotherapy and Psychosomatics*, 39, S. 136–143.
Baider, L., Sarell, M. (1984): Couples in crisis: patient-spouse differences in perception of interaction patterns and the illness situation. *Family Therapy*, 2, S. 112–115.
Barker, D. J. P. (1984): Time trends in cancer mortality in England and Wales. *British Medical Journal*, 288, S. 1325–1326.
Barker, D. J. P., Rose, G. (1976): *Epidemiology in Medical Practice*. London, Churchill Livingstone.
Barltrop, K., Kalache, A. (1984): *Psychosocial aspects of breast cancer: an overview*. Universität Oxford, unveröffentlichtes Manuskript.
Bartrop, R. W. (1979): The influence of the psyche and the brain on immunity and disease susceptibility. *Psychosomatic Medicine*, 41, S. 147–164.
Bartrop, R. W., u. a. (1977): Depressed lymphocyte function after bereavement. *Lancet*, 16 April, S. 834–836.
Becker, H. (1979): Psychodynamic aspects of breast cancer. Differences in younger and older patients. *Psychotherapy and Psychosomatics*, 32, S. 287–296.
Beresford, S. A. A. (1983): Cancer incidence and re-use of drinking water. *American Journal od Epidemiology*, 117, S. 258–268.
Berg, R. A., u. a. (1983 a): Neuropsychological sequelae of postradiation somnolence syndrome. *Developmental and Behavioural Paediatrics*, 4, S. 103–107.
Berg, R. A., u. a. (1983 b): The neuropsychological effects of acute lymphocytic leukaemia and its treatment – a 3-year report: intellectual functioning and academic achievement. *Clinical Neuropsychology*, 5, S. 9–13.

Berkman, L. F., Syme, S. L. (1979): Social networks, host resistance and mortality: a 9-year fellow-up study of Alameda County residents. *American Journal of Epidemiology*, 109, S. 186–204.
Bernstein, I. L. (1978): Taste aversions in children receiving chemotherapy. *Science*, 200, S. 1302–1303.
Bertelsen, K. (1983): Sexual dysfunction after treatment of cervical cancer. *Danish Medical Bulletin*, 50, S. 31–34.
Besedovsky, H., u. a. (1979): Immunoregulation mediated by the sympathetic nervous system. *Cellular Immunology*, 48, S. 346–355.
Berridge, M. J. (1985): The molecular basis of communication within the cell. *Scientific American*, 253, S. 124–135.
Bertalanffy, L. von (1951): *Theoretische Biologie*, Bern, Francke.
Bertalanffy, L. von (1955): An essay on the relativity of categories. *Philosophy of Science*, 22, S. 243–262.
Bertalanffy, L. von (1964): The mind-body problem: a new view. *Psychosomatic Medicine*, 26, S. 29–45.
Bertalanffy, L. von (1968): *Organismic psychology and systems theory*. Barre, Barre Publishing.
Bieliauskas, L. A., Garron, D. C. (1982): Psychological depression and cancer. *General Hospital Psychiatry*, 4, S. 187–195.
Blohmke, M., Engelhardt, V. B., Stelzer, O. (1984): Psychosocial factors and smoking as risk factors in lung carcinoma. *Journal of Psychosomatic Research*, 28, S. 221–229.
Bloom, J. R. (1982): Social support, accommodation to stress and adjustment to breast cancer. *Social Science and Medicine*, 16, S. 91–98.
Bloom, S., Polak, J. M. (1981): *Gut hormones*. Edinburgh, Churchill Livingstone.
Blot, W. J., u. a. (1983): Lung cancer among long-term steel workers. *American Journal of Epidemiology*, 177, S. 706–716.
Bodley Scott, R. (1981): *Cancer*. Oxford, Oxford University Press.
Bonadonna, G. (Hg.) (1984): *Breast cancer: diagnosis and management*. New York, Wiley.
Bonsdorff, J. von, u. a. (1981): Somatic desearses in mental health patients. In: K. Achte, A. Pakroslahti (1981): S. 189–194.
Bovbjerg, D., Ader, R., Cohen, N. (1982): Behaviourally conditioned suppression of a graft-versus-host response. *Pro-*

ceedings of the National Academy of Science, 79, S. 583–585.

BOVBJERG, D., COHEN, N., ADER, R. (1982): The central nervous system and learning: a strategy for immune regulation. *Immunology Today*, 3, S. 287–291.

BRUNNQUELL, D., HALL, M. D. (1984): Issues in the psychological care of pediatric oncology patients. In: S. Chers, A. Thomas (Hg.): *Annual progress in child psychiatry and child development*. New York, Brunner/Mazel.

BURISH, T. G., LYLES, J. N. (1981): Effectiveness of relaxation training in reducing adverse reactions to cancer chemotherapy. *Journal of Behavioural Medicine*, 4, S. 65–78.

BURKITT, D. P. (1971): Epidemiology of cancer of the colon and rectum. *Cancer*, 28, S. 3.

BURROWS, J. (1983): *A Practical essay on cancer*. London.

BUTLER, S. R., SUSKIND, M. R., SCHAUBERG, S. (1978): Maternal behaviour as a regulator of polyamic biosynthesis in brain and heart of the developing rat pup. *Science*, 199, S. 445–447.

CADE, C. M. (1977): Biometric research into the healing process and the brain rhythms of healers. *Sixth annual conference of health and healing*, Wrekin Trust Lecture Nr. 69. Wrekin Trust, Little Birch, Hereford.

CADE, C. M., COXHEAD, N. (1979): *The awakened mind*. New York, Declacorte.

CAPLAN, G. (1974): *Support systems and community mental health*. New York, Behavioural Publications.

CAPLAN, G. (1981): Mastery of stress: psychosocial aspects. *American Journal of Psychiatry*, 138, S. 413–420.

CAPLAN, G., KILLILEA, M. (Hg.) (1976): *Support systems and mutual help*. New York, Grune and Stratton.

CASSEL, J. (1976): The contribution of the social environment to host resistance. *American Journal of Epidemiology*, 104, S. 107–123.

CHANGEAUX, J.-P. (1984): *Der neuronale Mensch. Wie die Seele funktioniert: die Entdeckungen der neuen Gehirnforschung*. Reinbek, Rowohlt.

CHRISTENSEN, K., u. a. (1982): Phantom breast syndrome in young women after mastectomy for breast cancer. *Acta. Chir. Scand.*, 148, S. 351–354.

COBB, S. (1976): Social support as a moderator of stress. *Psychosomatic Medicine*, 38, S. 300–314.

COELHO, G. V., HAMBURG, D. A., ADAMS, J. E. (1974): *Coping and adaptation*. New York, Basic Books.
COTANCH, P. (1983): Relaxation training for control of nausea and vomiting in patients receiving chemotherapy. *Cancer Nursing*, August, S. 277–283.
COOPER, C. L. (1982): Psychosocial stress and cancer. *Bulletin of the British Psychological Society*, 35, S. 456–459.
CORNEA, R., u. a. (1983): Passive smoking and lung cancer. *Lancet*, S. 595–597.
COTTON, P. B. (Hg.) (1981): *Early Gastric Cancer*. London, Smith, Kline and French.
COX, T. (1978): *Stress*. London, Macmillan.
CRAIG, T. J., ABELOFF, M. D. (1974): Psychiatric symptomotology among hospitalized cancer patients. *American Journal of Psychiatry*, 131, S. 1323–1327.
CREED, F., PFEFFER, J. M. (Hg.) (1982): *Medicine and psychiatry: a practical approach*. London, Pitman.
CRISP, A. H. (1970): Some psychosomatic aspects of neoplasia. *British Journal of Medical Psychology*, 43, S. 313–331.
CUMMINGS, J. K. (1978): Dietary factors in the aetiology of gastrointestinal cancer. *Journal of Human Nutrition*, 32, S. 455–465.
CUMMINGS, K. M., u. a. (1983): What young men know about testicular cancer. *Preventive Medicine*, 12, S. 326–330.
CUNNINGHAM, A. J. (1981): Mind, body and immune response. In: Ader (1981).
DATTON, P. J., SHONTZ, F. C., COYNE, L. (1980): Premorbid personality differentiation of cancer and noncancer groups. *Journal of Consulting and Clinical Psychology*, 48, S. 388–394.
DAVIS, F. (1971): *Inside Intuition*. New York, McGraw Hill.
DEAN, C., CHETTY, U., FORREST, A. P. (1983): Effects of immediate breast reconstruction on psychological morbidity after mastectomy. *Lancet*, 1, S. 459–462.
DEROGATIS, L. R., ABELOFF, M. D., MELISARATOS, N. (1979): Psychological coping mechanisms and survival time in metastatic breast cancer. *Journal of the American Medical Association*, 242, S. 1504–1508.
DEVLIN, B., PLANT, J. A., GRIFFEN, M. (1971): Aftermath of surgery for amorectal cancer. *British Medical Journal*, 3, S. 413–418.
DOHRENWEND, B. S. (Hg.) (1974): *Stressful life events: their nature and effects*. New York, Wiley.

DOLL, R. (1972): Cancer in five continents. *Proceedings of the Royal Society of Medicine*, 65, S. 49.
DOLL, R., PETO, R. (1981): *The cause of cancer*. Oxford, Oxford University Press.
DOWNING, R., WINDSOR, C. W. O. (1984): Disturbance of sensation after mastectomy. *British Medical Journal*, 1650, S. 2884.
DUBOS, R. (1970): *Mikroben, Gene, Vitamine*. Reinbek, Rowohlt.
DUBOS, R. (1968): *Man, medicine and environment*. New York, The New American Library.
DUFF, R. S., HOLLINGSHEARD, A. B. (1968): *Sickness and Society*. New York, Harper and Row.
EIBL-EIBESFELDT, I. (1970): *Liebe und Haß. Zur Naturgeschichte elementarer Verhaltensweisen*. München, Piper.
EISER, J. R. (Hg.) (1982): *Social psychology and behavioural medicine*. New York, Wiley.
ELLIS, H. (1983): Recurrent cancer of the large bowel. *British Medical Journal*, 287, S. 1741–1742.
ELLISCH, D. K., JAMISON, K. R., PASNAU, R. O. (1978): Psychosocial aspects of mastectomy. 2. The man's perspective. *American Journal of Psychiatry*, 135, S. 543–546.
ELWOOD, J. M., u. a. (1984): Pigmentation and skin reaction to sun as risk factors for cutaneous melanoma: Western Canada melanoma study. *British Medical Journal*, 288, S. 99–102.
ENGEL, G. L. (1977): The need for a new medical model: a challange for biomedicine. *Science*, 196, S. 129–36.
ENGELMAN, S., CRADDICK, R. (1984): The symbolic relationship of breast cancer patients to their cancer, cure, physician and themselves. *Psychotherapy and Psychosomatic*, 41, S. 68–76.
EYSENCK, H. J. (1980): *The causes and effects of smoking*. London, Maurice Temple Smith.
FABRIS, N., GARACI, E., u. a. (1983): *Immuno regulation*, New York, Plenum.
FALKE, R. L., TAYLOR, S. E. (1983): Support groups for cancer patients. *UCLA Cancer Centre Bulletin*, Fall, S. 13–15.
FAULDER, C. (1982): *Breast Cancer*. London, Virago.
FERLIC, M., GOLDMAN, A., KENNEDY, B. J. (1979): Group counselling in adult patients with advanced cancer. *Cancer*, 43, S. 760–763
FISHER, B., REDMOND, C., FISHER, E. R. (1980): The contribution of recent NSABP clinical trials of primary breast cancer therapy to an understanding of tumor biology. An overview of findings. *Cancer*, 46, S. 1009.

FOERSTER, K. (1984): Supportive psychotherapy combined with autogenous training in acute leukaemic patients under isolation therapy. *Psychotherapy and Psychosomatics*, 41, S. 100–105.
FORESTER, B. M., KORNFELD, D. S., FLEISS, J. (1978): Psychiatric aspects of radiotherapy. *American Journal of Psychiatry*, 135, S. 960–963.
FORBES, A. (1984): *Cancer and its non-toxic treatment*, Bristol, Cancer Help Centre.
FOX, B. H. (1981): Psychosocial factors and the immune system in human cancer. In: Ader (1981).
FRAUMENI, J. F. (Hg.) (1975): *Persons at high risk of cancer*. New York, Academic Press.
FREY, J. (1984): A family/systems approach to illness – maintaining behaviours in chronically ill adolescents. *Family Process*, 23, S. 251–260.
FRIES, J. F. (1980): Aging, natural death and the compression of morbidity. *New England Journal of Medicine*, July, S. 130–135.
FUNCH, D. P., MARSHALL, J. (1983): The role of stress, social effort and age in survival from breast cancer. *Journal of Psychosomatic Research*, 27, S. 77–84.
FUNCH, D. P., MARSHALL, J. R. (1984): Self reliance as a modifier of the effects of life stress and social support. *Journal of Psychosomatic Research*, 28, S. 9–16.
FUNCH, D. P., METTLER, C. (1982): The role of support in relation to recovery from breast cancer. *Social Science and Medicine*, 16, S. 91–98.
GARNER, J. (1974): Spontaneous regressions: scientific documentation as a basis for the declaration of miracles. *Canadian Medical Association Journal*, 111, S. 1254.
GARNICK, M. B., u. a. (1980): Testicular self-examination. *New England Journal of Medicine*, 302, S. 297.
GENDRON, D. (1701): *Enquiries into the nature, knowledge and cure of cancers*. London.
GOLDBERG, R. J. (1983): Systematic understanding of cancer patients who refuse treatment. *Psychotherapy and Psychosomatics*, 39, S. 180–189.
GOLDBERG, R., TULL, R. (1983): *The psychosocial dimension of cancer*. New York, The Free Press.
GOLDEN, M. (1983): Female sexuality and crisis of mastectomy. *Danish Medical Bulletin*, 50, S. 13–16.

GOLDEN, J. S. (1983): Sex and cancer. *Danish Medical Bulletin*, 30, S. 4–6.
GORDON, W. A., u. a. (1980): Efficacy of psychosocial intervention with cancer patients. *Journal of Consulting and Clinical Psychology*, 48, S. 743–759.
GORZYNSKI, J. G., u. a. (1980): Stability of ego defences and endocrine responses in women prior to breast biopsy and 10 years later. *Psychosomatic Medicine*, 42, S. 323–328.
GREER, S., MORRIS, T. (1975): Psychological attributes of women who develop breast cancer: a controlled study. *Journal of Psychosomatic Research*, 19, S. 147–153.
GREER, S., u. a. (1979): Psychological response to breast cancer: effect on outcome. *Lancet*, 13 October, S. 785–787.
GREER, S., SILBERFARB, P. M. (1982): Psychological concomitants of cancer: current state of research. *Psychological Medicine*, 12, S. 563–573.
GREGORY, R. A. (1982): Regulatory peptides of gut and brain. *British Medical Bulletin*, 38, S. 219–313.
GRENELL, R. G., GABAY, S. (1976): *Biological foundations of psychiatry*. New York, Raven.
GRIFFIN, G. E. (1974): *World without cancer*. Westlake, American Media.
GROSSARTH-MATICEK, R., JANCOVIC, M., VETTER, H. (1982): Standard risk factors for lung cancer, cardiac infarct, apoplexy, diabetes mellitus and the changes in psychosocial context. *Psychotherapy and Psychosomatics*, 37, S. 13–21.
GROSSARTH-MATICEK, R., u. a. (1983 a): Smoking as a risk factor for lung cancer and cardiac infarct as mediated by psychosocial variables. A prospective investigation. *Psychotherapy and Psychosomatics*, 39, S. 94–105.
GROSSARTH-MATICEK, R., u. a. (1983 b): Psychosomatic factors involved in the process of cancerogenesis. Preliminary results of the Yugoslav prospective study. *Psychotherapy and Psychosomatics*, 40, S. 191–210.
GROSSARTH-MATICEK, R., BASTIAANS, J., KANAZIR, D. T. (1985): Psychosocial factors as strong predictors of mortality from cancer, ischaemic heart disease and stroke: the Yugoslav prospective study. *Journal of Psychosomatic Research*, 29, S. 167–176.
HAENSZEL, W., u. a. (1972): Stomach cancer among Japanese in Hawaii. *Journal of the National Cancer Institute*, 49, S. 969–88.
HAGNELL, O. (1966): The premorbid personality of persons who

developed cancer in a total population investigated in 1947 and 1957. *Annals of the New York Academy of Science*, 125, S. 846–855.

HANSELL, N. (1976): *The person-in-distress: on the biologic dynamics of adaptation*. New York, Behavioural Publications.

HARNDEN, D. G. (1983): Familial susceptibility to cancer. *British Medical Journal*, 286, S. 1531–1532.

HARRIES, A. D., u. a. (1982): Non-smoking: a feature of ulcerative colitis. *British Medical Journal*, 284, S. 706

HEISEL, J. S. u. a. (1985): *Correlation of MMPI scores and Natural Killer Cell Activity in healthy college students*. Unveröffentlichtes Manuskript. Verwendung mit Erlaubnis.

HELMRICH, S. P., u. a. (1983): Risk factors for breast cancer. *American Journal of Epidemiology*, 117, S. 35–45.

HERTOFT, P. (1983): To be unreserved. *Danish Medical Bulletin*, 50, 30, S. 2–3.

HILL, G. B., u. a. (1983): Trends in the incidence of cancer of the female breast and reproductive tract in Alberta, 1953–1977. *Preventive Medicine*, 12, S. 296–303.

HILL, O. W. (Hg.) (1976): *Modern trends in psychosomatic medicine*. London, Butterworth.

HIRAYAMA, T. (1967): The epidemiology of cancer of the stomach in Japan with special reference to the role of diet. In: R. J. C. Harris (Hg.): *Proceedings of the Ninth International Cancer Congress*. Berlin, Springer-Verlag.

HOFER, M. A. u. a. (1972): A psychoendocrine study of bereavement. *Psychosomatic Medicine*, 34, S. 481–507.

HOFER, M. A. (1984): Relationships as regulators: a psychobiologic perspective on bereavement. *Psychosomatic Medicine*, 46, S. 183–197.

HOLDEN, C. (1978): Cancer and the mind. How are they connected? *Science*, 200, S. 1363–1369.

HOLDSTOCK, G., u. a. (1984): Should patients with inflammatory bowel disease smoke? *British Medical Journal*, 288, S. 362.

HOLLAND, J. F. (1981 a): Patients who seek unproven cancer remedies: a psychological perspective. *Clinical Bulletin*, 11, S. 102–105.

HOLLAND, J. C. (1981 b): Stress and coping: families and terminal illness. *Stress and Coping*, Philadelphia Smith, Klein and French Laboratories, Report Nr. 2.

HOLLAND, J. C., FREI, E. (1978): *Cancer Medicine*. Philadelphia, Lea and Febiger.

HOLLAND, J. C., MASTROVITO, R. (1980): Psychologic adaptation to breast cancer. *Cancer*, 46, S. 1045–1052.

HOLLAND, J. C., ROWLAND, J. H. (1981): Psychiatric, psychosocial and behavioural interventions in the treatment of cancer. In: Weiss u. a.

HONSALEK, I. (1983): Das Behandlungsteam des Karzinom- und des Leukämiepatienten. *Praxis*, S. 44–48.

HUGHES, J. (1982): Emotional reactions to the diagnosis and treatment of early breast cancer. *Journal of Psychosomatic Research*, 26, S. 277–283.

HULKA, B. S. (1982): Risk factors for cervical cancer. *Journal of Chronic Disease*, 35, S. 3–11.

ILLICH, I. (1975): *Die Enteignung der Gesundheit.* Reinbek, Rowohlt.

ISRAEL, L. (1981): *Conquering cancer.* Harmondsworth, Penguin.

ISSELS, J. (1970): Immunotherapy in progressive metastatic cancer. *Clinical Trials Journal*, 7, S. 357–366.

ISSELS, J. (1971): On a report about the treatment of cancer at the Ringberg-Klinik. *Krebsgeschehen*, 3, S. 54–104.

JACOBS, T. J., CHARLES, E. (1980): Life events in the occurrence of cancer in children. *Psychosomatic Medicine*, 42, S. 11–24.

JAMISON, K. R., ELLISCH, D. K., PASNAU, R. O. (1978): Psychosocial aspects of mastectomy. 1. The woman's perspective. *American Journal of Psychiatry*, 135, S. 432–436.

JANSEN, M. A., MUENZ, L. R. (1984): A retrospective study of personality variables associated with fibrocystic disease and breast cancer. *Journal of Psychosomatic Research*, 28, S. 35–42.

JEMMOTT, J. B., LOCKE, S. E. (1984): Psychosocial factors, immunologic mediation and human susceptibility to infectious diseases...? *Psychological Bulletin*, 95, S. 78–108.

JOOSSENS, J. V., GEBOERS, J. (1981): Nutrition and gastric cancer. *Nutrition and Cancer*, 2, S. 250–261.

JOOSSENS, J. V., GEBOERS, J. (1983): Diet and environment in the etiology of gastric cancer. In: R. Riddell und B. Levin (Hg.): *Frontiers of gastrointestinal cancer.* New York, Elsevier.

KAPLAN, B., CASSEL, J., GORE, S. (1977): Social support and health. *Medical Care*, 15, S. 47–58.

KATZ, E. R., KELLERMAN, J., SIEGEL, S. E. (1980): Behavioural distress in children with cancer undergoing medical procedures: developmental considerations. *Journal of Consulting and Clinical Psychology*, 48, S. 356–365.

KATZENELLENBOGEN, B. (1980): Dynamics of steroid hormone receptor action. *Annual Review of Physiology*, 42, S. 17–35.
KELLER, A. Z. (1983): Selected factors in the risks of upper alimentary cancers. *Preventive Medicine*, 12, S. 541–553.
KELLEY, P. T. (1983): Families and cancer: the role of inheritance. *Can you prevent cancer?* St. Louis, C. V. Mosby.
KESSLER, I. I. (1979): On the etiology and prevention of cervical cancer – a status report *Obstetrics and Gynaecology Survey*, 34, S. 790–794.
KESSLER, I. I. (1981): Etiological concepts in cervical carcinogenesis. *Gynaecological Oncology*, 12, S. 57–524.
KELTIKANGAS-JARVINEN, L., LOVEN, E. (1983): Stability of personality dimensions related to cancer and colitis ulcerosa: a preliminary report. *Psychological Reports*, 52, S. 961–962.
KELTIKANGAS-JARVINEN, L., LOVEN, E., MOLLER, C. (1984): Psychic factors determining the long-term adaptation of colostomy and ileostomy patients. *Psychotherapy and Psychosomatics*, 41, S. 153–159.
KIDMAN, B. (1983): *A gentle way with cancer*. London, Century.
KIECOLT-GLASER, J., u. a. (1984a): Psychosocial modifiers of immunocompetence in medical students. *Psychosomatic Medicine*, 46, S. 7–14.
KIECOLT-GLASER, J., u. a. (1984b): Urinary cortisol levels, cellular immunocompetency and loneliness in psychiatric inpatients. *Psychosomatic Medicine*, 46, S. 15–23.
KINLEN, L. J., HENNON, C., SMITH, P. G. (1983): A proportionate study of cancer mortality among members of a vegetarian society. *British Journal of Cancer*, 48, S. 355–361.
KISSEN, D. M. (1963): Personality characteristics in males conducive to lung cancer. *British Journal of Medical Psychology*, 35, S. 27–36.
KISSEN, D. M. (1967): The significance of personality in lung cancer in men aged 55–64. *British Journal of Medical Psychology*, 40, S. 29–43.
KISSEN, D. M. (1969): The present status of psychosomatic cancer research. *Geriatrics*, 24, S. 1929.
KLAUBER, M. R., LYON, J. L. (1978): Gastric cancer in a coal mining region. *Cancer*, 41, S. 2355–2358.
KLEIN, R. (1971): A crisis to grow on. *Cancer*, 28, S. 1660–1665.
KOWAL, S. J. (1955): Emotions as a cause of cancer: 18th and 19th century contributions. *Psychoanalytic Review*, 42, S. 217–227.

KRASNOFF, A. (1959): Psychological variables in human cancer. *Psychosomatic Medicine*, 21, S. 291–295.
KRIEGER, D. T. (1983): Brain peptides: what, where and why. *Science*, 222, S. 975–985.
KUCHENHOFF, J. u. a. (1981): Coping with a stoma – a comparative study of patients with rectal carcinoma or inflammatory bowel diseases. *Psychotherapy and Psychosomatics*, 36, S. 98–104.
LAMBERT, B., MORISSET, R., BIELMANN, P. (1980): An etiologic survey of clinical factors in cervical intraepithelial neoplasia. *Journal of Reproductive Medicine*, 24, S. 26–31.
LAND, H., PARADA, L. F., WENIBERG, R. A. (1983): Tumorigenic conversion of primary embryo fibroblasts requires at least two co-operating oncogenes. *Nature*, 304, S. 596–602.
LANGER, E. J., JAMIS, I. L., WOLFER, J. A. (1975): Reduction of psychological stress in surgical patients, *Journal of Experimental Social Psychology*, 11, S. 155–165.
LEBOVITS, B., OSTFELD, A. M., MOSES, V. K. (1972): Cigarette smoking and personality. *Journal of Chronic Diseases*, 25, S. 581.
LEE, J. A. H. (1982): Melanoma and exposure to sunlight. *Epidemiology Review*, 4, S. 110–136.
LEE, J. A. H., STRICKLAND, D. (1980): Malignant melanoma: social status and outdoor work. *British Journal of Cancer*, 41, S. 757–763.
LEIBER, L., u. a. (1976): Communication of affection between cancer patients and their spouses. *Psychosomatic Medicine*, 38, S. 379–389.
LEIBOWITZ, S., HUGHES, R. A. C. (1983): *Immunology of the nervous system*. London, Edward Arnold.
LERNER, S. (1982): *Cancer and the psyche: medicine in self-help*. München, Causa.
LEVINE, P. M., SILBERFARB, P. M., LIPOWSKI, Z. J. (1978): Mental disorders in cancer patients: a study of 100 psychiatric referrals. *Cancer*, 42, S. 1385–1391.
LE SHAN, L. (1959): Psychological states as factors in the development of malignant disease: a critical review. *Journal of the National Cancer Institute*, 22, S. 1–18.
LE SHAN, L. (1966): An emotional life history pattern associated with neoplastic disease. *Annals of New York Academy of Science*, 125, S. 780–793.
LE SHAN, S. (1982): *Psychotherapie gegen den Krebs. Über die*

Bedeutung emotionaler Faktoren bei der Entstehung und Heilung von Krebs. Stuttgart, Klett-Cotta.

LIDDELL, F. D. K. (1973): Mortality of British coal miners in 1961. *British Journal of Industrial Medicine*, 30, S. 15–24.

LIPOWSKI, Z. J. (1977): Psychosomatic medicine in the seventies: an overview. *American Journal of Psychiatry*, 134, S. 233–244.

LIPOWSKI, Z. J. (1983 a): The need to integrate liaison psychiatry and geropsychiatry. *American Journal of Psychiatry*, 140, S. 1003–1005.

LIPOWSKI, Z. J. (1983 b): Current trends in consultation-liaison psychiatry. *Canadian Journal of Psychiatry*, 28, S. 329–338.

LIPOWSKI, Z. J. (1984): What does the word «psychosomatic» really mean? *Psychosomatic Medicine*, 46, S. 153–171.

LIPS, K. J. M., u. a. (1982): Genetic predisposition to cancer in man. *American Journal of Medicine*, 73, S. 305–307.

LOCKE, S. E. (1983): Stress, personality and cancer. In: E. H. Rosenbaum (Hg.): *Can you prevent cancer?* St Louis, C. V. Mosby.

LOCKE, S., u. a. (1984): Life change stress, psychiatric symptoms and Natural Killer Cell Activity. *Psychosomatic Medicine*, 46.

LOGAN, J., CAIRNS, J. (1982): The secrets of cancer. *Nature*, 300, S. 104–105.

LOGAN, R. F. A., u. a. (1983): Is cigarette smoking associated with Crohn's Disease? *Gut*, 24, A980.

LOGAN, R. F. A., u. a. (1984): Smoking and ulcerative colitis. *British Medical Journal*, 288, S. 751–753.

LOUHIVUORI, K. A., HAKAMA, M. (1979): Risk of suicide among cancer patients. *American Journal of Epidemiology*, 109, S. 59–65.

LOVETT, E. (1976): Family studies in cancer of the colon and rectum. *British Journal of Surgery*, 63, S. 13–18.

LOWENTHAL, M. F., HANEN, C. (1968): Interaction and adaptation; intimacy as a critical variable. *American Sociological Review*, 33, S. 20–30.

MACEK, C. (1982): Of mind and mobility: can stress and grief depress immunity. *Journal of the American Medical Association*, 248, S. 405–407.

MACKIE, R. M. (1983): The pathogenesis of cutaneous malignant melanoma. *British Medical Journal*, 287, S. 1568–1569.

MACKIE, R. M., AITCHISON, T. C. (1982): Severe sunburn and subsequent risk of primary cutaneous malignant melanoma in Scotland. *British Journal of Cancer*, 46, S. 955–960.

MACLEAN, D., REICHLIN, S. (1981): Neuroendocrinology and the immune response. In: Ader (1981).
MACRAE, F. A., u. a. (1984): Predicting colon cancer screening behaviour from health beliefs. *Preventive Medicine*, 13, S. 115–126.
MAGAREY, C. (1981): Healing and meditation in medical practice. *Medical Journal of Australia*, 1, S. 338–341.
MAGAREY, D. (1983): Holistic cancer therapy. *Journal of Psychosomatic Research*, 27, S. 181–184.
MAGAREY, C. J., TODD, P. B., BLIZARD, P. J. (1977): Psychosocial factors influencing delay and breast examination in women with symptoms of breast cancer. *Social Science and Medicine*, 11, S. 229–332.
MAGNI, G., MESSINA, C., u. a. (1983): Psychological distress in parents of children with acute lymphatic leukaemia. *Acta Psychiatr. Scand*, 68, S. 297–300.
MAGUIRE, P. (1980): The repercussions of mastectomy on the family. *International Journal of Family Psychiatry*, 1, 485–503.
MAGUIRE, P. (1983): Psychiatric problems of mutilating surgery. *Medicine*, S. 1576–1579.
MAGUIRE, G. P., u. a. (1978): Psychiatric problems in the first year after mastectomy. *British Medical Journal*, 1, S. 963–965.
MAGUIRE, P., u. a. (1980a): Psychiatric morbidity and the physical toxicity associated with adjuvant chemotherapy after mastectomy. *British Medical Journal*, 281, S. 1179–1180.
MAGUIRE, P., u. a. (1980b): Effective counselling of the psychiatric mobility associated with mastectomy. *British Medical Journal*, 281, S. 1454–1456.
MAGUIRE, P., u. a. (1982): Cost of counselling women who undergo mastectomy. *British Medical Journal*, 284, S. 1933–1935.
MARMOR, J. (1983): Systems thinking in psychiatry: some theoretical and clinical implications. *American Journal of Psychiatry*, 140, S. 833–838.
MARMOR, J., WOODS, S. M. (1980): *The interface between the psychoanalytic and behaviour therapies*. New York, Plenum.
MARSHALL, J. R., FUNCH, D. P. (1983): Social environment and breast cancer. *Cancer*, 52, S. 1546–1550.
MASON, A. S. (1976): *Hormones and the body*, Revised Ed. Harmondsworth, Penguin.
MASSIE, M. J., HOLLAND, J., GLASS, E. (1983): Delirium in terminally ill cancer patients. *American Journal of Psychiatry*, 140, S. 1048–1050.

Masters, W. H., Johnson, V. E. (1966): *Human sexual response.* Boston, Little Brown.
McDermott, F. T., u. a. (1980): Changing survival prospects in carcinoma of the rectum. *British Journal of Surgery*, 67, S. 775–780.
McIntyre, O. R. (1979): Current concepts in cancer: multiple myeloma. *New England Journal of Medicine*, 301, S. 193–196.
McKegney, F. P. (1979): Mind and cancer. *Lancet*, 31 March, S. 706–707.
Meadows, A. T., Evans, A. E. (1976): Effects of chemotherapy on the central nervous system. *Cancer*, 37, S. 1079–1085.
Meares, A. (1979): Atavistic communication by touch in psychological treatment of cancer by intensive meditation. *Journal of Holistic Health*, 4, S. 120.
Meares, A. (1980): What can a cancer patient expect from intensive meditation. *Australian Family Physician*, 9, S. 322.
Meerwein, F. (1981): *Einführung in die Psycho-Onkologie.* Bern, Huber.
Merliss, R. R. (1971): Talc, treated rice and Japanese stomach cancer. *Science*, 173, S. 1141–1142.
Messerli, M. C., Garamendi, C., Ramono, J. (1980): Breast cancer: information as a technique of crisis intervention. *American Journal of Orthopsychiatry*, 50, S. 728–731.
Meyerowitz, B., Watkins, I. K., Sparks, F. C. (1983): Psychosocial implications of adjuvant chemotherapy. *Cancer*, 52, S. 1541–1545.
Meyersburg, H. A., Post, R. M. (1979): An holistic developmental view of neural and psychological processes: a neurobiologic-psychoanalytic integration. *British Journal of Psychiatry*, 135, S. 139–155.
Miller, G. A., Galanter, E., Pribram, K. H. (1973): *Strategien des Handelns: Pläne und Strukturen des Verhaltens.* Stuttgart, Klett.
Miller, L. H., Ross, R., Cohen, S. I. (1982): Stress: what can be done? *Bostonian Magazine*, 56, S. 13.
Miller, T., Spratt, J. S. (1979): Critical review of reported psychological correlates of cancer prognosis and growth. In: Stoll (1979).
Minter, R. E., Kimball, C. R. (1978): Life events and illness onset: a review. *Psychosomatics*, 19, S. 334–339.
Morehead, R. R. (1965): *Human Pathology.* New York, McGraw Hill.

Morris, D. (1986): *Körpersignale.* München, Heyne.
Morris, T., Greer, S., White, P. (1977): Psychological and social adjustment to mastectomy: a two-year follow-up study. *Cancer*, 40, S. 2381–2387.
Morris, T., Greer, S., u. a. (1981): Patterns of expression of anger and their psychological correlates in women with breast cancer. *Journal of Psychosomatic Research*, 25, S. 111–117.
Morris, T., Greer, S. (1982): Psychological characteristics of women electing to attend a breast screening clinic. *Clinical Oncology*, 8, S. 113–119.
Moss, G. E. (1973): *Illness, immunity and social interaction.* New York, Wylie.
Moss, R. W. (1988): *Krankheit – Tor zur Wandlung. Entdekkung neuer Heilsenergien durch die Macht der Energien.* Bern, Ansata.
Moth, I., u. a. (1983): Sexual function and somatophysic reactions after vulvectomy. *Danish Medical Bulletin*, 30, S. 27–30.
Murray, J. B. (1980): Psychosomatic aspects of cancer: an overview. *Journal of Genetic Psychology*, 136, S. 185–194.
Murray Parkes, C., Benjamin, B., Fitzgerald, R. G. (1969): Broken heart: a statistical study of increased mortality amongst widows. *British Medical Journal*, 1, S. 740–743.
Najem, G. R., Molteni, K. H. (1983): Respiratory organ cancer mortality in New Jersey counties and their relationship with selected demographic and environmental variables. *Preventive Medicine*, 12, S. 479–490.
Nerenz, D. R., u.a. (1982): Factors contributing to emotional distress during cancer chemotherapy. *Cancer*, 50, S. 1020–1027.
Nesser, E. M., u. a. (1980): Pre-treatment nausea in cancer chemotherapy: a conditioned response? *Psychosomatic Medicine*, 42, S. 33–36.
Novack, D. H., u. a. (1979): Changes in physicians' attitudes toward telling the cancer patient. *Journal of the American Medical Association*, 241, S. 897–900.
Oken, D. (1961): What to tell cancer patients: a study of medical attitudes. *Journal of the American Medical Association*, 175, S. 1120–1128.
Osmond, C., u. a. (1983): *Trends in cancer mortality analysis by period of birth and death.* London, HMSO.
Paffenberger, R. S., Wing, A. L., Hyde, R. T. (1977): Characteristics in youth indicative of adult-onset Hodgkins Disease. *Journal of the National Cancer Institute*, 58, S. 1489–1491.

PAFFENBERGER, R. S., WING, A. L., HYDE, R. T. (1978): Characteristics in youth predictive of adult-onset malignant lymphomas, melanomas and leukaemias. *Journal of the National Cancer Institute*, 60, S. 89–92.
PAFFENBERGER, R. S., KAMPERT, J. B., CHANG, H. G. (1980): Characteristics that predict risk of breast cancer before and after the menopause. *American Journal of Epidemiology*, 112, S. 258–268.
PALMER, B. V., u. a. (1980): Adjuvant chemotherapy for breast cancer: side-effects and quality of life. *British Medical Journal*, 281, S. 1594–1597.
PALMER, G., SCOTT, W. D. (1981): Lung cancer in ferrous foundry workers: a review. *American Industrial Hygiene Association Journal*, 42, S. 329–340.
PEARLIN, L., u. a. (1981): The stress process. *Journal of Health and Social Behaviour*, 22, S. 337–356.
PECK, A., BOLAND, J. (1977): Emotional reactions to radiation treatment. *Cancer*, 40, S. 180–184.
POLAK, J. M., BLOOM, S. R. (1983): Regulatory peptides: key factors in the control of bodily functions. *British Medical Journal*, 286, S. 1461–1466.
POLAK, J. M., VAN NOORDEN, S. (1983): *Immunocytochemistry – practical applications in pathology and biology*. Bristol, John Wright.
POLAKOFF, P., ROSENBAUM, E. H. (1983): Environmental and occupational risks. In: E. H. Rosenbaum (Hg.): *Can you prevent cancer?* St Louis, C. V. Mosby.
PLUMB, M. M., HOLLAND, J. (1977): Comparative studies of psychological function in patients with advanced cancer. 1. Self-reported depressive symptoms. *Psychosomatic Medicine*, 39, S. 264–276.
PRIBRAM, K. H. (1962): Interrelations of psychology and the neurological disciplines. In: S. Koch (Hg.): *Psychology: the study of a science. Volume 4*. New York, McGraw Hill.
PRIBRAM, K. H. (1978): *Das holographische Weltbild*. Stuttgart, Klett-Cotta.
RABKIN, J. G., STRUENING, E. L. (1976): Life events, stress and illness. *Science*, 194, S. 1013.
RATHER, L. J. (1978): *The genesis of cancer*. Baltimore, Johns Hopkins.
REDD, W. H., ANDRYKOWSKI, M. A. (1982): Behavioural intervention in cancer treatment: controlling aversion reactions to

chemotherapy. *Journal of Consulting and Clinical Psychology*, 50, S. 1018–1029.
REED, D., MCGEE, D., YANO, K. (1984): Psychosocial processes and the general susceptibility to chronic disease. *American Journal of Epidemiology*, 119, S. 356–370.
REIF, A. E. (1983): Susceptibility to cancer and spontaneous incidence. *Oncology*, 40, S. 210–270.
RENNEKER, R., u. a. (1963): Psychoanalytic explorations of emotional correlates of cancer of the breast. *Psychosomatic Medicine*, 25, Nr. 2.
REVENSON, T. A., u. a. (1983): Social supports as stress buffers for adult cancer patients. *Psychosomatic Medicine*, 45, S. 321–331.
REZNIKOFF, M. (1955): Psychological factors in breast cancer. *Psychosomatic Medicine*, 27, Nr. 2.
RIDDELL, R., LEVIN, B. (Hg.) (1983): *Frontiers of gastrointestinal cancer*. New York, Elseview.
RILEY, V. (1975): Mouse mammary tumors: alteration of incidence as apparent function of stress. *Science*, 189, S. 465–467.
RILEY, V., u. a. (1981): Psychoneuroimmunologic factors in neoplasia: studies in animals. In: Ader (1981).
ROBERTS, M. M. (1984): Risk of breast cancer in women with history of benign disease of the breast. *British Medical Journal*, 288, S. 275–278.
ROBERTSON, M. (1983): Oncogenes and the origins of human cancer. *British Medical Journal*, 286, S. 81–82(a).
ROBERTSON, M. (1983): Oncogenes and multistep carcinogenesis. *British Medical Journal*, 287, S. 1084–1088(b).
ROBINSON, J. (1985): Not just casual sex. *The Observer*, 31 March, S. 49.
ROGERS, M. P., DUHEY, D., REICH, P. (1979): The influence of the psyche and the brain on immunity and susceptibility: a critical review. *Psychosomatic Medicine*, 41, S. 147–164.
ROSENBAUM, E. H. (Hg.) (1983) *Can you prevent cancer?* St Louis, C. V. Mosby.
RUBENS, R. D., KNIGHT, R. K. (1980): *Clinical oncology*. London, Hodder and Stoughton.
SACHS, S., u. a. (1981): Comparative results of post-mastectomy rehabilitation in a specialized and community hospital. *Cancer*, 48, S. 1251–1255.
SANGER, C. K., REZINKOFF, M. (1981): A comparison of the psychological effects of breast-saving procedures with the modified radical mastectomy. *Cancer*, 48, S. 2341–2346.

SATO, T., u.a. (1959): Studies of the causation of gastric cancer. *Bulletin of the Institute of Public Health*, 8, S. 187–198.
SCHEFLEN, A. (1976): *Körpersprache und soziale Ordnung: Kommunikation als Verhaltenskontrolle*. Stuttgart, Klett.
SCHMAL, A.H., u.a. (1983): Well being of cancer survivors. *Psychosomatic Medicine*, 45, S. 163–169.
SCHMIDT, F. (1984): Passive smoking and lung cancer. *Lancet*, S. 684.
SCHOTTENFELD, D., u.a. (1980): The epidemiology of testicular cancer in young adults. *American Journal of Epidemiology*, 112, S. 232–246.
SCHOTTENFELD, D., FRAUMENI, J.F. (Hg.) (1982): *Cancer epidemiology and prevention*. Philadelphia, Saunders.
SCHLEIFER, S.J., u.a. (1983): Suppression of lymphocyte stimulation following bereavement. *Journal of the American Medical Association*, 250, S. 374–377.
SCHMALE, A., IKER, H. (1966): The effects of hopelessness and the development of cancer. *Psychosomatic Medicine*, 28, S. 714–721.
SCHULTZ, D.P. (Hg.) (1970): *The science of psychology: critical reflections*. New York, Appleton-Century-Crofts.
SCHWARTZ, G.E., WEISS, S.M. (1977): What is behavioural medicine? *Psychosomatic Medicine*, S. 377–381.
SCHWARTZ, M.D. (1979): An information and discussion programme for women after mastectomy. *Archives of Surgery*, 112, S. 276–281.
SEELY, S., HORROBIN, D.F. (1983): Diet and breast cancer: the possible connection with sugar consumption. *Medical Hypotheses*, 11, S. 319–327.
SELLSCHOPP, A., u.a. (1981): Structure and functions of the Heidelberg University Organization for after-care of cancer patients. *Psychotherapy and Psychosomatics*, 36, S. 17–23.
SHERLOCK, P. (Hg.) (1982): *Precancerous conditions of the gastric intestinal tract*. New York, Raven.
SILBERFARB, P.M. (1978): Psychiatric themes in the rehabilitation of mastectomy patients. *International Journal of Psychiatry in Medicine*, 8, S. 159–167.
SILBERFARB, P.M. (1982): Research in adaptation to illness and psychosocial intervention. *Cancer*, 50, S. 1921–1927.
SILBERFARB, P.M. (1983): Chemotherapy and cognitive defects in cancer patients. *Annual Review of Medicine*, 34, S. 35–46.
SILBERFARB, P.M., u.a. (1983): Psychological response of pa-

tients receiving two drug regimens for lung carcinoma. *American Journal of Psychotherapy*, 140, S. 110–111.

Silberfarb, P. M., Greer, S. (1982): Psychological concomitants of cancer: clinical aspect. *American Journal of Psychotherapy*, 36, S. 470–478.

Silberfarb, P. M., Levine, P. M. (1980): Psychosocial aspects of neoplastic disease. 3. Group support for the oncology nurse. *General Hospital Psychiatry*, 3, S. 192–197.

Silberfarb, P. M., Maurer, L. H., Crouthamel, C. S. (1980): Psychosocial aspects of neoplastic disease. 1. Functional status of breast cancer patients during different treatment regimens. *American Journal of Psychiatry*, 137, S. 450–455.

Silberfarb, P. M., Philibert, D., Levine, P. M. (1980): Psychosocial aspects of neoplastic disease. 2. Effective and cognitive effects of chemotherapy in cancer patients. *American Journal of Psychiatry*, 137, S. 597–601.

Simonton, O. C., Matthews-Simonton, S., Creighton, J. L. (1982): *Wieder gesund werden. Eine Anleitung zur Aktivierung der Selbstheilungskräfte für Krebspatienten und ihre Angehörigen*. Reinbek, Rowohlt.

Simonton, O. C. (1983): Interview. *Journal of Alternative Medicine*, August, S. 2.

Sklar, L. S., Anisman, H. (1979): Stress and coping factors influence tumor growth. *Science*, 205, S. 513–515.

Sklar, L. S., Anisman, H. (1980): Social stress influences tumor growth. *Psychosomatic Medicine*, 42, S. 347–365.

Sklar, L. S., Anisman, H. (1981): Stress and cancer. *Psychological Bulletin*, 89, S. 369–406.

Snyder, S. H. (1984): Drug and neurotransmitter receptors in the brain. *Science*, 224, S. 22–31.

Snyder, S. H. (1985): The molecular basis of communication between cells. *Scientific American*, 253, S. 114–123.

Sobel, H. J., Worden, J. W. (1981): *Helping cancer patients cope*. New York, Guilford.

Sontag, S. (1979): *Krankheit als Metapher*. München, Hanser.

Spiegel, D. (1979): Psychological support for women with metastatic carcinoma. *Psychosomatics*, 20, S. 780–787.

Spiegel, D., Bloom, J. R. (1983a): Pain in metastatic breast cancer. *Cancer*, 52, S. 341–345.

Spiegel, D., Bloom, J. R. (1983b): Group therapy and hypnosis reduce metastatic breast carcinoma pain. *Psychosomatic Medicine*, 45, S. 333–339.

Spiegel, D., Bloom, J. R., Yalom, I. (1981): Group support for patients with metastatic cancer. *Archives of General Psychiatry*, 38, S. 527–533.
Stodil, F. (1983): Intestinal stomas. *Danish Medical Bulletin*, 50, S. 35–37.
Stefanson, V. (1960): *Cancer: disease of civilization?* New York, Hill and Wang.
Steinhagen, A., u. a. (1983): Occupational risk factors in liver cancer: a retrospective case control study of primary liver cancer in New Jersey. *American Journal of Epidemiology*, 117, S. 443–454.
Stein, M. (1981): A biophysical approach to immune function and medical disorders. *Pediatric Clinics of North America*, 4, S. 203–221.
Stocks, P., Davies, R. I. (1960): Epidemiological evidence from chemical and spectographic analyses that soil is concerned in the causation of cancer. *British Journal of Cancer*, 14, S. 8.
Stoll, B. A. (1979): *Mind and cancer prognosis*. New York, Wiley.
Stubbs, R. S. (1983): The aetiology of colorectal cancer. *British Journal of Surgery*, 70, S. 313–316.
Swerdlow, A. J. (1979): Incidence of malignant melonoma of the skin in England and Wales and its relationship to sunshine. *British Medical Journal*, S. 1324–1327.
Swerdlow, A. J. (1983): Epidemiology of eye cancer in England and Wales, 1962–1977. *American Journal of Epidemiology*, 118, S. 294–300.
Syme, S. (1974): Behavioural factors associated with the etiology of physical disease: a social epidemiological approach. *American Journal of Public Health*, 64, S. 1043–1045.
Tabin, C. J., u. a. (1982): Mechanism of activation of a human oncogene. *Nature*, 300, S. 143–149.
Taylor, P. (1984): *The smoke ring*. New York, Pantheon.
Thomas, C., Madden, F., Jehu, D. (1984): Psychosocial morbidity in the first three months following stoma surgery. *Journal of Psychosomatic Research*, 28, S. 251–257.
Thomas, C. B., u. a. (1976): *The precursors study: collected papers: volume 4*. Baltimore, The Johns Hopkins University School of Medicine.
Thomas, C. B., u. a. (1982): *The precursors study: collected papers: volume 5*. Baltimore, The Johns Hopkins University School of Medicine.

Thomas, C. B., Duszynski, K. R., Shaffer, J. W. (1979): Family attitudes reported in youth as potential predictors of cancer. *Psychosomatic Medicine*, 41, S. 287–302.

Thornton, R. E. (Hg.) (1978) *Smoking behaviour: physiological and psychological influences*. Edinburgh, Churchill Livingstone.

Todd, P. B., Magarey, C. J. (1978): Ego defences and effects in women with breast symptoms: a preliminary measurement paradigm. *British Journal of Medical Psychology*, 51, S. 177–189.

Tonegawa, S. (1985): The molecules of the immune system. *Scientific American*, 253, S. 104–113.

Totman, R. (1979): *Social causes of illness*. London, Souvenn.

Trillin, A. S. (1981): Of dragons and garden peas. A cancer patient talks to doctors. *New England Journal of Medicine*, 304, S. 699–701.

Tropp, J. (1980): *Cancer, a healing crisis*. New York, Exposition Press.

Vernikos-Danellis, J., Winget, C. M. (1979): The importance of light, postural and social cues in the regulation of the plasma corticol rhythms in man. In: A. Reinberg, F. Halbert (Hg.): *Chronopharmacology*. New York, Pergamon.

Visintainer, M. A., u.a. (1983): Helplessness, chronic stress and tumor development. *Psychosomatic Medicine*, 45, S. 75.

Waaler, H. T., Lund, E. (1983): Association between body height and death from breast cancer. *British Journal of Cancer*, 48, S. 149–150.

Wald, N. J., u. a. (1980): Smoking habits among smokers of different types of cigarettes. *Thorax*, 35, S. 925–928.

Wald, N. J., u. a. (1983): Inhaling and lung cancer: an anomally explained. *British Medical Journal*, 287, S. 1273–1275.

Walter, J. B., Israel, M. S. (1979): *General Pathology*. London, Churchill Livingstone.

Wanlass, R. L., Prinz, R. J. (1982): Methodological issues in conceptualizing and treating childhood social isolation. *Psychological Bulletin*, 92, S. 39–55.

Weddington, W. W., Miller, N. J., Sweet, D. L. (1984): Anticipatory nausea and vomiting associated with cancer chemotherapy. *Journal of Psychosomatic Research*, 28, S. 73–78.

Weinberg, R. A. (1983): A molecular basis of cancer. *Scientific American*, 249, 5, S. 102.

Weiner, H. (1982): The prospects for psychosomatic medicine. *Psychosomatic Medicine*, 44, S. 491–517.

Weiss, S. M., u. a. (Hg.) (1981): *Perspectives on Behavioural Medicine.* New York, Academic Press.
Wellisch, D. K., Jamison, K. R., Pasnau, R. O. (1978): Psychosocial aspects of mastectomy. II. The man's perspective. *American Journal of Psychiatry*, 135, S. 543–546.
Whelan, E. (1980): *Preventing cancer.* London, Sphere.
Whitehead, W. E., Bosmajian, L. (1982): Behavioural medicine approaches to gastrointestinal disorders. *Journal of Consulting and Clinical Psychology*, 50, S. 972–983.
Whittemore, A. S., Paffenberger, R. S., u. a. (1983): Early precursors of pancreatic cancer in college men. *Journal of Chronic Disease*, 36, S. 251–256.
Whittemore, A. S., Paffenberger, R. S., u. a. (1984): Early precursors of urogenital cancers in former college men. *Journal of Urology*, 132, S. 1256–1261.
Wilf, R., u. a. (1983): Internal body of the brain. *Psychotherapy and Psychosomatics*, 39, S. 129–135.
Wilkins, J. R., Reiches, N. A., Kruse, C. W. (1979): Organic chemical contaminants in drinking water and cancer. *American Journal of Epidemiology*, 110, S. 420–448.
Williams, A. W., Ware, J. E., Donald, C. A. (1981): A model of mental health, life events and social supports applicable to general populations. *Journal of Health and Social Behaviour*, 22, S. 324.
Wilson-Barnett, J. (1984): Intervention to alleviate patient stress: a review. *Journal of Psychosomatic Research*, 28, S. 63–72.
Wirsching, M., Druner, H. U., Herrmann, G. (1975): Results of psychosocial adjustment to long-term colostomy. *Psychotherapy and Psychosomatics*, 26, S. 245–256.
Wirsching, M., u. a. (1981): Breast cancer in context. In: Achte (1981).
Wirsching, M., u. a. (1981): Psychological identification of breast cancer patients before biopsy. *Journal of Psychosomatic Research*, 26, S. 1–10.
Wirsching, M., Wirsching, B. (1980): Family dynamics and family therapy of cancer patients. *Proceedings of the 13th European Conference on Psychosomatic Research*, Istanbul.
Worden, J. W., Weisman, A. D. (1980): Do cancer patients really want counselling? *General Hospital Psychiatry*, 2, S. 100–103.
Wortman, C. B., Lehman, D. R. (1984): *Reactions to victims of*

life crises: support attempts that fail. University of Michigan, Ann Arbor.

WYNDER, E. L., HECHT, S. (Hg.) (1976): *Lung cancer.* Geneva, UICC.

ZIMMERMANN, M., DRINGS, P., WAGNER, C. (Hg.) (1984): *Pain in the cancer patient.* Berlin, Springer-Verlag.

ZUZUNEGUI, M. V., u. a. (1986) Male influences on cervical cancer risk. *American Journal of Epidemiology,* 123, S. 302–307.

Anne-Marie Tausch

Gespräche gegen die Angst

Krankheit – ein Weg zum Leben

288 Seiten. Kartoniert und als rororo sachbuch 8375

«Die Autorin ist selbst an Krebs erkrankt. Sie spricht die Sprache einer Betroffenen. ‹Gespräche gegen die Angst› weisen einen Weg, nicht nur für die 700 000 Tumorpatienten, die jährlich in der Bundesrepublik der Behandlung bedürfen, sondern auch für die Angehörigen der ‹helfenden› Berufe. Und für alle, die Angst vor der Krankheit haben.»

Michael de Ridder, Stern

«Der Bericht belegt mit eindrucksvollen Beispielen, daß die Betroffenen durch die Auseinandersetzung mit ihrer Situation und durch die einfühlende Unterstützung anderer lernen können, ihre Erkrankung, ja sogar die Möglichkeit ihres baldigen Todes zu akzeptieren und als Chance zur Besinnung und Neuorientierung zu begreifen.» Ärztliche Praxis

«Auch für den, der weder krank ist noch sich mit der Krankheit des Angehörigen auseinandersetzen muß, ist dieses Buch wichtig, weil es ihn einer Situation gelassener entgegensehen läßt, die jeden Tag eintreten kann.» Erik Verg, Hamburger Abendblatt

«Der Autorin ist es mit diesem Buch gelungen, ein Stück Gesundheitsaufklärung zu leisten, die weder belehrend noch langweilig ist. Hier erfährt man mehr über Krebs als in naturwissenschaftlichen Abhandlungen. Und man erfährt auch, daß man diese Krankheit in vielen Fällen bessern, oft sogar überwinden kann. Das Buch kann dazu beitragen, die weitverbreitete Angst vor dem Schreckgespenst Krebs ein wenig zu mildern.» Doris Gothe, Deutsche Welle

ROWOHLT